百家大讲堂

北京理工大学名家讲座集

包丽颖 主编

北京理工大学出版社

图书在版编目（CIP）数据

百家大讲堂：北京理工大学名家讲座集/包丽颖主编 . —北京：北京理工大学出版社，2020.9

ISBN 978 - 7 - 5682 - 8939 - 9

Ⅰ . ①百… 　Ⅱ . ①包… 　Ⅲ . ①社会科学 - 文集②自然科学 - 文集
Ⅳ . ①Z427

中国版本图书馆 CIP 数据核字（2020）第 157173 号

出版发行／北京理工大学出版社有限责任公司

社　　　址／北京市海淀区中关村南大街 5 号

邮　　　编／100081

电　　　话／（010）68914775（总编室）

　　　　　　（010）82562903（教材售后服务热线）

　　　　　　（010）68948351（其他图书服务热线）

网　　　址／http：//www. bitpress. com. cn

经　　　销／全国各地新华书店

印　　　刷／保定市中画美凯印刷有限公司

开　　　本／710 毫米×1000 毫米　1/16

印　　　张／19.25

字　　　数／252 千字

版　　　次／2020 年 9 月第 1 版　2020 年 9 月第 1 次印刷

定　　　价／72.00 元

出 版 人／丛　磊

责任编辑／徐艳君

文案编辑／徐艳君

责任校对／周瑞红

责任印制／李志强

编　委　会

前　言

国家之魂，文以化之，文以铸之。大学是立德树人的精神高地，是文化传播的关键场所，是思想争鸣的前沿阵地。文化传承与创新是新时代中国大学的重要使命，是办学实力的显著标志，是建设世界一流大学的不竭动力。习近平总书记在全国高校思想政治工作会议上指出，加强高校思想政治工作，要更加注重以文化人以文育人，为高校文化建设和人才培养提出了新要求，指明了新方向。

大学文化是在长期办学历史中形成和积累的精神财富，蕴含着一所大学最根本的办学理念和发展愿景，塑造着师生共同的气质品格和价值追求。北京理工大学从延安走来，在抗战烽火中诞生，始终以服务党和国家事业发展为己任，从延安时期为抗战救国培育科技人才，到奋力建设新中国第一所国防工业院校、成为"红色国防工程师的摇篮"，再到改革开放以来扎根中国大地建设世界一流大学，形成了以"延安根、军工魂"红色基因为核心的独特精神气质和文化内核。步入新时代，学校继续探索和实践党创办并领导的中国特色高等教育的"红色育人路"，聚焦"胸怀壮志、明德精工、创新包容、时代担当"领军领导人才培养目标，探索构建一流人才培养体系，支持学生成长为有理想、有本领、有担当的时代新人，持续为科技进步、国家发展和社会文明进步贡献力量。

"所谓大学之大，非有大楼之谓也，乃有大师之谓也。"作为延安精神的传承之地、徐特立教育思想的发扬之地，学校成立八十年的光辉历程中，吸引和汇聚了一大批不同历史时期的学界泰斗和国之重才，培养出一代代服务党和国家事业发展需要的科教英才和治国栋梁，彰显了中国共产党所创办的第一所理工科大学的文化底蕴和使命担当。面向新时代"六家"培育和"双领"人才培养，学校于 2018 年启动"书院制"人才培养改革，实施大类培养，重视素质教育，突出精准育人，建立师生互融、教学相长的人才培养新生态。坚持开门办学，创设"百家大讲堂"，邀请各行各业顶尖人才、国际国内名师大家走进校园，举办高水平讲座，与学生面对面交流，打造与大师为伍、与智慧相伴的成长空间，涵养学生独立之精神、自由之思想。

"一所大学的职责并不是教学生思考什么，而是教学生如何思考。"自 2018 年年初第一期开讲至今，"百家大讲堂"在学校领导的直接关怀和各部门各学院的共同参与下已举办 300 余场。讲座内容包罗万象，涵盖科学技术、文化艺术、政治军事、经济社会等各个领域；讲座形式不拘一格，围绕主题以专场报告、研讨论坛、座谈交流等方式灵活开展。新冠肺炎疫情发生以来，百家大讲堂由教室开到云端，成为线上第二课堂资源供给的重要模块，在非常时期继续服务学生、引领青年、辐射社会。"百家大讲堂"绘就了一幅科学与艺术交相辉映、传承与创新和谐共生的校园文化图景，为学生带来的不仅仅是先进的理论、丰富的知识、前沿的信息，更是与偶像直接对话，感受其人格魅力、领略其精神风范、汲取其人生智慧的宝贵机会，为学生认识世界、改造世界提供了充分素材，为学生启迪智慧、发掘潜质提供了必要线索，为学生修身治学、励志笃行提供了权威典范。

"大鱼前导，小鱼尾随，是从游也，从游既久，其濡染观摩之效，自不求而至，不为而成。""百家大讲堂"之于北理工，如思想之活泉，文化之汇流，从游之阔水，是新时代高水平人才培养体系建设探索的一项生动实践，也是一流大学文化传承与创新的一帧特色缩影。在建校八十周年之际，学校整理"百家大讲堂"系列文稿，选取部分精华结集成册，以书为媒，使"百家大讲堂"之精粹得以记录、传播、

交流。书籍编纂得到了历次主讲嘉宾的授权与支持，文字经主讲人、编委会、出版社审校，在保留原汁原味的基础上，力求表述规范准确，如有疏漏之处，恳请专家和读者教正。

特立潮头，开创未来。北京理工大学建校八十周年之际，恰逢第一个百年奋斗目标实现之期，学校将继续秉承"延安根、军工魂"红色基因，凝心聚力、整装再发，培养具有高度国家使命感和社会责任感的领军领导人才，为实现第二个百年奋斗目标、实现中华民族伟大复兴的中国梦作出北理工应有的贡献！

目　录
CONTENTS

创新引领

文化言说

理论真知

弘扬伟大的"两弹一星"精神，
坚定崇高的理想信念

高同声

老师们、同学们：

大家好。我非常高兴能和同学们一起学习研究当代中国"两弹一星"精神这个课题，这也给我个人提供了一个很好的学习机会。中华人民共和国成立后，开创了"两弹一星"伟大事业并取得了辉煌的成就，我国拥有了支撑大国地位的强大战略打击力量，并成为世界航天大国，使中华民族在世界上挺起了脊梁，奠定了我国在国际舞台上的重要地位。"两弹一星"伟大事业是中华人民共和国取得伟大成就的象征，是中华民族的骄傲，是共和国屹立于世界东方的丰碑。习近平总书记指出："两弹一星"精神是宝贵的精神财富，一定要一代一代地传下去，使之转化为不可限量的物质创造力。愿"两弹一星"精神永放光芒。

我今天主要讲三个方面的内容。

第一个方面讲讲历史性的战略决策。1949年中华人民共和国成立后，以美国为首的西方帝国主义国家对我国进行封锁、限制和制裁，尤其朝鲜战争爆发后，美国政府公然多次对我国进行核威胁、核讹诈，美国的原子弹就像罩在中国人民头上的一片乌云，随时都有可能给我们以灭顶之灾。毛泽东主席是世界上最早反对原子弹的人，他的著名论断是"原子弹是美国反动派用来吓人的一只纸老虎"。在疯狂的核威胁、核讹诈和核垄断面前，毛泽东等党和国家领导人不得不下决心研制自己的原子弹。要反对原子弹，必须自己掌握原子弹。

20世纪50年代，面对严峻的国际形势，以毛泽东为核心的党的第一代领导集体审时度势，高瞻远瞩，毅然作出了发展原子弹、导弹和人造地球卫星伟大工程的英明决策，开创了"两弹一星"伟大事业。历史已经证明，这是一项很有远见、很有胆识的战略决策，对我国国防科技事业发展和国防现代化建设具有重大而深远的意义。

钱三强是我国最早提出研制原子弹的科学家。早在1949年春，他就写报告给党中央，建议发展原子能工业和研制原子弹。1951年2月，钱三强任中国科学院现代物理研究所所长。钱三强是我国原子能科学事业的创建者，是我国发展原子武器的组织协调者和总设计师。

1955年1月15日，毛泽东主席主持召开中共中央书记处扩大会议，听取地质部部长李四光、副部长刘杰和物理所所长钱三强的汇报。毛主席高兴地说："这件事总是要抓的，现在到时候了，该抓了。"毛主席强调："现在苏联对我们援助，我们一定要搞好。我们自己干，也一定能干好！我们只要有人，又有资源，什么奇迹都可以创造出来。"会议通过了核武器的研制计划，作出发展原子能事业和研制原子弹的战略决策。从此，中国开始了研制原子弹的秘密历程。

1955年10月，世界著名科学家钱学森毅然冲破美国政府设置的重重险阻回到祖国的怀抱。钱学森回来后，建议中国研制导弹武器。钱学森是中国导弹航天事业的奠基人，长期担任我国导弹航天事业科学技术总负责人，是首席科学家。他一生为我国导弹航天事业乃至国防科技事业作出了杰出的贡献，1991年被授予"国家杰出贡献科学家"荣誉称号，这在共和国历史上是第一次。

1956年3月14日，周恩来总理主持召开中央军委扩大会议，听取钱学森关于发展我国导弹事业的设想和规划的汇报，讨论决策了发展我国火箭导弹事业。会议决定组建航空工业委员会（1958年后改为国

防科学技术委员会）统一领导导弹和航空事业。由聂荣臻副总理任主任，黄克诚、赵尔陆任副主任。同年 5 月 10 日，聂荣臻副总理向国务院、中央军委报送了《建立我国导弹研究工作的初步意见》。5 月 26 日，周总理主持中央军委会议，讨论通过了这个意见，正式开展导弹技术的研制工作。

至此，中国研制导弹、原子弹的大幕徐徐拉开，一场没有硝烟的战争在两个领域打响了，中国人民开始了关乎整个民族地位和国家命运的决战！

1956 年 4 月 25 日，毛泽东主席在中央政治局扩大会议上做《论十大关系》的报告。深刻阐述了发展原子科学和导弹事业的战略决策。毛主席说："我们现在已经比过去强，以后还要比现在强，不但要有更多的飞机和大炮，而且还要有原子弹。在今天的世界上，我们要不受人家欺负，就不能没有这个东西。"毛主席的话说得非常之好，说出了中华民族的心声，代表了中华民族的觉醒和发展方向！1958 年，毛主席在军委扩大会议上说："原子弹就那么大一个东西，没有那个东西，人家就说你不算数。那么好吧！我们就搞一点吧。""搞一点原子弹、氢弹、洲际导弹，我看有 10 年工夫完全可能。"事实正像毛主席预见的那样，20 世纪 60 年代以来，我们用了短短 10 年时间突破了国防尖端技术！

导弹研制开始的准备工作主要是：成立研究机构，培养专业人才，建设研制和综合试验基地等。

1956 年 10 月 8 日，我国成立了国防部第五研究院。它是我国第一个火箭导弹研究院，钱学森担任首任院长。共和国把研制导弹的重任压在了钱学森肩上。五院成立之初，钱学森是唯一见过导弹的人，首先不是开始独立研制，而是导弹工程教学培训。钱学森亲自给大家讲第一课"导弹工程概论"。

1957 年 12 月 9 日，中央军委决定成立长辛店炮兵教导大队，这是一个综合性导弹专业技术培训机构，主要任务：一是利用苏联援助的导弹实物样品，请苏联专家任教，为科研和作战培训专业技术骨干；

二是接收苏联的导弹样品，包括 P-2 型近程地地导弹、C-75 型地空导弹等。教导大队学员是从军委炮兵、空军部队乃至全军各大单位选调的优秀师团干部和有作战经验的优秀基层干部。培训工作是在极端严格的保密条件下进行的，被称作"神秘的学习"。

在一年八个月的时间内，长辛店炮兵教导大队共培训了 2500 名地地、地空导弹专业技术骨干，其中地地导弹专业 1357 人。教导大队为我国导弹航天事业作出了不可磨灭的贡献，是我军第一座导弹工程学院，是导弹航天事业的摇篮，是中国战略导弹部队的"黄埔军校"。

教导大队毕业学员像一把种子，撒向导弹航天事业的四面八方。风风雨雨几十年，他们中的有些人成长为中国战略导弹部队的高层领导，有些人成为导弹航天事业的领军人物，如原第二炮兵司令员李旭阁中将，原二炮第一导弹作战基地司令员李甦和航天系统的总设计师谢光选院士、梁思礼院士、戚发轫院士等都是教导大队第一期学员。1957 年年底，我从北京炮兵学校毕业，被选送长辛店炮兵教导大队第一期学习导弹弹道诸元（数据）专业。正是党和人民的无比信任和重托，使我有机会为导弹航天事业贡献微薄之力。

中央军委首长对培训工作极为重视。1958 年 3 月 16 日，晴空万里，春意盎然，军委领导同志贺龙、陈毅、聂荣臻三位元帅和黄克诚大将、张爱萍上将等来到教导大队视察，观看了第一期学员综合操作和初级点火。陈毅元帅做了重要讲话，他说："导弹技术是现代化程度最高的技术，希望大家务必认真学习，把苏军的先进技术学到手。我们炮击金门，人家说是蚊子叫，听不见。如果我们的导弹上了天，原子弹炸响了，那就不是蚊子叫，得是老虎叫，狮子吼，人家才买账哩！"老帅一席话，语重心长，深刻而形象地指出学习导弹技术的重要性，使教导大队全体人员受到极大教育和鼓舞。

导弹、原子弹研制和综合试验基地修建是 1958 年春天开始的，包括东风导弹综合试验发射基地、马兰核武器试验基地、青海核武器研制基地等。考虑到交通方便，便于隐蔽伪装，中央军委决定沿着古丝绸之路的河西走廊，西出阳关，在西北大漠戈壁进行战略布局。经周

密勘察，定点在内蒙古额济纳旗、新疆罗布泊、青海金银滩等地。基地建设是国家重点国防工程，担任建设任务的解放军官兵，刚从朝鲜战场撤回国，就一头扎进了荒无人烟的大漠戈壁，历经千辛万苦，战胜难以想象的困难，用最快的速度完成各项工程建设，投入科研试验任务。

第二个方面讲讲举世瞩目的辉煌成就。我国研制尖端武器方针是"以自力更生为主，争取外援为辅"。1957年10月15日中苏两国签订《国防新技术协定》，苏联答应给一点 P-2 型近程地地导弹样品和 C-75 地空导弹等，苏联给的导弹样品是已经退役或将要退役的产品。当然，我们并不指望苏联给我们最先进武器。

对苏联的援助，中国人民心存感激之情，但是后来风云变幻，赫鲁晓夫集团背信弃义。1959年6月20日，苏联撕毁协议，取消援助；1960年7月16日，苏联召回全部专家顾问。中苏关系破裂给我国研制原子弹、导弹造成巨大的损失和严重困难。

1960年7月18日，针对赫鲁晓夫集团背信弃义，毛主席气愤地说："要下决心搞尖端技术，赫鲁晓夫不给我们尖端技术，极好！如果给了，这个账是很难还的！"毛主席的指示使我国第一代科学家和广大科技人员感到无比振奋，大家发誓要搞出自己的"争气弹"来！周总理说："苏联政府想把我们的火箭导弹事业扼杀在摇篮中，那是办不到的。我们中华民族是有骨气的民族，也是富有智慧的民族，没有什么力量能压垮我们，也没有什么事情会难住我们！"

苏联撤走专家，激起了中国人卧薪尝胆，发愤图强的斗志！回顾我国"两弹一星"伟大事业发展的光辉历程，可以清晰地看到，20世纪60年代以来，我国集中成功地完成了一系列大型科研和试验任务，取得了震惊世界的辉煌成就，突破了国防尖端技术，创造人间奇迹。

首先，东风系列导弹艰难攻关，历经坎坷，先后完成仿制，自主研制和近、中、远程导弹飞行试验任务。

1960年11月5日，苏联专家撤走83天后，我国仿制的1059型（后改称 DF-1 型）近程地地弹道导弹发射试验成功。这是凝聚着中国人民拼搏精神和顽强意志的第一枚"争气弹"。

1964 年 6 月 29 日，我国自行设计、自主研制的东 DF－2 型中程地地弹道导弹全程飞行试验圆满成功。这次成功是经历 1962 年 3 月发射试验失败后取得的，来之不易！DF－2 取得成功后，我国导弹研制队伍学会了自行设计，迈开了独立研制的步伐，奠定了火箭导弹技术发展的基础。

为加快研制出射程衔接的东风系列导弹，1965 年 3 月 20 日，周恩来总理主持召开中央专委会议，通过了七机部关于"液体地地导弹发展计划"（即八年四弹计划）。从 1965 年至 1972 年，要研制成功中近程（DF－2 甲）、中程（DF－3）、远程（DF－4）和洲际（DF－5）导弹。这个宏伟计划尽管受到"文革"的干扰破坏，但基本上实现了。

1965 年 11 月 13 日，DF－2 甲型中近程导弹飞行试验成功。DF－2 甲是 DF－2 的改进型，增加射程，去掉尾巴，这是用于实战的导弹武器。我国第一批导弹作战基地装备 DF－2 甲中近程导弹，对于维护东海、南海和东北亚区域和平发挥了重要作用，成为第一代为我国国防站岗放哨的战略核导弹。

1966 年 12 月 26 日，DF－3 型中程导弹飞行试验成功。DF－3 的成功是中国液体导弹技术走向成熟的一个标志，后经增程试验，射程达 3500 千米，是多弹头重返大气层的武器。

1970 年 1 月 30 日，DF－4 型远程弹道导弹试验成功。DF－4 导弹采用两级火箭方案。DF－4 的成功，标志着我国突破了多级火箭级间连接和分离技术、发动机高空点火技术等难关，把导弹技术推向一个新的发展阶段。

1971 年 9 月 10 日，DF－5 洲际战略导弹在东风导弹发射基地首次进行低弹道飞行试验并获得成功。DF－5 采用许多新技术，表明我国液体导弹技术攀上了一个新的高峰。

其次，原子弹、氢弹研制，举全国之力，突破关键技术，成功实现了爆炸。

1964 年 10 月 16 日，我国第一颗原子弹在新疆罗布泊爆炸成功。

东方一声巨响，蘑菇云在大漠升起，举世震惊！从此中国成为世界核俱乐部第五个成员国。10月17日，周恩来总理致电各国首脑，阐述中国对核武器的立场：中国掌握核武器完全是为了防卫，为了保卫中国人民免受核威胁；中国郑重宣布在任何时候、任何情况下都不会首先使用核武器！

1965年5月14日，我国进行第二次原子弹试验，成功实现了空爆。从塔爆到空爆相距半年多时间，中国就有了能够用飞机投掷的原子弹。从此，中国有了可供实战用的核武器。

1967年6月17日，我国第一颗全当量的氢弹试验圆满成功。中国先于法国，是世界上第四个拥有氢弹的国家。

再次，"两弹结合"（导弹核武器）在自己的国土上试验成功，在国际上是一个创举。

1966年10月27日，我国在本土上进行"两弹结合"首次试验，获得圆满成功。中国有了导弹核武器，为正式成立中国战略导弹部队创造了条件。

最后，我国第一颗人造地球卫星发射升空，揭开了航天事业的序幕。

1970年4月24日凌晨，毛主席批准发射，21时5分，我国用"长征一号"火箭，首次发射第一颗人造地球卫星"东方红一号"，一举成功。卫星准确进入近地轨道。东方红乐曲响彻神州大地，万民一片欢腾。这次发射成功，使中国成为继苏、美、法、日之后，第五个把卫星送入太空的国家。

"艰难困苦，玉汝于成"。从"小米加步枪"到"两弹一星"的突破，我国国防实力实现了质的飞跃，带动了我国高技术及其产业的发展，促进了经济建设和科技进步。"两弹一星"伟业取得的辉煌成就，使中华民族在世界上挺起了脊梁，奠定了我国在国际舞台上的重要地位。正如邓小平同志所说的那样："如果60年代以来没有原子弹、氢弹，没有发射卫星，中国就不能叫有重要影响的大国，就没有现在这样的国际地位，这些东西反映一个民族的能力，也是一个民族、一个国家兴旺发达的标志。"小平同志的话，深刻阐明"两弹一星"事业的伟大意义和重要历史作用。

我国"两弹一星"伟业为什么能成功？主要特点和经验是什么？我归纳为以下几方面：

一是中国共产党的集中统一领导，坚持了自力更生、艰苦奋斗的正确方针，下定决心，搞尖端技术，创造了人间奇迹。

二是充分发扬了社会主义制度能够集中力量办大事的政治优势。"两弹一星"事业起步后，1962年10月，党中央决定成立中央专门委员会，周恩来总理担任主任，有7位副总理和7位政府部长参加，共15人组成。中央专委的成立，实际上是在党中央集中统一领导下，由国务院抓总，周总理肩负重任、直接领导夺取国防尖端事业辉煌胜利的大决战。从专委成立到第一次核爆，周总理亲自主持召开13次会议，解决100多个重大问题。为圆满实现第一颗原子弹爆炸，全国迅速形成大力协同、攻关会战的动人局面。全国有26个部委，20个省市自治区，900多家工厂企业、大专院校和科研院所参加会战，这是全国一盘棋，举全国之力，攻克尖端技术。事实充分说明，集中力量办大事，是中国成功的秘密所在，是中国的优势所在。

三是我国第一代科学家和广大科技工作者作出了卓越的贡献。钱学森、钱三强、邓稼先、郭永怀、于敏等23位"两弹一星"元勋是杰出代表。我们何其有幸，见证科学群星闪耀。他们以身相许，隐姓埋名，几十年如一日，献身我国的绝密事业。"两弹一星"事业是千千万万人的事业，他们建立的功勋永载史册，他们热爱祖国、无私奉献的高贵品质，不断激励后人继续奋斗。

四是解放军官兵在科研实验中发扬了大无畏的革命精神，即"一不怕苦，二不怕死"的革命精神，保证了科研试验任务圆满完成。"两弹一星"事业研制周期长，是高投入、高风险的事业。从事国防科技事业的广大官兵，为国家民族的利益，随时准备献出自己宝贵的生命，"两弹结合试验"七勇士就是突出代表。东风基地烈士陵园已有761人在那里长眠，马兰基地烈士陵园也有382位英灵在那里安息。聂荣臻

元帅的墓地安放在东风烈士陵园，元帅永远与国防科技战线上的官兵在一起。我们永远怀念他们！

五是坚持实行系统工程的科学管理方法，有效推动"两弹一星"事业创新发展。比如火箭导弹研制中采用"探索一代，预研一代，研制一代，生产一代"的四个"一代"做法是导弹航天人至今仍坚持的法宝。聂帅要求主管部门和科研单位要树立"三步棋"思想，就是"手里干一个，眼里看一个，脑子里想一个"，把研制、设计、探索融为一体。这就是大力协同，勇于攀登精神的具体实践。

第三个方面讲讲伟大的"两弹一星"精神。伟大的事业孕育着伟大的精神，伟大的精神推动了伟大的事业。伟大的"两弹一星"精神，即"热爱祖国，无私奉献，自力更生，艰苦奋斗，大力协作，勇于攀登"。它是我国广大科技工作者、干部、职工和人民解放军官兵在"两弹一星"实践伟业中创造的，是爱国主义、集体主义、社会主义精神和科学精神的生动体现，是中国人民在中国共产党领导下创造的新的宝贵精神财富。今天它是激励全国各族人民坚定崇高理想信念，不忘初心，牢记使命，建设中国特色社会主义现代化强国的巨大精神力量。

在那决定国家命运的时刻，我国第一代科学家和来自五湖四海的大批优秀科研工作者，为了共同的革命目标、共同的理想信念走到一起。他们高举爱国主义旗帜，自觉把个人理想和国家命运联系在一体，把个人志向和民族复兴紧密联系在一起，他们放弃国外优厚的物质待遇和良好的科研条件，义无反顾地回到祖国，他们愿当无名英雄，隐姓埋名数十年，默默奉献并创造了"两弹一星"伟业的人间奇迹。正如习近平主席在全国人大十二届五次会议解放军代表团全体会议上的讲话："当年，如果没有钱学森、钱三强、邓稼先等一批科学大家，'两弹一星'是搞不出来的。毛泽东主席接见钱学森的时候说，'美国人把你当成五个师，对我们来说你比五个师的力量大得多'。"他们用青春热血乃至生命谱写了一曲为祖国、为人民鞠躬尽瘁，死而后已的动人诗篇，为祖国和人民作出了巨大贡献。

我国火箭、导弹和核武器研制者，他们是英雄群体，他们是"干惊天动地事，做隐姓埋名人"的英雄。比如，我国第一颗原子弹的理论设计负责人邓稼先。1958年，在钱三强的竭力推荐下，他义无反顾投身于核武器研制事业中。年轻科学家邓稼先带领几十名大学生在一无权威资料、二无实践经验的条件下，艰难攻关，使我国独立研制核武器迈出了第一步。为了模拟核爆方案，他们曾九次修改、九次进行大规模的烦琐计算，每次一个多月，然而九次得到同一结果。当年他们没有先进的运算工具，仅有两台每秒300次的"乌拉尔"计算机，许多数据要靠手摇计算机、计算尺和古老的算盘。就是靠这些原始工具，他们夜以继日，加班加点，完成了第一颗原子弹的理论设计方案。

原子弹是核裂变反应，氢弹是核聚变反应，无论理论方面还是制造技术方面，氢弹都要复杂得多。氢弹理论的突破是邓稼先、于敏领导的小组攻克的。他们分工合作，废寝忘食，昼夜奋战，每个人心头都像燃烧着一团火，决心赶在法国前头研制出氢弹，为祖国争光。于敏小组率先发现氢弹自持热核燃烧的关键，解决了氢弹原理和构型基本完整的设计方案这两道大关卡，打响了攻克氢弹的第一炮。经过邓稼先等领导统一组织，反复讨论验证，集思广益，于敏的方案更趋于完善。于敏是中华人民共和国成立初期北大物理系的毕业生，在研发"两弹一星"元勋中，是唯一没有出国留学的人，他却成为国际一流的理论物理学家。

"两弹一星"元勋邓稼先在核武器的研制过程中，常常不顾个人安危，出现在最危险的岗位上，充分体现了在关键时刻身先士卒、奋不顾身、勇担风险的崇高献身精神。

1985年7月，邓稼先发现自己身患癌症住进医院，然而他人在医院，心里却想着我国核工业的发展，头脑仍不停地工作。他不止一次地对妻子许鹿希教授说："我有两件事必须做完，那一份建议书和那一本书。"写建议书时他开始做化疗，一次治疗要好几个小时，他只能躺着或靠着坐，边治疗边看材料。在他身旁的许鹿希不断轻轻地给他擦拭满头虚汗。他在病床上，同于敏等同志反复商讨，于1986年4月2日联合署名写成了一份给党中央的关于我国核武器发展极为重要的建

议书，为中国领导人决策提供重要参考材料。在这份材料中，邓稼先大声疾呼："不能让外国人落得我们太远！"

正是在邓稼先、于敏的建议下，我国加快了核试验，为我国核武器研制争取到十年宝贵的时间。我国终于在 1996 年世界全面禁止核试验条约签署之前，完成了我们的既定任务，中国建立起精干有效的核自卫力量，有了大国安全可靠的核盾牌。邓稼先在生命的最后时刻，把研究核理论的成果撰写成专著——《群论》，如今它已成为高校和科研人员的重要教材。

在"两弹一星"的研制和试验中，郭永怀作出杰出贡献，他是我国科学工作者的楷模。郭永怀是著名力学家、应用数学家、空气动力学家，是中华人民共和国力学事业的奠定人。

1956 年 9 月 30 日，郭永怀冲破美国政府设置的重重阻力回到祖国，钱学森推荐他担任中国科学院力学研究所的副所长。他全力以赴地投入高超空气动力学、爆炸力学、电磁流体力学、飞行力学和固体力学的研究和指导工作。节假日，他也从不休息、从不午休，早出晚归，埋头书案，工作是他最大的乐趣。郭永怀爱好广泛，喜欢听音乐，喜欢摄影和集邮，现在都顾不上了。

1960 年，在我国"两弹一星"研制的关键时刻，钱学森再次向党中央推荐郭永怀担任我国核武器研究所副所长，与核物理学家王淦昌、彭恒武形成了我国核武器研究所最初的"三大支柱"。

郭永怀负责核武器的力学部分和武器化。他组织大家对核武器的结构力学、结构强度、压力分布等进行具体研究和计算，并指导大家进行核装置的静态力学研究和试验。郭永怀在参加原子弹研制的同时，还负责人造地球卫星研究院的领导工作。他是我国第一颗人造地球卫星设计者之一。

郭永怀常年奔波于北京、青海、罗布泊之间，他深入试验现场指导工作，开展试验。在气候环境十分恶劣，夏季酷热难耐，冬季寒风刺骨的戈壁高原，他与年轻的科技人员一起喝苦水，住帐篷，风餐露宿。时间对郭永怀来说，太紧张太宝贵了。领导为保证安全，不让他乘飞机，但他为节省时间，仍坚持乘坐飞机，特别喜欢选择夜航飞机。他说："乘夜航飞机打个盹就到了，第二天可以照常工作。"正是在夜航中，无情的事故夺去了他宝贵的生命，给国人留下了深深的遗憾和永远的悲痛！

那是 1968 年 12 月 5 日，参加试验回来的路上，飞机降落时冲出跑道，起火爆炸。爆炸的瞬间他和警卫员紧紧抱在一起，把装有核武器资料的皮包紧紧地护着，最后两个人烧成一团火炭，从火炭中间的皮包上，人们才认出来这是郭永怀烈士。当时，周恩来总理立即命令有关部门彻底查清事故的原因。钱学森十分沉痛地说："一个生命，一个有智慧的人，一位世界知名的力学家离开了我们，生和死就那么几秒钟！"

在"两弹一星"元勋中，郭永怀是唯一一位为中国的原子弹、导弹和人造卫星的研制试验工作均作出了巨大贡献的科学家，也是唯一一位获得"烈士"称号的科学家。

"两弹一星"伟大事业的创业者们、"两弹一星"元勋，几乎每个人都有这样动人的故事，这样的英雄史诗。他们是中华民族精神的脊梁！是中华民族文化的瑰宝！是中华民族的骄傲、民族的功臣、民族的英雄！我们要永远铭记他们的丰功伟绩，铭记那个年代苦难的辉煌和艰苦的岁月！

同志们！让我们在习近平新时代中国特色社会主义思想指引下，大力弘扬"两弹一星"精神，不忘初心，牢记使命，再创辉煌，为实现中华民族伟大复兴的中国梦不懈奋斗！

谢谢大家！

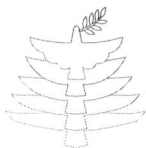

（本文系 2018 年 8 月 29 日北京理工大学"百家大讲堂"文字转录节选）

主讲人简介

　　高同声，中国人民解放军原总装备部副政委，副大军区职，中将军衔，曾任中华人民共和国国防科学技术工业委员会副政委、党委常委。曾参加成功发射国产 DF-1 导弹（第一枚"争气弹"），是我国战略导弹部队第一代创业者。曾带领部队为建成我国某大型号核导弹作战基地作出重要贡献，并形成战略威慑和实战能力，受到中央军委通令嘉奖。曾参加组织指挥"神剑-95"演习，圆满完成了向东海预定海域实施导弹袭击任务，沉重地打击了"台独"分裂势力，有力地维护了国家主权和领土完整。

马克思留给人类最宝贵的精神财富

刘书林

老师们、同学们：

大家好。2018 年 5 月 4 日，"纪念马克思诞辰 200 周年大会"在人民大会堂举行，中共中央总书记、国家主席、中央军委主席习近平出席大会并发表了重要讲话。2018 年 4 月 23 日，习总书记在主持中共中央政治局第五次集体学习时强调，马克思主义理论的科学性和革命性来源于辩证唯物主义和历史唯物主义的科学世界观和方法论。这一句话点明了马克思留给我们的最宝贵的东西就是马克思主义，而且马克思主义当中最宝贵的东西、最根本的东西就是辩证唯物主义和历史唯物主义这个科学的世界观和方法论。马克思就是用这样一个科学的世界观和方法论揭示了人类社会发展的规律，揭示了人类解放的规律，揭示了人们最高理想实现的必然性，为我们认识世界、改造世界提供了强大的思想武器，为世界社会主义指明了正确的前进方向。恩格斯说，"马克思的整个世界观不是教义，而是方法"。它提供的不是现成的教条，而是进一步研究的出发点和供这种研究使用的方法。一句话，科学的世界观是一种方法。在这里，为了帮助大家更好地理解马克思主义是最宝贵的精神财富，理解习近平新时代中国特色社会主义思想如何继承和发展了这份财富并取得丰硕成果，我将从以下五个问题进行阐述。

第一个问题：马克思发现的科学世界观、方法论，为什么是科学的和宝贵的呢？

因为马克思批判地吸收了人类的全部的精神财富，经过科学的思想创新，奠定了辩证唯物主义和历史唯物主义的科学世界观，这就是马克思留给我们的最宝贵的精神财富。

习总书记在纪念马克思诞辰200周年大会上说，从《共产党宣言》发表到今天170年过去了，人类社会发生了翻天覆地的变化。但是马克思主义所阐述的一般原理，整个来说，直到现在仍然是完全正确的。类似的话出自《共产党宣言》第一篇序言之中，即马克思、恩格斯两个人合写的《1872年德文版序言》。这篇序言写于《共产党宣言》发表25年之后。在这个序言里，马克思、恩格斯说，《共产党宣言》有些内容已经过时了。首先是第二章后面的那十条措施，没有什么特别的意义；第二，最后一章写的共产党对各种反对党派的态度，当时《共产党宣言》涉及的那些党现在都没有了，要写的话，现在应该写新的，这一部分内容也算是过时了；第三，他们两个在序言里还说，过去我们对革命的看法，没有特别强调要打碎旧的国家机器，而1871年巴黎公社的经验证明，要革命就必须彻底地打碎旧的国家机器。而这个思想在宣言里并没有得到特别的强调，这一点也算是过时了。马克思、恩格斯在严格审视《共产党宣言》的文字时，指出了这几个过时的内容。但是紧接着，有一段更加重要的论断展现在我们眼前："不管最近25年来的情况发生了多大的变化，这个《宣言》中所阐述的一般原理整个说来直到现在还是完全正确的。"习总书记在纪念马克思诞辰200周年的时候就特别强调了这句话的意思。习总书记说，《共产党宣言》发表已经170年过去了，不管人类社会发生多么巨大的翻天覆地的变化，马克思恩格斯所阐述的一般原理还是完全正确的。宣言阐述的一般原理，这里的"一般"两字，可不是"一般化"的意思。这里的"一般"在英文里，相当于"general"，即"总的""根本的"意思。一般原理就是总的原理，最根本的原理，整个说来直到现在还是完全正确的。

习总书记接着说，我们要坚持和运用辩证唯物主义和历史唯物主义的世界观和方法论，一语抓住了要害。我们坚持运用的是辩证唯物主义和历史唯物主义的世界观和方法论，即坚持和运用马克思主义的立场、观点、方法。换一个说法，就是运用辩证唯物主义和历史唯物主义的方法。习总书记强调辩证唯物主义和历史唯物主义的以下内容：坚持和运用马克思主义关于世界的物质性及其发展规律，关于人类社会发展的自然性、历史性及其相关规律，关于人的解放和自由全面发展的规律，关于认识的本质及其发展的规律等原理，就是要运用这四个规律。这是一个方面的意思。他接着强调了：坚持和运用马克思主义的实践观、群众观、阶级观、发展观、矛盾观，要掌握和坚持这五个基本观点，就要真正把马克思主义这个看家本领学精、悟透、用好。这就是习总书记给今天的马克思主义者和共产党人提出的要求。要坚持运用科学世界观和方法论，要坚持运用马克思主义的立场、观点、方法，把这四个规律研究好，要坚持用这五个观点来看问题，这五个观点就是马克思主义的科学世界观、方法论的具体表现。

请注意，在这里，习总书记指出了阶级观也是我们应该掌握的一个基本观点。一个时期以来，强调和谐多了，强调矛盾和斗争少了，一些人甚至连阶级观点、矛盾的观点也不敢讲了。党的十八大以来，特别是十九大以来，习总书记就改变了这种错误倾向。在党的十九大报告里就指出，有矛盾就有斗争，只有通过斗争才能解决矛盾，推动社会前进。因此，他在讲我们共产党人今天的四个方面的伟大实践活动当中，第一个实践就是伟大的斗争，后面三个伟大实践分别是伟大的事业、伟大的工程、伟大的梦想。"四个伟大"的实践，第一条就是伟大的斗争，所以说坚持科学的矛盾观，通过斗争解决矛盾，通过解决矛盾推动社会发展。坚持马克思主义的基本观点，也不能够忽略阶级观点。在人类到达最高理想——共产主义社会之前，社会上是存在阶级的，特别是在当今现实世界上，资本主义制度和社会主义制度之间的对立统一关系还存在，阶级显然还存在。阶级的概念、阶级斗争的情况，写在我们的党章上，也写在我们的宪法上，我们决不能把客

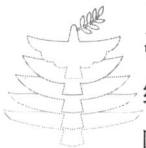

观存在的"阶级"这个基本现实从我们的运动当中一笔勾掉。马克思曾经说过，我们绝不和那些把阶级斗争从运动中一笔勾掉的人一道走，这是一个原则。习总书记在这里引用马克思的这段话，就说明他没有忽视阶级和阶级斗争的存在，他不想丢掉阶级分析的观点。

每当西方遇到经济危机的时候，那些资产阶级人物及其思想家也不得不回过头来，到马克思的《资本论》里去寻找自己的病因。当然，按照马克思指出的出路解决不了他们的危机问题，因为马克思为资本主义开出的药方是革命，他们当然不接受、不喜欢。但是，一些资产阶级的人物不得不到《资本论》里寻找马克思对资本主义的批判，以便寻求出路。这就说明，马克思主义至今仍然有旺盛的生命力。

马克思在一个共产党并没有当政的国家——英国，几次组织民众在网上做自由调查投票，那里的人们几次都把最多的票数投给马克思，把马克思选成千年第一思想家、千年第一伟人。这种现实雄辩地证明，马克思主义没有过时。我认为，从某种意义上说，至今还没有接受马克思主义科学世界观的人，实际上他的头脑仍然保持在170年前那种陈旧的思想意识水平上，因此没资格称自己是个现代人。马克思这种先进的理论，分析现代资本主义的先进理论，已经过去170年了，如果一个人仍然没接受马克思主义，这说明他的思想水平还停留在170年之前的水平上，他实际上就不是现代人。

马克思主义科学世界观和方法论的科学性，有什么证据呢？有什么条件证明马克思说的世界观和方法论就是科学的呢？我认为有这三个方面的根据。

第一个方面的根据：马克思、恩格斯批判地吸收了成熟的资本主义社会的一切精神财富，并科学分析了资本主义社会自身无法解决的基本矛盾，因此在这个基础上产生的世界观是科学的。马克思、恩格斯研究批判的对象是成熟的资本主义社会，分析研究的是成熟的资本主义社会，这就确定了其学说的科学性。

相比之下，这里有一个简单的道理：当资本主义制度还不成熟的时候，各个资本主义国家的一些先进的人们，都已经看到了资本主义的严重的弊病，提出了否定资本主义、追求理想社会的愿望和设想。这就是空想社会主义。特别是最后出现了圣西门、傅立叶、欧文这三大空想社会主义者，水平极高，他们对资本主义的批判非常深刻，他们对未来社会的描述和设计非常具体，有的也显得很到位。但是这么高级的社会主义学说，怎么还说它是空想社会主义呢？因为它没有找到社会发展的必然规律，就很难是科学的。

要实现这个社会的最高理想，依靠什么阶级的力量来达到目的？空想社会主义者并不清楚，依靠谁的问题没解决。因此我们说它是空想的，实现不了的，是没办法实现的社会主义。为什么这个阶段的人这么有天才，对资本主义的批判那么深刻，对未来社会设计那么合理，却陷入不能实现的困境？为什么找不到规律？为什么找不到依靠的力量呢？原因就是一个，因为他们当时面对的资本主义社会还不成熟。分析研究一个正在发展当中的、还不成熟的资本主义社会，是不会得到超越这个社会的真理的。看不清楚它的发展规律，找不到依靠的力量，必然陷于空想社会主义的境地。

反过来说，如果掌握了全部资本主义精神财富的学者，面对的是一个成熟的资本主义社会呢，他就有条件和可能找到规律，他就有条件和可能找到依靠的对象，他就有条件和可能把这个理想变成科学的，并可以将其实现。

三大空想社会主义者面对的资本主义是不成熟的，所以说不成熟的资本主义的现实至多只能产生像圣西门、傅立叶和欧文这样的空想社会主义学说。而马克思、恩格斯面对着成熟的资本主义社会，就能得出科学的结论，找到规律，找到依靠对象，把这个远大理想变成可以实现的目标。

科学社会主义与空想社会主义的差别就在这里。根本原因不在于哪一个人能力差，而是社会的发展现实限制了他们。马克思面对的这个资本主义就是成熟的吗？当然是这样。到了资本主义成熟的时候，资本主义社会明显地分裂为两大对抗的阶级。到这个时候，资本主义的危机周期性地、有规律地出现。到这个时候，工人已经登上了政治

舞台，开始提出政治诉求和夺取政权的愿望。到这个时候，工人阶级已经成了一个自为的阶级，而不是一个自在的阶级，他是有觉悟的阶级，觉悟到自己历史使命的一个阶级。这个时候难道还不成熟吗？这就是成熟的资本主义社会了。马克思、恩格斯就是批判这个成熟的资本主义社会得出来的科学世界观和方法论，这是说明马克思主义的世界观科学性的第一个根据。

第二个方面的根据：马克思、恩格斯与工人阶级的革命运动和革命斗争相结合，在指导和总结千百万工人的斗争实践当中不断地检验真理、发现真理。习总书记在纪念马克思诞辰 200 周年的讲话里，引用了恩格斯的一句话。他说：马克思首先是一个革命家，参加工人运动，和工人同甘苦，一块追求真理。我们学过国际共产主义运动史都知道，组织过共产主义小组，这算共产党人，组织过共产主义者同盟，这算共产主义组织。但是马克思、恩格斯也组织过非共产主义组织，第一国际那就是工人群众组织。可不能把第一国际当成共产党的组织，第一国际的性质是工人群众的组织，它的本名叫国际工人协会，不是国际共产党协会，是国际工人协会，工人组织。它把各派不同主张的工人用一个统一的纲领团结在一起，集中一切力量与资本主义作斗争。第二国际也不是共产党的组织，第二国际是工人阶级政党的一个联络组织，只不过这个联络组织中的有些政党正在逐渐向着共产党发展。马克思、恩格斯一辈子和工人结合，指导着世界无产阶级的团结斗争。

我们经常讲实践是检验真理的标准，这句话是简略的讲法，可以这么讲，但是这么讲不是最准确的。大家看一看，1977 年开始在我国开展的真理标准大讨论，有代表性的那篇文章，就是《光明日报》发表的《实践是检验真理的唯一标准》。在这篇文章里大家看到没有？一开始检验真理的标准是什么？这个文章里引用的就是毛泽东的一句非常精确的话。毛泽东说，只有千百万人民的革命实践，才是检验真理的尺度。引用这句话很有见解，也很准确。绝不是个别人的感受、感想，都能作为检验社会真理的标准；也不是处在社会发展当中的逆流、支流、泡沫，能够作为检验真理的标准；能够检验真理的标准，只能是千百万革命人民的实践。

千百万革命的人民，代表着社会历史发展的主题，社会历史发展的主线就是历史发展的主流。我们只有抓住主题、主线、主流的实践来判定真理，才能得到真理的认识。代表着社会进程中出现的一些逆流、支流、泡沫，这些所谓实践，是不能检验社会发展的真理的，不称其为检验真理的根据。而马克思、恩格斯当年就是坚持在千百万工人的斗争实践当中来检验真理的，在最先进的千百万的工人群众当中来检验真理，在代表着最先进的生产力的工人群众当中检验真理。工人阶级代表着社会发展的主题、主线、主流，因此就能检验真理。这是它科学性的第二个根据。

第三个方面的根据：马克思主义是在批判形形色色的社会思潮当中来发现科学世界观的。

大家在阅读《共产党宣言》的第三部分内容时，会看到这一部分叫作"社会主义和共产主义的文献"。在这一部分里，马克思、恩格斯批判了五种非科学社会主义的流派，可见这些流派是和马克思主义并行发展、相伴而行的。如果马克思主义没有能力批判这些流派，就不能够表现出自己的本质特征，就不可能显示解决社会发展问题的本领。而马克思、恩格斯解决了这个问题，科学地揭示了这些派别的本质、局限。马克思、恩格斯揭示了其中一些社会主义流派具有历史反动性，才使人们更加认清了这些思潮的阶级本质。与这些非科学的社会主义思潮相比，更加显示出马克思主义的科学世界观、方法论才是真理，而其他的那些流派不是真理。真理与谬误是相比较而鉴别的，经过人民的选择而获得发展的机会的。我们在现实当中不因为思想界的混乱而放弃自己追求真理的努力，不因为情况的复杂和道路的曲折以及经历痛苦和困难而动摇自己追求真理的意志，道理就在这里。真理从来就是和非真理相比较而存在、相斗争而发展的。

这三个根据就可以帮助我们判断马克思主义的科学世界观和方法论是真理，因为它立足的基础很高。

第二个问题：马克思主义科学世界观是支撑社会主义和共产主义理想信念的精神支柱。

我们的理想信念就是社会主义和共产主义。为什么？因为社会主义和共产主义是不可分割的，我们今天搞的是初级阶段的社会主义，或者叫作中国特色社会主义。但是我们搞的初级阶段的社会主义，它是接受共产主义思想指导的产物，搞社会主义，不要共产党领导不行，不要马克思列宁主义的指导不行，不要共产党的领导权不行，不要人民民主专政的制度不行。这些道理是谁说的？当然是共产主义的思想体系告诉我们的，不要这些东西不行。为什么？因为今天的社会主义正在经历着向共产主义方向的进步、发展，这个进步和发展没有共产主义思想体系的指导，怎么能够找到正确的方向？虽然我们今天没到共产主义，但是我们每天都接受着共产主义思想体系的指导。马克思列宁主义就是共产主义思想体系，我们须臾不能离开。

170年来，真正的共产党人没有一个能够离开共产主义思想体系指导的，也有离开的，很快就亡党亡国了。我们今天虽然没有到达共产主义社会状态，但是我们从《共产党宣言》发布以来做的所有的事情，都是朝着这个方向发展和推进的，共产主义运动就是170年来共产党人领导我们做的事情，它一时一刻都没有离开过我们。共产主义的思想体系，一直在我们的身边指导着我们。共产主义运动的内容一直是我们手里做的工作和事情，我们怎么能说我们今天和共产主义没关系呢？只是共产主义社会状态现在条件还不完备，离我们还有遥远的距离，我们不能轻易地说，我们接近共产主义社会不远了，但是我们也不能说共产主义这个状态是虚无缥缈的，道理就在这里。就是因为共产主义体系的指导，就是因为共产主义运动就是我们做的170年的事情，所以讲理想信念时，要把社会主义和共产主义连着说才是对的，它们本来就是不可分割的。《共产党宣言》最大的贡献，就是提出了"两个必然"。资本主义的灭亡和社会主义的胜利都不可避免，就是这"两个必然"。这"两个必然"就标明了社会发展的规律，是必然由资本主义过渡到共产主义的；社会主义、共产主义，这"两个必然"就是我们今天的社会主义和共产主义的理想信念。

同时，《共产党宣言》并没有否定资产阶级在历史上所起的进步作用。它非常客观地叙述了人类社会发展的历史过程，认为资本主义、资产阶级在历史上也曾经起过非常革命的作用，创造了巨大的物质财富，是当时历史的一种进步。马克思一点都不否认这一块。尽管不否定这个，但是沿着生产力和生产关系、经济基础和上层建筑的矛盾运动，马克思、恩格斯仍然得出了结论，说资产阶级的关系已经太狭窄了，再也容纳不了它本身所创造的财富了。资产阶级用来推翻封建制度的武器，现在却对准资产阶级自己了，这就是"两个必然"的内容。沿着历史发展的规律，说它必然要灭亡，社会主义必然要胜利。有人说《共产党宣言》里说的这"两个必然"太乐观了，对资本主义的寿命估计得太短了，对革命的条件估计得太高了，犯了狂热的毛病，犯了违背历史事实和条件的毛病。他们利用 1859 年 1 月马克思写的《〈政治经济学批判〉序言》中的两句话，来否定《共产党宣言》的"两个必然"："无论哪一个社会形态，在它们所能容纳的全部生产力发挥出来以前，是决不会灭亡的；而新的更高的生产关系，在它存在的物质条件在旧社会的胞胎里成熟以前，是决不会出现的。"他们抓着这两句话，就认为《共产党宣言》说的"两个必然"太狂热了，太乐观了，不符合实际；说马克思一直到了 1859 年 1 月写"两个决不会"的时候，才头脑冷静下来，对自己的思想进行了反思，然后说出了"两个决不会"的话。其实，根本就不存在这个问题。马克思写的"两个决不会"一整段话，我劝大家从头到尾看一看，它和《共产党宣言》的思路是一样的，都是在叙述社会历史发展的历史唯物主义的一个原理，存在决定意识，经济基础决定上层建筑，社会基本矛盾的运转决定社会历史的发展。他无非就是讲这个道理。在讲这个道理的时候，提出了"两个决不会"，实际上《共产党宣言》里也有"两个决不会"的意思，前后没有什么区别，叙述的是同样的道理。

《资本论》第 1 卷的撰写，是在 1859 年说"两个决不会"之后了，按照前面那种人的说法，在 1859 年 1 月份之后，马克思就不狂热了，

认为资本主义不可能灭亡了，资本主义根本没到灭亡的时候。要按那种说法应该说资本主义不会灭亡，没到那时候。但是你看《资本论》是这么说的，在《资本论》第一卷第三十二章的结论部分有这么一段话："生产资料的集中和劳动的社会化，达到了同它们的资本主义外壳不能相容的地步，这个外壳就要炸毁了。资本主义私有制的丧钟就要响了，剥夺者就要被剥夺了。"这就是《资本论》的结论。马克思一点都没有否定革命的必要，一点都没有否定革命条件的成熟，一点都没有说放弃了《宣言》当中"两个必然"的结论。

对现实社会主义国家中国，搞中国特色社会主义，又如何建立应有的自信呢？如果按照前面那种人的说法，这恐怕就成了解决不了的一个问题。因此，用"两个决不会"来否定《共产党宣言》"两个必然"的这种论调和观点是非常错误的。可惜我们有些媒体看不出来，一些大报纸还在整版地刊登这种文章，可见理论界的混乱。这让我们想起了习总书记在党的十九大报告里对意识形态领域的评价。习总书记在历数了党的十八大以来我们党在十个方面的成就之后，也指出了我们现在存在的问题，其中包括意识形态领域的斗争依然复杂，我国安全面对着新的威胁，威胁国家安全的因素依然存在，因此不能麻痹大意。

习总书记在纪念马克思诞辰 200 周年大会上的讲话中提出，我们要全面地掌握辩证唯物主义和历史唯物主义，也就是要全面地掌握马克思主义的世界观和方法论这个最宝贵的财富。他说得多么明确，他说马克思科学地揭示了人类社会最终走向共产主义的必然趋势，马克思主义奠定了共产党人坚定理想信念的理论基础，我们要全面地掌握辩证唯物主义和历史唯物主义的世界观和方法论，深刻地认识实现共产主义是由一个一个阶段性的目标逐步达成的历史过程，要把共产主义远大理想同中国特色社会主义共同理想统一起来，同我们正在做的事情统一起来，坚定中国特色社会主义道路自信、理论自信、制度自信、文化自信，坚守共产党人的理想信念，要向马克思那样为共产主义奋斗终生。这就说明了我们要坚持社会主义、共产主义的理想信念，就必须全面地掌握辩证唯物主义和历史唯物主义的科学世界观和方法论，这不是很明白吗？习总书记在党的十九大报告当中，还说了这么一段话，他说中国共产党一经成立，就把实现共产主义作为党的最高理想和最终目标。这句话说得很概括，用我的朴素的语言来表达这句话的意思，就是我们党从一大到十九大，从来没有在共产主义理想信念的问题上动摇过。我们党从一大到十九大的文件、报告、章程从来没有动摇过，我们党是追求共产主义的，从来没有动摇。因此我们可以自信，只有我们党，在历史上，在将近 100 年的时间里，是坚定不移的共产主义远大理想的信仰者、坚持者。这么做就对了。

习总书记在报告中提出"革命的理想高于天"，这是《长征组歌》里红军过草地当中的主题歌的一句歌词。在红军面对着极其困难的环境、跋涉在草地当中的时候，在草地的气候不断变幻、折磨红军战士的时候，大家拼着命、冒着死亡的危险还是往前走，是什么精神鼓舞着他们？这时就响起了主题歌，革命的理想高于天！这就是社会主义、共产主义的理想高于天，召引他们拼命往前走，他们知道向前走就可能接近共产主义、社会主义的成功，这是通向共产主义的必由之路。理想信念的力量能够帮助人们克服极大的困难，因此习总书记说，我们一定要解决好世界观、人生观、价值观这个总开关的问题，自觉地做共产主义远大理想和中国特色社会主义共同理想的坚定信仰者和忠实实践者。

第三个问题：马克思主义科学世界观是帮助共产党人应对纷纭复杂现实的利器。

在这一部分，我想介绍一下习总书记是如何运用马克思主义的科学世界观的立场、观点、方法来解决当代中国的社会问题的。马克思的科学世界观就是唯物辩证法和唯物历史观，或者叫作辩证唯物主义和历史唯物主义的方法论。我们一向都是把原则性和灵活性、革命性和科学性、先进性和群众性、规律性和特殊性，做贯通说明的。马克思、恩格斯运用马克思主义的科学世界观、方法论，对革命条件的分析，对革命时机的分析，对巴黎公社革命的基本态度，他们观察一切

问题的方法，他们在制定战略和策略方面，都体现了唯物辩证法和唯物历史观。马克思主义和我们中国的命运关系极为密切。

中国在近代逐渐地陷入被动，甚至有时候到了亡国灭种的最危险的时候，但是自从十月革命传来了马克思列宁主义的先进的、科学的世界观和方法论，中国人就开始改变了自己的命运，一步一步走向民族的复兴。实践证明，马克思主义的命运早已经同中国共产党的命运、中国人民的命运、中华民族的命运紧紧连在一起，它的科学性和真理性在中国得到了充分的检验，它的人民性和实践性在中国得到了充分的贯彻，它的开放性和时代性在中国得到了充分的彰显。中国成了马克思主义传播发展的一块沃土。

在新时代，我们运用科学世界观、方法论解决了很多问题。总的来说，以习近平同志为核心的党中央，就是运用这一科学世界观、方法论，有效地应对各种纷繁复杂的问题，抓住历史的时机，解决了长期以来想解决而没有解决的难题，办成了长期以来想办而没有办成的大事，带领全国人民从站起来、富起来走向强起来的康庄大道。

他解决了哪些问题呢？举几个例子。首先他引导全党全国正确对待改革开放前后两个 30 年的历史关系。我国改革开放前的 30 年和改革开放后的 30 年，这两个时期虽然在社会主义建设的思想指导、方针政策、实际工作上有很大的差别，但是两者绝不是彼此割裂的，更不是根本对立的。不能用改革开放后的历史时期否定改革开放前的历史时期，也不能用改革开放前的历史时期否定改革开放后的历史时期。改革开放前的社会主义实践探索为改革开放后的社会主义实践探索积累了条件。改革开放后的社会主义实践探索是对前一个时期的坚持、改革和发展。习总书记还指出，正确地认识和处理改革开放前后的社会主义探索实践的关系，不只是一个历史问题，更重要的是一个政治问题。这个论述、这个处理、这个态度就体现了马克思主义的世界观、方法论。马克思主义的世界观、方法论来到中国，实现了中国化以后，就形成了实事求是的思想路线。习总书记这一番论述，解决了多少人的争论，解决了多少人的苦闷和困惑。这两个 30 年，他就用这样的科学世界观、方法论把它说透了。

习总书记还用科学世界观、方法论，解决了对毛泽东的历史地位和毛泽东思想指导地位的评价问题。习总书记在纪念毛泽东同志诞辰120周年座谈会上的讲话指出，对历史人物的评价，应该放在其所处时代和社会的历史条件下去分析，不能离开对历史条件、历史过程的全面认识和对历史规律的科学把握，不能忽略历史必然性和历史偶然性的关系。不能把历史顺境中的成功简单归功于个人，也不能把历史逆境中的挫折简单归咎于个人。不能用今天的时代条件、发展水平、认识水平去衡量和要求前人，不能苛求前人干出只有后人才能干出的业绩来。这体现了一种公道的评价。

习总书记还用马克思主义科学的世界观、方法论，解决了人与自然的关系问题，提出了建设生态文明、建设美丽中国的新概念。马克思认为，人靠自然界生活，要处理好人和自然的关系。人类必须敬畏自然，尊重自然，顺应自然，保护自然，要和自然和谐共生。习总书记就是根据这些马克思主义的思想，提出了绿水青山就是金山银山的理念，动员全社会的力量进行生态文明建设，共建美丽中国，让人民群众在绿水青山中共享自然之美、生命之美、生活之美，走出一个生产发展、生活富裕、生态良好的文明发展道路。从党的十八大开始，大家明显地感到我们党对生态文明的建设力度空前加大。这个观念的变化，很快就兑现为现实的生存条件的改善了。

习总书记还运用马克思主义科学世界观、方法论，提出了对外交往的许多新理念，其中就提出了关于世界历史的思想，用这个世界历史的思想指导我们构建人类命运共同体。马克思、恩格斯说过，各民族的原始封闭状态由于日益完善的生产方式、交往以及因交往而自然形成的不同民族之间的分工消灭得越是彻底，历史也就越是成为世界历史。各个民族由于过去的交往不发达，比较封闭，比较停滞，没有流通，社会发展也很缓慢，但是随着资本主义开拓的世界市场，随着资本主义的生产方式和交往方式的推行，这种民族之间的界限越来越淡化了。

资本主义到处开辟市场的行为，把世界连成一体，这是他们不自觉地给人类的解放事业创造的一份物质条件。而无产阶级和劳动人民的解放就可以利用这个新的环境条件，在世界范围内重新构建自己的思路。习总书记说，马克思、恩格斯当年的这个预言，现在已经成为现实。历史和现实日益证明，这个预言的科学价值。马克思、恩格斯是什么时候发现这个道理的？资本主义把全球连成一起了，在《共产党宣言》里就表达了这个思想。从此，他认为世界的历史才是真正的世界的历史，而不是分割为不同地区、老死不相往来的历史了。这个历史，今天更是如此了。当年马克思思想受到最大的冲击就是这样一个冲击。他发现：在法国国内工人阶级的几次起义都带有社会主义的性质，而且从工人斗争的规模来看，有可能推翻资本主义的国家政权，建立新的国家政权，但是每一次都失败了。马克思、恩格斯做了更加深刻的思考，提出过这样的疑问：在一个国家发生的革命，会不会因为这个国家拥有广大的东方殖民地，而使得本国的革命常常陷入失败呢？这就是看问题的世界历史的全球的眼光，不仅仅盯着一个国家内部失败和成功胜利的因素，而是从整个世界看来，会不会一个国家在东方有广大的殖民地，人民群众在它的宗主国就不能把它搞垮。如果解决它的殖民地的手段还不具备的时候，你在它的宗主国是很难把它搞垮的。这个思想是很深刻的，后来也得到了进一步的证明。随着东方殖民地的斗争和纷纷宣布独立，资本主义世界里的优势才逐渐被去掉。

所以说现在霸权主义国家在推行单边主义和军事手段的时候，常常是赤膊上阵，没有任何接济它的力量，它解决问题没有多少政治手段和出路，只有军事的侵略和杀戮才是它不得不使用的最后的手段。这是它接近灭亡的一种迹象，不是强大的一种反映。习总书记根据这个理论提出了"万物并育而不相害，道并行而不相悖"这样古典的道理。道并行而不相悖，虽然各国社会制度不同，但是可以争取一种办法，在这个世界上和平地相互发展、和平相处，当然这是我们争取的一种理想的状况，要达到理想状况的成功，还需要做非常多的艰苦的工作才成。道并行而不相悖，并不是天然的，需要我们分析矛盾、利用矛盾，开展适当的斗争，开展多种形式的有效的斗争，才能争取到这个结果。在这种前提下，中国的办法是要在更多的领域、更高的层面上实现合作共赢，共同发展。不依附别人，更不掠夺别人，同各国人民一道努力构建人类命运的共同体，这就是现实。习总书记主张，通过构建人类命运共同体来解决当今世界单独的任何国家都解决不了的一些全球性的问题。习总书记设计的一个最大的平台就是"一带一路"。"一带"就是丝绸之路经济带，"一路"就是21世纪海上丝绸之路。"一带一路"，两个方面的路线，就已经把亚洲、欧洲连成了一片。我国的"中欧班列"（中国到欧洲的火车），30多条路线，每年2300多列开往北欧、西欧、东南欧。英国人正在和欧洲搞脱欧运动，它不想和欧洲那些国家合作，想投靠美国，在欧洲闹得不亦乐乎。英国虽然闹脱欧运动，但是并没有闹脱华运动，我们的中欧班列一列又一列不断地从欧洲大陆穿过英吉利海峡，直达英国首都伦敦，英国离不开其他国家。打开地图一看，中欧班列把整个欧亚大陆连成一体。我们在这样一个范围内严格地采取合作共赢、共同发展的政策，让双方都得到好处，让双方都离不开这种平等的合作。

第四个问题：马克思主义的科学世界观是人民立场、人民中心思想的来源。

自党的十八大以来，我们越来越强调人民的立场，以人民为中心，人民对美好生活的追求就是我们共产党人奋斗的目标。人民概念提高了，人民主体、人民中心、人民立场提出来了，这种概念的来源就是《共产党宣言》里的这样一番话。首先，马克思主义强调人的作用。马克思、恩格斯在《共产党宣言》里提出：过去的一切运动都是少数人的，或者为少数人谋利益的运动，无产阶级的运动是绝大多数人的，为绝大多数人谋利益的独立的运动。这就是共产党的人民性理论的来源。马克思在1835年17岁的时候，写的高中毕业作文当中的话，就已经有这样的思想。他说，我们的幸福将属于千百万人，我们的事业将悄然无声地存在下去，但是它会永远发挥作用。而面对我们的骨灰，

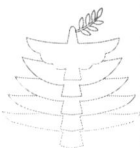

高尚的人们将洒下热泪。他在中学的时候就有这么崇高的一种为人类解放而献身的精神状态。马克思主义就是人民的理论，这句话是习总书记在纪念马克思诞辰 200 周年的时候说的。马克思主义是人民的理论，第一次创立了人民实现自身解放的思想体系。马克思主义博大精深，归根到底就是一句话：为人类求解放。在马克思之前，社会上占统治地位的理论，都是为统治阶级服务的，是马克思主义第一次站在人民的立场上，探求人类自由解放的道路。在科学的理论的指导下，为最终建立一个没有压迫、没有剥削、人人平等、人人自由的理想社会指明了方向。

马克思主义之所以具有跨越国度、跨越时代的影响力，就是因为它扎根人民之中，指明了依靠人民推动历史前进的人间正道。这里也包含着很多新鲜的内容，大家可以学习，有很多我们党章中没有使用的词，在这里有。比如说"剥削"这个词，我们现在一般做简单回避，在党的十五大党章里没有回避，有这么一段话，"社会主义的本质就是解放生产力、发展生产力、消灭剥削、消除两极分化，最终达到共同富裕"。这五句话，就是邓小平同志对社会主义理论的一大贡献，写在党章里。党的十六大，修改党章，这段话被删掉了。习总书记没有回避这个概念。什么叫人类自由解放的道路？就是以科学的理论为指导，最终建立一个没有压迫、没有剥削、人人平等、人人自由的理想社会。我们的宪法没有回避"剥削"这两字，宪法里有这样一句话，"社会主义就是要建立一个没有人剥削人的制度"。这句话还有，没有回避。现在人民的立场增加了新的生命力——以人民为中心。大家可以看党的十九大报告，以人民为中心，这一条成了新时代坚持和发展中国特色社会主义基本方略的第二条。人民是历史的创造者，是决定党和国家前途命运的根本力量，必须坚持人民主体的地位，坚持立党为公、执政为民，践行全心全意为人民服务的根本宗旨，把党的群众路线贯彻到治国理政全部活动之中，把人民对美好生活的向往作为奋斗目标，依靠人民创造历史伟业。人民是决定党和国家前途命运的根本力量，人民是主体地位，我们党全心全意为人民服务是根本的宗旨。我们的奋斗目标，就是人民对美好生活的向往。我们完成民族复兴的大业，这个历史伟业依靠人民，人民的地位增加了分量，增加了很大的分量。

有人说怎么不提无产阶级，提无产阶级少了，提人民多了提共产党少了，提人民多了？习总书记回答过这个问题。他说，无产阶级共产党人没有自己特别的利益需要保护，无产阶级和人民大众的利益没有任何区别。再说它的使命，也是只有解放全人类，才能最后解放自己。为人民的利益奋斗，为人民服务，就包含着解放自己的因素和内容。人民对美好生活的向往就是我们的奋斗目标，这是习总书记说得最响亮的话。以人民为中心的思想，要体现人民的主体地位。习总书记说："人民是创造历史的动力，我们共产党人任何时候都不要忘记这个历史唯物主义的基本道理。"又是世界观、方法论，这个论断又是历史唯物主义的基本道理，那不就是马克思的科学世界观、方法论吗？而且要把人民放在中心，放在心中最高的位置上，把人民拥护不拥护、赞成不赞成、高兴不高兴、答应不答应，作为衡量一切工作得失的根本标准。

要让人民拥护，要让人民赞成，要让人民高兴，要让人民答应，这就是我们的奋斗目标。这就叫以人民为中心。谁脱离了这一点，违反了这一点，谁就要犯立场性的错误。人民就是你的立场。

最后，我总结一下，习近平新时代中国特色社会主义思想的核心，是马克思主义的科学世界观。我认为科学世界观、方法论就是习近平新时代中国特色社会主义思想的核心内容。习总书记说过，辩证唯物主义是马克思主义哲学的重要组成部分，是中国共产党人的世界观和方法论。他说得很清楚。辩证唯物主义就是马克思主义哲学的重要组成部分，就是中国共产党人的世界观和方法论。他又说，历史唯物主义是马克思主义哲学的另一个重要组成部分，是中国共产党人的社会历史观和价值观。只有坚持历史唯物主义，我们才能不断把对中国特色社会主义规律的认识提高到新的水平，不断开辟当代中国马克思主义发展的新境界。可见他在坚持和发展中国特色社会主义思想的道路上，靠的就是辩证唯物主义和历史唯物主义的科学世界观、方法论。

这段话就很明白。2016 年版的习总书记重要讲话读本，就能看到习总书记关于世界观、方法论学习修养的许多阐述。同时在党的十九大报告里，"八个明确"也体现了马克思主义的科学世界观和方法论。

比如说我们宏伟的蓝图，是把社会主义、共产主义的理想信念和新的"两步走"这种安排结合在一起，这就是科学世界观、方法论指导的。再比如说，根据主要矛盾来确定新的奋斗目标；比如说以人民为中心的基本立场的确定；比如说改革和完善社会主义制度；比如说"五位一体"总体布局和"四个全面"战略布局的关系，比如说社会主义民主建设与加强党的集中统一的领导，比如说中国特色社会主义最本质的特征是中国共产党的领导与全面从严治党，这两个对立统一的方面结合在一起；比如世界普遍联系的观点，构建人类命运共同体。这些都体现了辩证唯物主义和历史唯物主义的科学世界观和方法论。

第五个问题：马克思主义的科学世界观为中国革命建设改革提供了强大的思想武器。

近百年党的历史和中国人民大众的实践证明：选择马克思主义是完全正确的。中国共产党把马克思主义写在自己的旗帜上是完全正确的。坚持马克思主义基本原理同中国具体实际相结合，不断推进马克思主义中国化的时代化是完全正确的。这就是习总书记最后的结论。习总书记说，可以告慰马克思的是，马克思主义指引中国成功走上了全面建设社会主义现代化强国的康庄大道，中国共产党人作为马克思主义的忠诚信奉者、坚定实践者，正在为坚持和发展马克思主义而执着努力。我们也可以看到在世界最大的社会主义国家里，在世界上人口最多的国家里，我们在人民大会堂纪念马克思诞辰 200 周年，是世界上最隆重的纪念大会。这个现实本身就可以告慰马克思。科学的世界观方法论在这里蓬勃发展，道理就在这里。

（本文系 2018 年 5 月 7 日北京理工大学"百家大讲堂"文字转录节选）

主讲人简介

刘书林，男，现任清华大学马克思主义学院教授、博士生导师，我国国际共产主义运动史专业首位博士学位获得者。曾任清华大学人文社会科学学院党委副书记，高校德育研究中心第一、二届主任。现兼任国家社会科学基金项目评审专家组成员，教育部《思想理论教育导刊》常务副总编，全国高校马克思主义研究会副会长，全国高校思想政治教育研究会常务理事，中国社会科学院世界社会主义研究中心常务理事，中国青年研究会常务理事。主持国家级精品课程两门，先后获北京市和国家级优秀教学成果一等奖各一次，获清华大学"杰出人才"奖，连续三次获得清华大学研究生导师"良师益友"称号，获教育部高等学校第八届人文社会科学成果奖一等奖（2020年）。

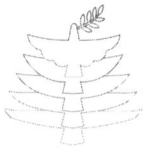

中国共产党的管理创新

——从党史中汲取领导智慧

李凯城

各位老师、同学，大家好！

感谢北京理工大学百家大讲堂，为我提供与各位同学共同学习交流的机会。我讲的题目是"中国共产党的管理创新"。

中国共产党可以说是世界上最成功的组织。1921年刚成立的时候，全国只有几个共产主义小组，50多名成员。党的一大13名代表。大多为学生，其中有大学生如张国焘，也有中学生，来自山东的两个代表就是中学生。谁也没有想到，包括共产国际的代表也没想到，刚成立时那么弱小、以青年知识分子为主的组织，28年后能建立起新中国。天安门前的国旗旗杆为什么是28.3米？它是1949年10月，减去1921年7月，正好是28.3。

中国共产党领导中国的革命、建设、改革，彻底改变了中国的面貌。一百年前中国什么样子？今天中国什么样子？哪个因素起了决定性作用？答案是，中国共产党的领导。

我是个老兵，对军史有浓厚的兴趣。人民解放军的成长发展，不仅是人类军事史上的一个奇迹，在人类管理史上也堪称奇迹。人民军队刚创建的时候，队伍非常弱小。毛主席于1927年9月9日领导秋收起义，开始时有 5000 多人，很快就打了几个败仗。三湾改编时，大约还剩 1000 人，其中包括一些革命意志不坚定者。毛主席在村边大树下把队伍集合起来，给官兵们打气，强调革命靠自觉，并当场宣布，愿意革命的就留下来，不愿意革命的，把枪留下，人可以走。这一宣布后，据说当场就走了不少人。三湾改编后，这支军队只剩下 700 多人，但这还不是最惨的时候。毛主席带着这支队伍转战上井冈山途中，打过一些胜仗，也打过大败仗。最惨的一次是 1927 年 10 月 23 日，毛主席带着队伍驻扎在江西遂川县大汾镇。当天晚上开会到 10 点多，差不多该熄灯睡觉了，突然发现敌人把村子包围了，往外冲不出去，也不敢待到天亮，必须连夜突围。怎么突围的？实际上是在房屋后山崖下搭人梯，翻过后山跑掉了。跑了一夜，来到一个叫黄坳的小山村，估计敌人追不上来了，才敢停下来休息。当时毛主席身边还剩多少人呢？30 多个人。5000 人的队伍打到只剩 30 多！毛主席就是带着这么一支队伍向井冈山茨坪出发，一路收拢被打散的官兵。第一批随毛主席上山的，也就 200 人。这是 1927 年 12 月 25 日。估计谁也没想到，22 年之后，1949 年 10 月 1 日，中华人民共和国成立了，当时的人民解放军有多少人呢？500 多万。

最能反映当年战斗力的，还不是国内战争，而是开国第一仗——抗美援朝。为什么呢？抗美援朝战争，我军直接面对的是以美国为首的联合国军。韩国算一个对手，据说美军里面还有部分日本兵。战争刚开始的时候，美国人根本看不上中国军队，总觉得中国人不敢跟他们直接较量。为什么？因为当时中国是一个农业为主的国家，中国军队是一支以农民为主的军队，国力、军力那么弱，跟美国军队作战，那不是找死吗？现代战争打的是钢铁。美国 1950 年的钢产量多少呢？8000 多万吨，新中国是多少？1949 年 16 万吨，1950 年恢复到 60 多万吨。怎么跟美国比？连人家的零头都不到。战场上拼的是飞机、大炮。当时我们没有空军，没有海军。美军一个军有大口径火炮 1500 多门，志愿军有多少呢？36 门。

志愿军的武器装备严重落后于对手，但硬是把对手从鸭绿江打回

了"三八线"。现在还有人说抗美援朝战争打平了，是这样吗？我听军事科学院一位老院长说过，改革开放初，他与访华的美国参谋长联会主席在饭桌上辩论过这个问题，因为当年他们曾经在战场上交过手。美参联会主席坚持说，朝鲜战争双方打平了。老院长说，你们与朝鲜人怎么算我不管，但我们是把你们打回了"三八线"，而不是你们主动退回去的。这是事实吧。同学们可以看看朝鲜谈判的相关记录，特别是最后一次谈判记录，实际上是美国人实在打不下去了，求着咱们签的停战协定。当年美国人在朝鲜停战谈判中，也跟今天中美贸易谈判一样，打不赢了，就回来谈，谈不赢，回去接着打，来回折腾。是著名的上甘岭战役，把美国人彻底打服了。按照美国一位军队领导人的说法，照上甘岭这种打法，恐怕打二十年也打不到鸭绿江边。这话传到北京毛主席耳朵里了，毛主席说，他们就是打两百年，也休想打到鸭绿江边。

为什么上甘岭战役能把美国人打服了？这场战役中，双方在 3.7 平方千米的土地上投入了 10 多万兵力，争夺两个小山头。你争过来，我夺过去，双方易手 60 多次。打到后来，完全是战斗意志的较量。志愿军歼敌 2.5 万，自身伤亡 1.5 万，其中像黄继光、邱少云这样壮烈牺牲的英雄就有 38 位。在一场战斗中，曾经有两个战士先后抱着炸药包，直接冲入敌群，与拥上来的敌人同归于尽。有一个战士眼睛打瞎了，另一个战士腿打断了，瞎子背着瘸子还要继续冲锋。这是一种什么样的战斗精神？美国人哪见过这样的军队，这么不怕死的兵是怎么训练出来的？所以说人民解放军的成长发展，绝对是管理史上的奇迹。

说完建党建军，再说说治国理政。今年是中华人民共和国成立 70 年。中国这 70 年的发展也是一个奇迹。国民党蒋介石集团给共产党人留下了一个烂摊子，1949 年中国经济之落后，老百姓生活之贫困，恐怕远超出今天年轻人的想象。大家知道不知道？洋火是什么东西？洋灰又是个什么东西？我问过不少年轻朋友，有的知道洋火就是火柴，但不知道洋灰是水泥。因为当年这些东西中国自己都生产不了，所以才称之为洋货。我们就是在这么一个基础上起步的，发展到今天，建立起最完整的工业体系。仅从这一个角度，就可以看出中国共产党治国理政的成功。

中国共产党的巨大成功，完全可以而且应该从管理学角度去总结。习近平总书记让全党研究中国共产党为什么"能"？出了一个非常好的题目。在座的许多同学是学管理的。学管理一方面要系统地研读理论书籍，再有就是向成功的企业家学管理。所以，近些年关于马云、任正非、张瑞敏等一流企业家的图书，机场、车站的书摊都摆在最醒目的位置。可是，再成功的企业家无非是成功地创办或领导了一个企业，想当年毛泽东和他的战友可是解放了全中国。这么巨大的成功背后，必定有更加丰富的理论宝藏。

中国共产党近百年的历史非常辉煌，可奋斗过程也充满了艰辛和苦难。金一南同志写的《苦难辉煌》，书名起得非常棒，很准确地概括了中国共产党近百年的历史。

现在管理学的教科书都是西方的或按西方的理论框架编写的。改革开放前，在没有引进西方这套管理理论时，我们是怎么培养各级各类领导者的？当时都讲些什么？其实就是教共产党的领导方法和成功经验，特别是毛泽东的思想方法和工作方法。应该说，当年培养出来的领导人才的能力水平并不低。这很能说明一些问题。

改革开放前，国内虽然没有形成系统的管理理论，但并不是没有管理思想。我们常说党的建设、军队建设、政府机关建设，其实都可以归为管理的大类。党的建设就是中国共产党作为一个政治信仰组织，自身该如何管理；军队建设就是军队作为执行特殊使命和任务的武装集团，自身该如何管理。也就是说，实际上研究的都是管理问题。另外，当年工业战线上的鞍钢宪法、大庆经验，以及传统的思想政治工作，在人类管理史上都产生过重要影响。

举个例子。前些年我每年都要带一些企业家上韶山、井冈山、古田、遵义、延安等革命纪念地，追随伟人足迹，学习红色智慧。我主要负责讲课，组织者是一位民营培训机构负责人。他组织了一批又一

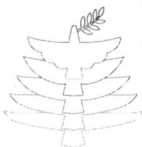

批的红色游学。有一次我问他，你是怎么对这个项目产生兴趣的？为什么要组织民营企业家学毛泽东？为什么要设计红色管理培训课程？他说，最初组织民营企业家培训，学的都是西方管理。除上课读书外，还经常组织学员到欧美国家实地考察，学习外企的先进管理经验。有一次，他带一个民营企业家班到德国参观宝马汽车集团，对方的一位副总裁出面接待。参观结束后双方座谈，中国企业家提出问题，向德国管理者请教，谈得十分融洽。活动到最后，宝马的副总裁说，我们宝马集团的管理正在学习借鉴鞍钢宪法，你们都是来自中国的企业家，能不能给我们讲一讲鞍钢宪法是怎么回事？你们中国企业是如何学习运用的？民营企业家们你看我、我看你，没人能接上话。宝马副总裁哈哈大笑，让组织者无地自容。回国以后，他正好看到我在中央电视台讲毛泽东的管理思想，于是主动找我合作，设计一套红色管理游学班培训课程。

近年来中国企业家学什么最时尚？稻盛和夫的经营管理思想。松下幸之助被日本人称为"经营之神"，而稻盛和夫被称为"经营之圣"，备受管理学界推崇，有一大群粉丝。为什么企业家推崇稻盛和夫？主要因为他先后创办或领导了4个世界500强企业。特别是日本航空公司，长期经营不善，马上就倒闭了，日本政府找到他，让他出马，才将日航拯救了。一个人能创办一个世界500强企业已很了不起了，稻盛和夫先后领导4个世界500强企业，难怪被推崇为"经营之圣"。但同学们可能不知道，日本政府最初找稻盛和夫谈，想把日航交给他时，稻盛和夫有些犹豫，没有敢接手。为此，他专门飞到中国，找到当年国航的董事长兼党委书记李家祥同志，请教管理航空公司的经验。李家祥本是空军的一位将军，由于国航经营管理出了问题，中央把他选派到国航当党委书记，后来兼董事长。是他运用共产党、解放军的管理办法，使国航打了翻身仗，成为全世界经营管理最好、经济效益最佳的航空公司。稻盛和夫与李家祥交谈后，心里有了底，开始接手日本航空公司，最终让日航也打了翻身仗。四年后，稻盛和夫专程到北京找李家祥，当面表示感谢。由此可见，中国管理特别是中国共产党管理的价值。

2016年美国西点领导力培训中心主任到中国来讲学。当时我有一个身份，是中国军事文化研究会教育培训中心主任。有人对我说，西点军校出来的主任讲西点领导力，你讲解放军的领导力，你们同台较量一下怎么样。我说没问题，肯定打败他。为什么那么自信？第一，美国军队是我军的手下败将。第二，我至少看过20本有关西点的书，知彼知己，知道他们怎么讲的。而解放军的领导力，估计美国人研究不多，并不理解。比试活动在西安临潼华清池宾馆，有1000多位企业家参加，他们来自全国各地。台上，美国人讲西点领导力，我讲解放军的领导力，然后一起回答听众提问。结果怎么样呢？活动结束后，一个企业家跟我说，通过今天的活动，他真正理解了为什么当年美军武器装备那么好，却打不过志愿军。事后我挺得意，算是达到了参加活动的目的。

说了半天，就是强调共产党管理思想的价值。可问题来了，我们自己这么好的东西，为什么没人去研究，而要去盲目崇拜西方管理？问题比较复杂，其中一个很重要的原因是，现代管理学起源于西方，经过100多年的发展，已形成了完整的理论体系。所以，只要一说管理及管理学，那就是西方的，西方管理学的话语体系占据了统治地位。而以往我们对共产党、解放军成功经验的总结，用的不是西方管理学的范式，而是我们自己的概念体系。如党的建设、军队建设、思想政治工作等，几十年来，基本上是你讲你的，我讲我的，互相之间没有打通。所以，好像一讲到管理，那就是西方的，中国没有管理。

由此引出一个课题：能不能把这两套理论打通，用现代管理学的经典范式，重新解读共产党的成功经验。通过比较研究搞清楚，我们讲的这些东西，相当于西方管理学讲的什么；他们讲的那些东西，相当于我们讲的什么。进而加以比较，看各有哪些长处，各有什么局限，怎么以我为主，取长补短，形成一个新的管理思想体系。用一个学术概念来表达，就是实行范式转换。

实行这种范式转换有什么好处？第一，可以更好地理解中国共产

党以往的成功经验，传承这笔丰厚的精神财富。毛泽东等老一辈革命家不仅彻底改变了中国的面貌，而且在斗争实践中形成了非常宝贵的精神财富，其中既包括革命精神，也不乏科学方法。光有精神，方法不对，革命、建设、改革都不可能获得成功。这笔宝贵的精神财富是先辈们付出巨大代价换来的。如果不能传承下去，我们就愧对先辈。第二，有利于领导干部建立理论自信。本来自己有好东西，但讲不出来，以为自己没有，捧着金饭碗要饭吃，是没出息的表现。第三，有助于对外来管理思想的吸收借鉴。我们还要不要继续学习西方管理思想？当然要。应该说，虽然学了40多年了，但还没完全学到手、学到位，需要继续学下去。西方的科学管理确实是有真东西，包括信息时代管理的一些最新研究成果，都是中国各级各类管理者急需掌握的。但也不是在管理的所有方面，西方都比我们强，比如对西方的软管理，就大可不必去崇拜。举个例子，软实力这个概念，是美国管理学家约瑟夫·奈提出来的。前几年国内某高校把他请来讲学，讲软实力。不料约瑟夫·奈走上讲台的第一句话是：从来没想到你们中国人会请我来讲软实力，软实力其实是我总结中国共产党成功经验提出来的概念。

研究管理学的，必须看管理思想史。英国《经济学人》编辑阿德里安·伍尔德里奇，1996年与他人合作写了一本书《企业巫医》，20年之后又写了一本书《管理大师》，书中把世界级管理大师做了梳理，主要是美国的、欧洲的，再就是日本的、韩国的，印度的、瑞典的、孟加拉国的、黎巴嫩的，就是没有中国的。这实在令中国学者汗颜。由此联想到习近平总书记多次强调，要加快构建中国自己的哲学社会科学的学术体系、学科体系、话语体系。这其实也是对中国管理学的要求。20个世纪80年代，日本经济腾飞，一大批日本企业走向世界，三洋、松下、索尼、日立等日本产家用电器，走入千家万户，成为风靡全球的知名品牌。但日本管理学界不大争气，对自己的成功经验总结不出来，结果《日本的管理艺术》一书是美国人写的，《丰田的管理秘密》也是美国人写的。现在，中国社会经济迅速发展，中国一大批企业走向世界了。就怕有一天，中国的成功经验由别人总结出来了，反过来给我们讲中国共产党成功的管理秘诀，那不成为天大的笑话了？

正是出于上述考虑，近些年来我们一直在研究共产党的管理思想。通过许多同志的不懈努力，已初步形成了一套理论成果。我们将共产党的管理称为红色管理。为什么叫红色管理？因为西方人标榜自己是海洋文明、蓝色文化，所以有人将西方管理称为蓝色管理。与之对应，中国共产党的管理可谓红色管理。如果下一个精确的定义，那就是：以毛泽东为代表的几代中国共产党人，继承传统文化的精华，用马克思主义加以改造，在治党、治军、治国理政的成功实践中总结提炼出的管理思想。

红色管理定义的四句话，都很重要，不能省略。首先，是"以毛泽东为代表的几代共产党人"创立的。为什么突出毛泽东？因为毛泽东是我党、我军和共和国的缔造者，他对中国革命和社会主义建设的卓越贡献，他在这套理论体系形成中发挥的重大作用，其他人不好相比。毛泽东去世之后，这套管理体系一直在发展，后来的领导人也多有建树。包括现在大家都在学的习近平新时代中国特色社会主义思想，其实就是红色管理的最新发展。其次，第二、第三句"继承传统文化的精华，用马克思主义加以改造"。毛主席对传统文化领悟之透，造诣之深，远在一般文化学者之上。一部《资治通鉴》，他就读过 17 遍。毛主席研究传统文化，不是为著书立说，而是为了治国理政的需要，从中汲取精华；也不是简单的照抄照搬，而是用来自西方的马克思主义，对传统文化特别是治国理念进行改造，所以，红色管理可以说是东西方优秀文化相结合的产物。第三，最重要的是第四句话，"在治党、治军、治国理政的成功实践中总结提炼出的管理思想"。这是强调红色管理来自实践，是经过实践检验的、成功的。

西方的大多数管理学者都是总结别人的经验，在此基础上著书立说。毛主席不是总结别人的经验，而是总结自己和他的战友们的经验。工商管理专业有一门主课叫战略管理，西方战略管理方面的大师很多，如波特、明茨伯格、哈默尔等，但这些战略管理大师，都是研究别人

的成功经验，从中概括出一种理论或一套模式，在业内得到广泛认可，进而被誉为管理大师，从某种意义上说，他们的战略管理，是战略学家的战略管理。而毛泽东本人则是人类历史上最伟大的军事家，其优长主要在战略方面，是公认的战略家。战略家的战略管理来自直接经验，与战略学家的战略管理确实不大一样，要系统得多，丰富得多，也实用得多。

红色管理概念有了，理论该如何框架？这不像是写理论文章，阐述一两个新观点就足矣了，必须形成一个逻辑起点明确、条理清晰、结构完整的概念体系。这确实有点难度。但后来我发现，体系问题其实毛主席他老人家早就解决了。1945 年在党的七大上，毛主席有一个政治报告《论联合政府》，其中一个部分讲人民战争。打人民战争首先要有人民军队。毛主席用了大量的篇幅讲人民军队。他提出，这支人民军队之所以有力量，是因为有一个明确的宗旨——全心全意为人民服务，而不是为少数人或狭隘集团的私利服务。在明确了建军宗旨后，毛主席一连用了六个"在这个宗旨下面"，把军队管理的所有内容，都概括在宗旨下，认为它们是宗旨生发出来，是为实现宗旨服务的。

目前全党正在开展"不忘初心、牢记使命"主题教育。主题教育要解决什么问题？就是中国共产党人不要忘记初心、背离使命宗旨。我们党及党领导下的各类组织、各项事业，都以为人民服务为唯一宗旨，都要全心全意为人民服务。这是最根本的。把为人民服务当个口号来喊，没有任何意义价值。如果你有办法让组织成员真正认同它、接受它，并且自觉去践行，那么宗旨的作用无法估量。它是决策指挥的最终依据，它是奋斗牺牲的力量源泉，它是凝聚军心的精神支柱，它是对外宣传、树立品牌形象的最大亮点。毛主席带兵之所以成功，就是因为他从上井冈山开始，就叫响了一个口号——"为人民牺牲最光荣"，并通过一系列举措，让广大官兵、党员干部认同了这个党的宗旨，在这个大旗下共同奋斗。这是毛主席最核心的管理思想，是共产党成功最根本的原因。

怎么让宗旨深入军心？这就要讲到解放军的看家本领——强有力

的思想政治工作了。当年我军思想工作多有效、多神奇，有一个很生动的故事。国共两党的许多军事干部都是从黄埔军校毕业的。黄埔军校一期共 400 多个学员，有三位公认的好学生，号称"黄浦三杰"。其中两个是共产党员，即蒋先云和陈赓。蒋先云后来牺牲了，陈赓是 1955 年授衔的大将。另外一个是国民党的贺衷寒。陈赓将军这个人非常幽默，爱说爱动爱开玩笑。据说，有一次毛主席在台上讲话，陈赓突然举手报告，毛主席问他有什么事，陈赓也不说话，走上讲台抓起毛主席面前的搪瓷杯，"咕咚咕咚"一饮而尽，然后一抹嘴，立正敬礼道："天太热，借主席一口水喝，现在没事了！"会场上顿时笑声一片，毛主席也被他逗笑了。一般人谁敢去开这个玩笑呀，陈赓就敢。党的早期领导人恽代英，曾任黄埔军校教官，每天清晨早起，特别准时。他起来了，学员们当然要跟着早起。陈赓就搞恶作剧，夜里拿墨汁把恽代英的眼镜镜片涂黑了。第二天早上恽代英醒来睁眼一看，哟，天还黑着呢！就接着睡，于是大家都跟着睡了一个懒觉。这也是陈赓干的好事。解放战争初期，陈赓任太岳军区司令员兼晋冀鲁豫军区四纵队司令员，相当于军长。他在战场上的直接对手是国民党五兵团，兵团司令官叫李铁军，是陈赓在黄埔军校时的同班同学。陈赓可没少"欺负"这位老同学。一会儿消灭对方一个师，事后写张收条，派俘虏给李铁军送去，说"老同学，我不客气了啊，你的这些兵和武器我都收了"。一会儿又消灭对方一个军，再给李铁军写个收条。最后，国民党五兵团被彻底消灭，李铁军跑掉了，但把李铁军的参谋长李英才（黄埔 4 期学员）给抓住了。一开始，李英才特别不服气，说你陈赓还是"黄埔三杰"呢，怎么打仗不按规矩出牌？明摆着是欺负小师弟。陈赓听说后，派人把李英才找来，想开导开导他。陈赓说："听说你不服气？有什么不服的，你说说吧。"没想到李英才回答道："没什么可说的，我服了，我服了。"陈赓心想："我这思想工作还没做呢，怎么就服了？"问李英才是怎么回事。李英才说："把我押送过来的是一个班，这一路上 10 多个战士挨个找我谈话，讲为什么你们国民党打不过我们共产党。我算明白了，共产党每个兵都知道自己为什么打仗，这

样的军队绝对是被战不胜的，其他什么都别谈了。"由此可见当年共产党、解放军思想工作的威力。

红色管理也非常重视组织管理。提高部队战斗力，仅仅调动官兵个人的积极性不够，必须把官兵很好地组织起来，形成合力，实现"1＋1＞2"的效果。每个人都想干，可如果形不成合力，那也干不好。这就要靠组织的力量。中国共产党的组织力过去是最强的。近代以来中国被帝国主义列强欺凌、奴役，什么原因？就是因为老百姓缺乏组织，像一盘散沙。抗战初期日本侵略者进攻山东，刚开始人并不多，一个县有时只有一个班的日本鬼子，而全县十几万老百姓。日本鬼子东边放一枪，老百姓都往西边跑；日本鬼子在西边放一枪，老百姓又往东边跑，谁都不敢起来反抗。是谁把这一盘散沙聚拢起来，打造成铜墙铁壁的？就是中国共产党。毛主席被西方学者誉为"将沙子拧成钢筋的人"。把沙子拧成钢筋，这是多强的凝聚力。靠什么？靠的就是党的各级组织。首先把党员组织起来，让党组织形成战斗力，有凝聚力，然后通过党的组织建立各种社团，通过社团做群众的组织工作，把所有老百姓都纳入组织之中。

共产党当年的组织力强大到什么程度？恐怕现在许多人难以想象。前不久我们到山西太行，看到刚征集上来的一件文物——一张介绍信。这是一位年过花甲的老人捐献出来的。抗战时期老人的父亲是一位八路军，在战斗中负了重伤。因为部队天天打仗，环境条件比较恶劣，组织上决定把他送回老家养伤。但部队驻地离他老家1000多里路，当时派不出人来专程护送。怎么办？部队开出一张给沿途所有村庄的组织介绍信，请求各村出人出力，把伤员担架及介绍信一站接一站地转送。就这样，1000多里路，途经几十个村庄，走了一个多月，硬是把他父亲一直送回老家。其间没有领导批示，没有专人组织，也没有给一分钱，只是凭部队一封介绍信，就把问题解决了。可见当年共产党的组织力有多强！

共产党当年是怎么组织的？首先是抓好党的自身建设。为什么现在中央特别强调抓党建？因为只有把共产党自身建设抓好了，才能充分发挥其他组织的作用，形成组织的力量。共产党在组织建设方面有很多创新。例如，视组织为生命体、有机体，强调组织建设；将党的组织附着在行政机构之上，形成"复式结构"；实行民主集中制，在高度民主的基础上实现高度集中；组织建设与思想建设相结合，管人与管组织相结合；采取灵活多变的机构设置与领导方式，以适应不同的环境与任务，等等。这里就不展开介绍了。

组织建设方面要注意抓关键少数，也就是干部管理。中国共产党一向重视干部队伍建设，重视对干部的教育培养。红军当年进驻延安时，号称陕北重镇的延安全部居民加起来也就5000人。后来共产党在延安办过30多所学校，现在的中央党校、国防大学、人民大学、北理工、北外、中央戏剧学院、中央团校等，根子都在延安。可见当年中国共产党对培养人才有多重视。共产党还在实践中探索总结出非常有效的教育模式。同学们知道当年抗大的学生多值钱吗？日本鬼子扫荡时明确提出，以抗大师生为主要消灭对象，准备用10个日本兵换一个抗大学员，用100个日本兵换一个抗大的教员。

我认为，中国近代史上有两个办教育的高峰：一个是延安，培养了一大批党政干部；一个是西南联大，培养了一大批科学家。一个着重培养领导干部，一个偏重培养科技人才。把二者的教育思想和办学模式比较一下，会发现许多有价值的东西，既有共同的经验，也有不同的特点，进而从中悟出一些道理。今天在座的同学们都希望自己学有所成，成为最优秀的人才，那我们自己该如何努力？学校能给我们创造哪些条件？这是一个挺大的问题。互联网时代已经到来，在教书育人方面有哪些东西必须调整，哪些根本原则不能变，这里面大有文章可做。

共产党、解放军管理的鲜明特征是民主管理。民主管理到现在还有争议，有人说，要想管理就别搞民主，要搞民主别想管理。说这话的人肯定不了解，毛主席在三湾改编时就提出，要建立军队内部的民主制度，实行官兵平等。在此基础上，发展出一整套民主管理的思想和制度。民主管理是共产党和解放军的一大法宝。当领导的最怕什么？

最怕当成孤家寡人。单位的生存与发展，只有领导一个人着急，大家都不着急，都不动脑筋，等着你一个人拿主意，这样的企业肯定发展不好。理想的组织状态是什么样？人人都是主人翁，积极主动地贡献聪明才智，三个臭皮匠顶个诸葛亮。显然，这样的组织离不开民主管理。民主管理搞好了，可以有效地集中群众智慧，可以充分调动积极性，可以密切上下级关系，可以实现对各级领导的有效监督，减少消极腐败现象。不过，民主管理是一把双刃剑，搞不好也容易伤着自己。在这方面，共产党总的来说做得不错，党史、军史上有大量成功事例，但也不是没有教训。正反两方面的经验都是财富，都值得后人去总结、去借鉴。

红色管理还特别重视建立良好的内部人际关系。同学们毕业后都要考虑找工作。选择工作单位主要看什么？一看专业对口，二看物质待遇，三看职业发展，等等。是不是也得考虑一下目标单位的人际关系？如果一个单位内部人际关系十分融洽，领导关心爱护部属，同事间和睦相处，互相关心，互相帮助，你愿意加入吗？可如果一个单位虽然挣钱不少，但内部人际关系不怎么样，总是搞"窝里斗"，你还愿意去吗？解放军在打造良好的上下级关系和同事关系方面堪称典范。你们的亲戚朋友中肯定有 20 世纪六七十年代当过兵的，可以问问这些长辈，他们当年有什么感受？军营生活留下哪些印象？估计多数人会表达两层意思：第一，当兵很苦很累，第二，对部队生活很留恋，对老首长、老战友特别感恩。这就有问题了。那么苦、那么累，为什么还很怀念？其实，他不是怀念那个苦日子，而是怀念当年的那种上下级关系、同志关系。这是古今中外所有军队都不曾有过的。不信的话，请同学们留心观察，看看在日本当过兵的、在韩国当过兵的、在新加坡当过兵的，这些人对军队生活有何感受。即使台湾的退伍兵，说起军旅生涯，恐怕都是不堪回首，自己终于熬过来了。唯独毛泽东时期的老兵，给出了完全不同的回答。这种新型人际关系是怎么建立的，很值得研究。

再有就是统一战线问题。毛主席曾说，什么叫政治？政治就是把拥护自己的人搞得多多的，把反对的人搞得少少的。中国共产党当年那么弱小，为什么能战胜诸多强敌？统一战线是一大法宝。即团结一切可以团结的力量，利用一切可以利用的资源。当今时代既讲竞争，又讲合作，合起来叫"竞合"。学管理的人都知道，"竞合"这个概念现在很时髦。还有一个概念叫"混序"，即混沌中形成的秩序。西方学者把这些概念炒起来了，但怎么去"竞合""混序"，没有人给出答案。真要想学这方面的本领，还是要好好看看共产党，看看毛主席。毛主席有一整套统一战线的理论方针和政策策略，周恩来堪称典范，身体力行，有许多非常经典的成功案例，都值得我们认真学习借鉴。

我不清楚现在大学的公共课里还讲不讲哲学。估计马克思主义原理课会有部分哲学内容，但真正对哲学有兴趣的同学不会很多。什么是哲学？不就是世界是物质的，物质是运动的，运动是有规律的，规律是可以认识的。这一套早就背下来了，有什么可学的？如果同学们是这种想法，我一点不奇怪。为什么？因为我年轻的时候也是这样想的。24岁的时候，我从连队调到一所军事院校当教员。当时是"文革"后期，军队院校恢复重建，需要大批新生力量，所以，领导对年轻同志很照顾，允许我们自己选专业，选哪个专业都可以，将来想教什么都可以。记得我当时的表态是，除了哲学，其他所有教研室都可以考虑，可见对哲学的印象有多差。后来我走上领导岗位，在实践中摔了很多跟头，事后反思，突然发现都是因为哲学没学好。所以，50多岁的时候，我跑到中国人民大学读了管理哲学专业的研究生，不是为了拿学位，主要是补课。哲学真是太重要了。毛泽东思想最精华的部分是哲学。毛主席曾大力倡导学哲学，陈云、李瑞环等中央领导同志，包括习近平总书记也反复劝导大家学哲学，讲得语重心长，可惜许多人悟性不够，听不进去。毛主席的哲学思想，特别是他结合领导实践提出的思想方法和工作方法，是最实用、最有效的管理理论。

以上简要介绍了红色管理的主要内容。再说说红色管理有何特点。

第一，以人为本。西方的管理学主要讲如何做事，通常分四编：

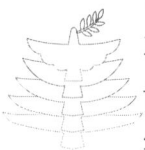

计划篇主要讲干什么、怎么干；组织篇主要讲谁来干，如何进行分工；领导篇主要解决员工想不想干、会不会干的问题；控制篇主要解决干起来后如何实现上对下的控制和内外协调，以确保事情能做好。共产党的管理则以人为本。首先解决使命宗旨问题，也就是组织存在的目的意义问题。然后通过制定路线、思想建设、组织建设等加以实现，全是围绕着人展开的。管理就是管人理事，把人管好、把事做对。管人、管事，哪个更重要些？应该是管人更重要。道理很简单，领导者不是自己去做事，而是通过他人做事。所以，把人管好了，事才能做得好。要是什么事情都自己做，那就不是领导者了。共产党在管人方面特别强，西方在理事方面有研究，完全可以互补。

第二，根基深厚。红色管理扎根在中国传统文化根基上，扎根在马克思主义理论根基上，扎根在丰富的管理实践根基上。

第三，系统完整。同学们都知道木桶理论，组成木桶的板子哪一块短了都盛不住水，板子和板子之间有缝隙也存不住水。中国共产党人能取得百年成功，其理论一定是系统完整的，否则没法解释。

第四，兼容开放。红色管理可以与其他管理体系兼容并存。特别是西方管理偏重管事，红色管理偏重管人，正好可以优势互补。

当然，对红色管理，我们不能只讲好的一面，也要看到它的不足。比如，相比西方管理理论注重体系构建，强调方法的操作化、工具化，红色管理比较偏重于经验。就是说我们这套东西很好，实践中不这么做就不行，但为什么好，为什么不行，并没有真正把道理讲深讲透，也不注意将工作方法操作化、工具化。所以，当环境发生变化，习惯做法遇到挑战时，便出现"老办法不管用，新办法不会用"的情况，最典型的如传统的思想政治工作。由此可见，再好的东西停留在经验层面也是不够的，需要将其上升到理论层面，既要知其然，又要知其所以然，以增强管理实践的自觉性。

今天讲座的主要内容讲得差不多了。最后，概括一下我的主要观点：

第一，确实存在着与西方管理不同的红色管理思想体系。

第二，两套管理体系各有所长，应该而且能够互补。当然，各有所长不等于半斤八两，互补也并非简单拼凑，关键在于怎么结合、怎么互补。我认为，还是应该"以我为主，博采众长，融合提炼，自成一家"。这十六个字是袁宝华老先生于 20 世纪 80 年代，谈中国管理如何发展时提出来的。三十多年过去了，实现得怎么样了？应该说，"博采众长"方面做得最好，国外先进的管理思想和方法工作，第一时间就能够传到国内，几乎没有任何障碍。问题出在"以我为主"。以我为主，我是谁？显然，不能以古代的老子、孔子、孙子为主，也不能以某些企业家的管理思想为主，而只能是以中国共产党的管理创新为主。为什么？因为中国共产党人真正继承了传统文化的精华，并且是创造性继承、创新式发展。

强调"以我为主"，不是因为我们自己的就一定是好东西。要看其是否代表着管理理论未来的发展方向。今天人类社会已进入信息时代，大数据、区块链、云计算、移动互联、物联网、人工智能等高新技术的发展，极大地改变了经济社会生活，也改变着管理的面貌。与工业文明最大的不同，就是未来社会复杂多变，影响组织自下而上发展的因素越来越多，很难预测，更难控制。一个组织要想在复杂多变的环境中生存发展，给管理者提出了新的挑战，怎么应对挑战，化危为机？恐怕只有一个方法，那就是充分调动每一级组织、每一个部门、每一名员工的积极性、主动性、创造性，以应对环境的不确定性。西方管理学 100 多年来形成了一套以如何做事为主的理论体系，很难适应形势的发展和环境的需要。未来的管理一定是以人为本的管理，而管人恰恰是中国共产党最擅长的。因而可以预见，红色管理一定会受到更多的重视，逐渐进入管理学的主流，进而走出国门，走向世界。

（本文系 2019 年 5 月 17 日北京理工大学"百家大讲堂"文字转录节选）

主讲人简介

李凯城，1969年入伍。曾任原总参政治部研究室主任、《政工研究文摘》主编、某研究所副政委等职，现为中国管理科学学会副会长。有《领军之道》《向毛泽东学管理》《红色领导力》《党课十二讲》《信仰与人生》等著作。近年来先后为部队、院校、党政机关、企事业单位讲课、作报告上千场，听众达十几万人。曾在中央电视台《周末开讲》、山东教育台《名家论坛》等栏目讲授"毛泽东的领军之道"。

学习红色历史，传承红色基因，做新时代中国特色社会主义国防和强军的建设者和接班人

刘　建

各位同学，大家好！

非常高兴来到北京理工大学，和大家一起学习交流。北京理工大学创立于1940年，前身是延安的自然科学院，是我党创办的第一所理工科大学，也是一所具有光荣历史、红色传承、军工背景的知名高等教育院校。70多年来，北京理工大学为我们的经济建设、国防建设输送了大批优秀的理工科人才，地位重要，责任重大，使命光荣。

今天我主要向大家讲三个方面的内容。第一是介绍朱德的革命经历；第二是介绍一下党的十八大以来，我们国防和军队建设的有关情况；第三是介绍老一辈无产阶级革命家留给我们的精神财富。

下面就讲第一个内容：朱德的革命经历。按照历史的脉络，依据史料，我讲几个不同时期的革命故事。

第一个故事是南昌起义失败以后，朱老总挺身而出，保住了革命的火种。

1927年8月1日，在中国共产党的领导下，根据中共中央的决定，部分国民革命军在江西省南昌市举行武装起义。然而在反革命势力的

联合围攻下，南昌起义部队受挫。在起义军南下广东的行动过程中，朱老总先是担任了南下的先遣司令，成为开路先锋；接着他指挥第二十军、第三师和第九军教导团，配合其他主力，在瑞金、会昌与国民党军队激战，打垮了敌军两个师；随后前敌委员会决定让起义军往三河坝分兵。其中由朱老总率领起义部镇守三河坝，掩护主力部队转战潮汕。三河坝一战，起义部队余部在朱老总指挥下血战了三天三夜，胜利完成掩护主力部队南下的任务。为了保存实力，与南下主力会合，朱老总命令部队有序撤退到饶平县的茂芝村。得知起义部队主力在潮汕失败的消息，部队突然没有了前进方向，不知该何去何从。这个时候部队思想混乱，一盘散沙，甚至有的领导干部带着一个连队或者一个营，就离开部队了。在这种情况之下，朱老总当即在饶平召开了茂芝会议。会上，朱老总提出"隐蔽北上，穿山西进，直奔湘南"的正确主张，为处于混乱中的部队指明了方向。随后部队迅速离开饶平，经过平和、永定、上杭，沿闽粤边境向西北转移。

1927年10月下旬，朱老总率部抵达了赣南的安远县天心圩。当时快到冬天了，战士们还穿着短衣短裤，没有被装，没有弹药，也没有给养。队伍越走越散，当时从三河坝撤下来的队伍共2000多人，到赣南的时候只剩800多人了，师以上的干部就只剩朱老总一个人，团级干部也就只剩七十四团的参谋长王尔琢和七十三团党代表陈毅，部队面临着一哄而散之势。朱老总在这个形势下召开了全体军人大会。在大会上，他说："大革命失败了，我们的起义军也失败了，但我们还是要革命的。同志们，要革命的跟我走，不革命的可以回家，不勉强，可以发路费。"他当时专门举了一个例子，说："我们今天革命就像俄国的1905年一样，俄国人1905年革命失败了，1917年他们就成功了。我们今天就是俄国的1905年，我们也有我们的1917年，现在是我们最关键的时刻。"当时他还讲中国革命现在虽然失败了，但黑暗是暂时的，我们只要保存实力，革命就有办法。为什么朱老总能讲这句话呢？因为他1925年曾在苏联参加过一次军事指挥班的培训，他清楚地知道苏联革命成功的这一段历史。朱老总铿锵有力的话极大地鼓舞了官兵，起义部队官兵受到感染，士气开始高涨，并逐渐在湘、粤、赣三省的交界区域稳定下来。陈毅元帅后来回忆说："朱总司令在最黑暗的日子，在群众情绪低到零度、灰心丧气的时候，指出了光明的前途，增加了群众的革命信念，这正是总司令的伟大。没有马列主义的远见是不可能的。当时如果没有朱总司令的领导，这个部队肯定是会垮光的。"

1927年10月底，朱老总率部抵达了赣粤边境的大庾地区，利用粤桂军阀混战、无暇追击起义军的时机，从军事上、政治上对部队进行了整编。部队开始学习游击战术，同时朱老总、陈毅主持整顿了党团的组织，重新登记党、团员，成立党支部，把一部分党、团员分配到连队中，加强了党在基层的工作。部队还多次召开群众大会，向群众宣传革命的纲领和目标，鼓励他们坚持革命，组织起来，建立人民政权。经过大庾整编，南昌起义军余部的800多人又恢复了生机。11月上旬，朱老总率部抵达了湘、粤、赣三省交界的赣南崇义县上堡镇（文英和古亭一带的山区），再次对部队进行了整训，这一次主要整顿了纪律。部队在转战至江西信丰的过程中，发生了少数士兵到了乡镇以后抢当地当铺的情况。当时部队里有从旧军队转过来的部分士兵，他们随着部队转移到这个地方以后，因为没有很好地整顿纪律，在饿得厉害的时候动了抢当铺的念头。朱老总和陈毅发现这个情况以后，处决了3名带头违反纪律的士兵。朱老总采取果断的方式维护纪律，使我们的民众真正认识到这支起义军部队和国民党的部队是不一样的，这也是起义军由旧军队转变成新军队的契机。在这个过程之中，老一辈革命家们整顿纪律，整顿党组织，从训练开始，使旧军队转变为一支新的人民军队。

后来朱老总在赣南三整，毛泽东当时率领秋收起义部队，在上井冈山的途中，首先在山外进行了党组织的整顿。虽然当时他们还不熟悉，但是在党的领导下，他们的思想和对创建这支武装所要采取的措施是一致的。同时，他们规定所有的募捐和缴获都要归公；其次是进行军事训练，每隔一两天要上一次大课，小课天天上，还提出了新战

术，从打大仗转变为打小仗，从打硬仗转变为"有把握的仗就打，没有把握的仗就不打"。朱老总根据自己掌握的军事理论和实践经验，带领王尔琢等人编写出了《步兵操典》和《阵中勤务》两本教材。教材编好以后，以教导队为试点进行了训练。从这时候起，部队开始实行由正规战向游击战的转变，部队不再打硬仗，而是开始打游击。采取的办法就是打得赢就打，打不赢就走。著名的红军游击战战术，也就是在这个时候奠定了最初的基础。

在艰苦转战中，朱老总还根据实际情况，灵活地实行了统一战线政策。他与国民革命军十六军范石生合作，暂时解决了部队当时的生存问题。这800人在转战过程中，既没有吃，也没有穿，连住的地方也没有，部队思想出现混乱。在这种情况下，朱老总从报纸上获悉，云南陆军讲武堂同学、国民党国民革命十六军的军长范石生在广东韶关和湖南汝城这一带驻军，当时范石生也通过国民党信息传递，得到了"红军叛军"在朱德的领导下在他们这一带活动的消息。范石生跟朱老总之间有过生死之交，同时跟蒋介石有矛盾，他也想扩充自己的力量，所以就积极地和朱老总接触，并且要求合作。双方接上头以后一拍即合。当时朱老总就和陈毅、王尔琢同志商量，提出来"我们应该和他合作，可以利用他把我们的部队保存下来。同时可以利用关系，给我们的资重装备进行补充，对我们这支革命力量保存下去是有好处的。但是有一条，经过部队党组织大家在一起讨论以后决定，我们和范石生合作，是有原则的，在原建制不变，保证组织上独立、政治上自主、军事上自由的前提下可以和范石生合作，便于部队得到补充和休整"。11月下旬，朱老总亲赴汝城，与范石生谈判，范石生同意将南昌起义保留下的部队，编为国民革命第十六军47师140团的番号，并且给他们补充了弹药、粮食、被装等物资，让部队驻扎在湖南汝城。后来朱老总按照中共广东省委指示去支援广州起义，率部从汝城西北的资兴南下进入了粤北，因广州起义失败了，所以部队移驻韶关的犁铺头休整。1928年年初，蒋介石发觉南昌起义革命军的余部隐蔽在范石生的部队里，当即给范石生发去电报，要求解除起义军的武装。范石生不忘旧情，将蒋介石的电报亲自交给朱老总。朱老总看到电报以后当机立断，在收集了广州起义一部分失败人员之后就折向了湘南。同时他在和范石生合作的过程中，也在酝酿怎么发展部队？怎么实现党对武装的领导和创建？怎么找一块革命根据地来继续开展武装斗争？

1927年11月间，朱老总率部在上堡整训时，在敌人的报纸上，他看到毛泽东在井冈山一带活动的消息，证实了毛泽东确实在井冈山建立了革命根据地。朱老总当即决定派毛泽东的亲弟弟毛泽覃装扮成十六军的副官，通过敌人的防区上井冈山去找毛泽东。当时毛泽东也通过多方打听，知道朱老总率领的这支南昌起义保留下来的部队到了湘南，也派何长工同志下井冈山迎接这支部队。1928年4月，朱毛红军在井冈山胜利会师了。毛泽东和朱老总在井冈山斗争中，共同确立了游击战争的战法，就是著名的"十六字诀"——"敌进我退，敌驻我扰，敌疲我打，敌退我追"。朱老总曾经于1925年7月，在党的安排下到苏联参加了一个秘密的军事训练班。在学习中，军事教官提问他："在敌强我弱的情况下，选择什么样的战法？"朱老总当时就回答道："打得赢就打，打不赢就走，必要的时候拖部队上山。"这"十六字诀"是毛泽东和朱老总结合红军实际情况在军事上的伟大创造。聂荣臻元帅和萧克等老同志都曾专门论述"十六字诀"。战法最早是由朱老总提出来的，但是朱老总却很少谈论自己的贡献。曾经有人当面问他，说毛泽东和你究竟谁先提出的"十六字诀"？朱老总只是回答："只要对革命有利，谁提出来的都一样。"

第二个故事是在红军长征时期，朱老总旗帜鲜明地反对分裂，坚决拥护和支持毛泽东的正确主张。井冈山会师以后，朱毛就成为中国革命胜利的旗帜。长征时期朱毛肝胆相照、密切配合，带领红军不断发展壮大，走向胜利。朱老总对正确军事主张的拥护，消除了党内错误军事路线的指导，具体表现有几个方面：

一是长征出发前，朱老总主张带上毛泽东。当时并不是所有人都有机会跟随红军主力大部队一起离开的，谁走谁留是一个残酷的决定。"毛泽东"这三个字，最初是出现在留下的名单里的。后来中华人民共

和国成立了，曾给李德当翻译的伍修权将军回忆说："最初博古和李德不打算带毛泽东走，后来因为他是苏维埃主席，在军队中享有很高的威望，才被允许一起长征。"当时朱老总是主张带着毛泽东一起走的，听说他们同意带上毛泽东，朱老总十分高兴。很难想象，如果毛泽东当时被留下，中国革命会是怎样的一个结局。在康奶奶（康克清）的回忆录里，她详细地记录了当时的情景。她记得当时朱老总在屋子里来回地踱步，当走到她身边时，低声地说："这一次他们总算是让毛泽东一起走了。只要有毛泽东，我们总会有希望的。"

二是在遵义会议上，朱老总完全支持毛泽东的正确主张。他对当时的博古、李德在军事上的瞎指挥有直接充分的了解，早就产生了深深的不满，因此在会上讲话时就很激动。伍修权将军回忆说："朱德同志历来谦虚、稳重，但是这一次发言却声色俱厉地追究临时中央的错误，谴责他们排斥了毛泽东同志，依靠外国人李德，弄得丢掉根据地，牺牲了多少人命！他说如果继续这样的领导，我们就不能再跟着走下去！"朱老总作为红军的总司令、中革军委主席，在全军中享有崇高的威望，他的态度对"左"倾军事错误的揭露和批判，对毛泽东旗帜鲜明的支持，为会议的成功起到了重要的作用。

三是土城战斗中全力维护毛泽东。遵义会议以后，毛泽东指挥作战的第一个得意之笔是四渡赤水。在四渡赤水的第一渡赤水前，曾经发生过一场惊心动魄的土城战斗。1935年1月27日，朱老总和毛泽东、周恩来率领中革军委进入土城，后面有敌人也跟踪而至。当时根据判断，认为是黔军的"双枪将"，每人一支枪，一支鸦片枪，约两个团，两三千人。当晚毛泽东决定，在土城以东、两山夹峙的峡谷地带，利用有利地形歼灭敌人。第二天凌晨战斗打响，经过几个小时的激战，敌人不仅没有溃逃的迹象，而且越战越强。红军直到中午才得到了准确的情报，交手的敌人不是黔军，而是川军——刘湘的"模范师"，约万余人。当时川军仰仗优势兵力突破了五军团的阵地，一步一步向土城压过来，把土城红军总部所在的地方围了起来。就在这千钧一发的时刻，朱老总提出要亲自上前线去指挥战斗。当时毛泽东迟迟下不了

57

决心，朱老总等不及了，把帽子一甩大声说："不要光考虑我个人的安危，只要红军胜利，区区一个朱德又有何惜？"毛泽东说："你是总司令，安全问题还得考虑，再说子弹也不长眼睛。"朱老总当即就跟毛泽东说："没啥关系，敌人的子弹不会打中我朱德的，敌人怕我，子弹也怕我，你没听说吗？子弹会拐弯，它碰见我就躲着走。"事实也是这样，朱老总尽管戎马一生，历经了枪林弹雨，但身上却没有一处枪伤。最终朱老总得到毛泽东允许亲临前线指挥，他的到来也极大地鼓舞了红军的士气，红军最后顺利脱险。

四是面对分裂的时候，朱老总坚决跟着毛泽东。1935 年 9 月，由于四方面军的领导人张国焘怀着个人的野心，自恃人多枪多，对抗党中央北上方针，导致一、四方面军会师三个月以后又在草地分离了。当时根据党中央的指示，红军分兵两路北上，左路军由朱总司令和总政委张国焘指挥，右路军由红军指挥部的徐向前、陈昌浩指挥；彭德怀则是率领三军和四军的一部分作为总预备队，掩护中央机关；总司令部的大部分人员随朱老总和刘伯承总参谋长到了左路军。当时朱老总和刘伯承一再催促张国焘北上，张国焘不想北上，但他找不到别的借口，因为当时红军放弃了江西革命根据地，而他们所在的川陕革命根据地没受到大的损失。朱老总在党中央的会议上提议，他和张国焘落实中央的决议，被编到左路军，他是红军总司令，张国焘是红军总政委。他对张国焘拥兵自重、不执行党中央确定的率领红军北上抗日是非常生气的。朱老总一直忍耐并督促他，做他的工作，落实中央的决议。张国焘找不到别的借口，只好在八月下旬和朱老总率领左路军到达阿坝，部队驻扎在阿坝的嘎曲河边。其间两人有过不少斗争。朱老总身处逆境，忍辱负重，但始终坚持原则，不断地做四方面军干部和战士的说服工作，有时甚至是彻夜长谈，终于促成了红军三大主力——一、二、四方面军，于1936 年的 10 月 10 日在会宁地区胜利会师，完成了率领四方红军北上的任务。

朱老总后来在回忆长征的时候说："我在长征过程中身体强健，路上就没有病过，我的脑筋也与体力相同，从来没有放松过，处处想得

到，也想得远，就是怎么困难也解决得开，从来就没有认为什么是没有办法的。"朱老总回到延安后受到了党中央和根据地军民诚挚热烈的欢迎。他向党中央和毛泽东汇报了分离后的情况和同张国焘斗争的经过。毛泽东在和陈毅同志谈到长征途中，同张国焘右倾机会主义路线作斗争的时候，曾深情地说："朱总司令当时是临大节而不辱。"1937年3月，毛泽东为抗日军政大学第二队的学员题词时写道：要学习朱总司令"度量大如海，意志坚如钢"。朱老总与毛泽东的交往和友谊历时了整整半个世纪，这种同志的感情、战友的情谊，为世所罕见，他们经历了血与火、胜利与失败、曲折与辉煌的严峻考验，形成了流传永世的"朱毛"之伟大称谓。

1937年年初，著名美国女作家史沫特莱来到了延安，见到了毛泽东，说起她1928年刚到中国的时候，就曾经认为"朱毛"是一个人的名字。毛泽东笑着说；"我们就是一个人，我是朱身上的毛，朱不能没有毛，毛不能没有朱。""文革"时期，林彪四人帮污蔑朱老总是黑司令。后来毛泽东在他的住所会见参加中央军委会议委员的时候，对朱老总说："有人讲你是黑司令，我不高兴，我总是批评他，我说是红司令！红司令还不是红了吗！"毛泽东若有所思，好像回到了久远的过去，他重复着说："没有朱哪有毛，朱毛，朱毛，朱在先嘛。"所以著名作家斯诺的妻子尼姆·威尔斯在《续西行漫记》中这样评价"朱毛"关系：中国共产主义运动的历史进程，如果没有他们两个孪生天才朱、毛，是无法想象的，许多中国人实际上都把他们看作是一个人。毛泽东是这一斗争的冷静的政治头脑，朱德是他热烈的心，以行动赋予了生命。共产党所以能够对红军保持严密的控制，朱德对文职领导的忠诚和服从是原因之一。朱毛的联合不是相互竞争的，而是相辅相成的。她说朱德没有任何政治野心，他能接受命令，也能发布命令，这是革命军队领导的一个很有价值的因素。

第三个故事是抗日战争时期，朱老总率领八路军奔赴前线，开辟华北抗日根据地，领导抗日游击战争。

回到延安以后，全国抗日战争爆发，朱老总写下"与日寇决一死战，复我河山，保我民族，保卫国家是我天职"的誓言。后来八路军总部在云阳召开了出师抗日誓师大会，全体指战员随着朱总司令一句一顿地高声呼颂八路军出师抗日誓词——"日本帝国主义是中华民族的死敌，他要亡我国家、灭我种族，杀害我们的父母兄弟，奸淫我们的母妻姊妹，烧我们的庄稼、房屋，毁我们的耕具、牲口，为了民族、为了国家、为了同胞、为了子孙，我们只有抗战到底！"这个誓师大会群情激奋，士气昂扬！大会以后，朱老总率领八路军总部从云阳镇出发，开赴华北抗日前线。朱老总领导的八路军十分注重发动和武装民众，在太行山上到处都是"母亲叫儿打东洋，妻子送郎上战场"的生动局面，人民抗日武装和群众性游击战争如雨后春笋般地在各地涌现。1939年7月，八路军进入了山西省武乡县的砖壁村。朱老总提出"三不争"的规定：第一，不与老百姓争粮吃；第二，不与老百姓争房住；第三，不与老百姓争水喝。山西有的地区出现了灾荒，八路军不但不争粮，还拿出军粮救济灾民，自己吃糠咽菜打鬼子。八路军在战争间隙的时候，经常帮助当地老百姓。有一次，朱老总看见一个老汉推碾子推不动，就过去帮他。两个人一边推一边拉家常，把粮食推完了以后，朱老总又帮着他把粮食送到家里。老人请他喝水，还要留他吃饭，朱老总都婉言谢绝了。他们推碾子的时候，有警卫员在旁边帮着，所以老汉知道这不是一般的人物，就问他："你是什么官？你姓什么？"朱老总当时说："我就是个当兵的，你叫我老朱吧。"过了很久，老汉才弄清楚，他竟然是八路军的朱总司令。

1940年，朱老总奉命返回延安，参与党中央领导全国抗日战争指挥工作。从1938年，他率领八路军三个师三万余人进入华北抗战，到1940年返回延安，八路军在华北人民群众的支援下，兵力已经达到四十余万人。由于兵源迅速扩充，物资补充不足，武器十分缺乏，严重制约了抗日形势的顺利发展。毛泽东说："过去抗战部分失败，我们的国防工业不如敌人也是一个原因。将来要战胜敌人，一定要发展我们的国防工业。"在朱老总的带领下，八路军遵照中共中央的指示和中央军委的战略部署，自力更生，因陋就简，扩大军工生产。经过八路军

总部副总参谋长左权和总后勤部部长杨立山亲自勘探和选址，朱老总又实地视察后，决定将兵工厂设在太行山腹地，黎城县西北部冰窖山，俗称黄崖洞的大山里头。朱老总到黄崖洞视察，决定成立工事委员会，并兼任工事委员会主任，专门生产武器装备，亲自领导黄崖洞兵工厂建设。黄崖洞兵工厂投产以后，朱老总常来工厂视察，与职工同吃一锅饭，和大家谈笑风生，还给做出突出贡献的工友们题词。1940 年春天，第一批步枪在黄崖洞兵工厂诞生，正值朱老总 55 岁的生日，工厂便把步枪取名为五五式步枪。

1940 年 10 月下旬，日军在打探到黄崖洞兵工厂守备兵力薄弱的情况下，分三步出击，从西北和东南两个方向夹攻黄崖洞兵工厂。八路军 129 师的部队、总部特务团和当地民兵互相配合，粉碎了日军的偷袭，取得了华东保卫战的胜利。据统计，在整个抗日战争期间，华东兵工厂在军工部的领导下，共修枪数万支，造枪 9758 支，生产掷弹筒 2500 具，迫击炮改平射炮数十枚，复装和新制的子弹 223 万余发、手榴弹 58 万余枚、掷弹筒 19.8 万余具、各种口径的台击炮弹 3.8 万发。八路军自己生产的武器装备，已经成为与日军作战的基本火力。在抗战的年代，不管时间多么紧张，朱老总也总是以一个普通党员和士兵的身份参加组织生活，带头执行决议，关心支部建设。有一次党小组开会，小组长看到朱老总傍晚刚从外地回来，担心他年纪大过于劳累就没有通知他参加。第二天上午朱老总知道以后就和小组长说："以后开会只要我在家，你就一定要叫我一声。"小组长说："昨天主要是党员在检讨前段工作中的问题，您没有什么检讨的。"朱老总当时就说："毛主席早就说过了，除了庙里的泥胎不犯错误，活着的人哪个能十全十美？"后来朱老总参加小组会，认真地在同志们面前开展了批评和自我批评，使小组全体党员都深受教育。

1941 年的春天，八路军 359 旅来到了陕西延安附近的南泥湾，开展大生产运动，著名的南泥湾政策正是由朱老总提出来的。李维汉同志回忆说："军队实行屯田是朱德倡导的，他从前线回延安以后，非常关心部队的生产，主张以部队强壮众多的劳动力投入生产中去，以减轻人民的负担，密切军民关系，同时也帮助边区的建设，改善总部本身的收入。在延安，朱老总是大生产运动带头人，他除了组织部队开荒生产，还有块自留地，亲自耕种。"徐向前元帅回忆说："朱老总起早贪黑，施粪浇水，辛勤管理，种出的西红柿个头特别大，我们都吃过。"南泥湾政策大大地推动了陕甘宁边区以及全国各个根据地的大生产运动，减轻了当地百姓的负担，有效缓解了边区政府的经济困难，为抗日战争的胜利奠定了物质基础。

第四个故事是解放战争时期，朱老总协助毛泽东指挥解放区的军民粉碎国民党军队的全面进攻和重点进攻，取得了三大战役的胜利，进军全国，彻底打败了国民党反动派的军队，迎来了新民主主义革命的伟大胜利。

抗日战争结束以后，蒋介石挑起了内战。1947 年 3 月，在陕北清涧县枣林沟召开的会议上，决定由刘少奇、朱老总、董必武等组成中央工作委员会（简称中央工委），前往晋西北或其他适当的地点进行中央委托的工作。中央工委从 1947 年 5 月进驻西柏坡，到 1948 年 5 月撤销，短短一年时间内，朱老总受中央委托，指导晋察冀的军事斗争，开创了晋察冀战场的新局面。领导解放区的土地改革工作，奠定了解放战争胜利的基础；领导解放军的军工生产，保障了前线战场的耗给供应。朱老总认为土地改革的成败关系着军事斗争的成败，他十分关注解放区的改革情况。1947 年 7 月至 9 月，在西柏坡召开全国土地工作会议，朱老总在会议期间做了多场报告和讲话，接连听取了各解放区负责人关于土地改革及其他工作情况的报告。他在会议开幕典礼的讲话中明确指出：中国革命的中心问题就是土地问题。他强调要先把群众发动起来，把封建势力压下去。他在闭幕词中，要求大家认真贯彻《中国土地法大纲》，并挑选了一批好干部，希望各代表同志将这个正确的政策，彻底平分土地的政策，带到各地去坚决执行。这次会议通过的中国土地法大纲，吹响了彻底摧毁封建土地制度的战斗号角，推动了各解放区掀起土地改革运动的高潮。土地革命的成功，有力地促进了军事上的胜利，得到了土地的农民们踊跃支前。正如一首歌所

唱道："最后一尺布用来缝军装，最后一碗米用来做军粮，最后的老棉袄盖在担架上，最后的亲骨肉送他上战场。"陈毅元帅也说："淮海战役的胜利是民众用小推车推出来的。"这些都充分地体现了土地革命对军事革命的促进作用。中华人民共和国成立以后，朱老总在党、国家、军队的重要岗位上，积极参与了社会主义革命和建设的重要决策，为我国社会主义制度建立和各项建设事业发展做出重要贡献；参与领导了我国社会主义改造和经济建设，为党的纪律检查工作做了大量的奠基性工作；在人民军队革命化、正规化的建设方面，也提出了很多的重要思想，为国家的机构制度建设、组织建设和社会主义法制建设做了大量卓有成效的工作。

毛泽东称赞朱老总是人民的光荣，周恩来称赞朱老总的革命历史已成为 20 世纪中国革命的里程碑。杨尚昆在 1986 年 12 月，朱老总百年诞辰之时，曾经代表中央对朱老总做出评价：德高不自闲，功高不自居，位高不自私。朱老总严于律己、宽以待人、艰苦朴素、清正廉洁，始终以一名普通士兵和劳动人民的姿态出现，保持劳动人民的本色。他在 1976 年 3 月 6 日，已近 90 高龄的情况之下，写下了"革命到底"四个大字，这不但是他内心世界的真实写照，更是他一生对革命事业的执着追求。我认为朱老总作为一名共产党员，对党的事业有五心：一是永葆恒心，坚决信仰马克思列宁主义，为国家和民族的事业不断探索，不懈奋斗；二是竭尽忠心，为党和人民殚精竭虑、鞠躬尽瘁；三是充满热心，对社会主义建设任劳任怨；四是满怀爱心，对人民群众全心全意，矢志奉献一生；五是保持公心，恪守原则，坚持革命到底。

下面讲第二个内容，介绍一下党的十八大以来国防和军队建设的有关情况。

党的十八大以来这五年，"改革强军"是贯穿国防和军队建设的一条主线。以习近平同志为核心的党中央，坚定不移地推进了国防和军队的现代化，推动国防和军队改革取得了历史性突破，人民军队体制一新、结构一新、格局一新、面貌一新，为实现强军目标，建设世界一流军队奠定了坚实的基础。

习主席深刻地指出，深化国防和军队改革，是实现中国梦、强军梦的时代要求，是强军兴军的必由之路，也是决定军队未来的关键一招。"不改革不行，改慢了也不行；不改革是打不了仗、打不了胜仗的。"这轮军改的根本目的是解决制约国防和军队建设的体制性的障碍、结构性的矛盾、政策性的问题，推进军队组织形态现代化，进一步解放和发展战斗力，进一步解放和增强军队的活力，建设同我国国际地位相称、同国家安全和发展利益相适应的巩固国防和强大的军队。

这一轮改革，以2015年11月24日召开的中央军委改革工作会议为标志，习主席在会上发出了动员，全面实施改革强军战略，坚定不移走中国特色强军之路。一年后的2016年12月2日至3日，中央军委军队规模结构和力量编成改革工作会议召开。习主席在会上指出，要坚持减少数量、提高质量、优化兵力规模构成，打造精干高效的现代化常备军。

在短短不到两年的时间，人民军队在看似波澜不惊中，迎来了伟大的跨越，真正解决了许多长期想解决而没有解决的难题，办成了许多过去想办而没有办成的大事。其中主要有三点：

第一是打破总部体制、大军区体制和大陆军体制。由三总部变成四总部；成立陆军领导机构、火箭军、战略支援部队，调整组建了15个军委机关职能部门；划设5大战区，完成海军、空军、火箭军、武警部队机关整编工作，实施联勤保障体制改革，组建军委联合作战指挥机构和战区联合作战指挥机构，人民军队的组织架构实现历史性变革，初步构建起"军委管总、战区主战、军种主建"的领导指挥体制，抓建设、谋打仗的大脑更加强大。

第二是优化军兵种比例，大幅精减非战斗机构人员。在总员额减少30万的同时，作战部队员额不降反增，战略预警、远程打击、信息支援等新型作战力量得到充实加强，以精锐作战力量为主体的联合作战力量体系正在形成，能打仗、打胜仗的"筋骨"越发强健。

第三是组建退役军人事务部，整合中央军委政治工作部、后勤保

证部的有关职责，维护军人军属的合法权益，加强退役军人服务保障体系的建设，建立健全集中统一、职责清晰的退役军人的管理保障体系，让军人成为全社会尊崇的职业。

既"除痼疾"又"增活力"，人民军队重整行装再出发。福建古田是人民军队驻魂定型的地方。1929 年，中央红军曾在这里召开了著名的古田会议，时隔 85 年，古田再次见证了这支军队的涅槃重生。2014 年金秋时节，习主席率领 400 余名高级干部走进古田，召开新世纪第一次全军政治工作会议，精辟地概括了"十一个坚持"的优良传统，尖锐地指出十个方面的突出问题，鲜明地强调"四个牢固"立起来，五个"着力抓好"。在这次重要会议上，习主席深刻地阐明新的历史条件下，党在思想、政治上建设军队的重大问题，鲜明提出人民军队政治工作的时代主题。从坚决查处郭伯雄、徐才厚等严重违纪违法案件，到深入开展组织清理、思想清理；从大力纠治发生在士兵身边的不正之风，到突出整治重点领域、行业风气……人民军队的政治生态焕然一新，一系列治根本、管长远的改革举措同步密集推出，落地见效。组建新的军委纪委、新的军委政法委，调整组建军委审计署，向军委机关部门和战区分别派驻纪检组，全部实行派驻审计，巡视和审计监督实现常态化、全覆盖；全面停止军队有偿服务，铲除腐败问题和不良风气滋生的土壤；出台《关于新形势下深入推进依法治军从严治军的决定》等法规制度，治官治权、管钱管物的制度笼子越扎越紧，越编越密；成立全军干部考评委员会，进一步提升选人用人的公信度、权威性，干部队伍建设方面长期积累的深层次矛盾在逐步化解……革除沉疴流弊，万千营盘正气充盈。组织修订《军官法》，推进建立军官职业化制度，论证推进军衔主导军官等级制度试点；修订文职人员条例，推进兵役制度、士官制度改革，深化军费管理、军人工资、住房制度、医疗保障等改革；构建完善军人荣誉制度体系，首次组织评授"八一勋章"……激活发展动力，全军将士感受到实实在在的获得感。

既"补短板"又"强优势"，锻造面向未来的胜战之师。在这轮改革中，中央军委科学技术委员会全新亮相，军委机关有关部门设立专门机构专司军民融合发展指导、协调和推进工作，以重塑国防大学、国防科技大学为牵引构建了新型的军事人才的培养体系。自主创新、前瞻谋划成为人民军队加速向现代化奔跑的新助力。

新形势下军事战略方针应运而生。把军事斗争准备的基点放在打赢信息化局部战争上，突出海上军事斗争和军事斗争准备，为在更高的起点上推进人民军队建设和军事斗争准备指明了方向。实施创新驱动发展战略，把创新摆在人民军队建设发展全局的重要位置。

高新武器装备竞相涌现。党的十八大以来，习主席亲自运筹决策领导推动，以作战需求为牵引，紧跟世界科技发展方向，超前规划布局，加速发展步伐，不断完善和优化适应信息化战争和履行使命要求的武器装备体系。在陆战沙场，新一代武装直升机、新型陆战装备加速列装；在广阔天空，空军主力战机以前所未有的速度迈进歼－20、运－20领衔的"20"时代；在万里海疆，海军主力战舰以"下饺子"的速度更新换代；在深山密林，中国东风系列战略导弹惊艳全球。

军民融合凝聚强大合力。军地双方以机制和政策制度改革为抓手，坚决拆壁垒、破坚冰、去门槛，破除制度藩篱和利益羁绊，一座座军民融合的产业园拔地而起，新一代的信息技术、新材料、空气动力等军民两用高新技术产业飞速发展，逐步构建起系统完备的科技军民融合政策的制度体系。

既转"身子"又换"脑子"，三军将士矢志改革强军，勠力岗位建功。坚持立党为公，建功立业。在改革的过程中，全军团以上建制单位机关减少1000多个，非战斗机制现役员额压减近一半，军官数量减少30%；几十支部队移防部署，三天之内开拔；数百名将军调整岗位，接到命令当天即去报道……

步入"新体制时间"，广大官兵主动开展了一场思想上的革命，从一切不合时宜的思维定式、固有模式、路径依赖中解放出来，开始了改革征程上的"二次创新"。

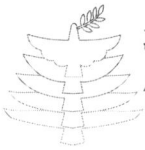

新体制催生新观念。全军团以上的机关开展"新体制、新职能、新使命"大讨论，切实转变职能、转变作风、转变工作方式。军委机关的各部门加紧厘清权责边界，规范工作流程；各战区从"形联"走向"神联"，联合作战值班、联合作战推演成为常态……

新体制呼唤新担当。各部队坚持以开展实战化训练和遂行多样化军事任务的实际行动支持改革，涌现出了"逐梦海天"的强军先锋张超，"抗洪勇士"刘景泰、"维和烈士"申亮亮等一批为国为民慷慨捐躯的英雄，彰显了当代革命军人的血性与担当。

新体制展现新形象。随着对外军事交流合作和涉外军事行动持续推进，越来越多的中国军人出现在国际视野中。他们纵横在中外联演联训联赛舞台，冲锋在人道主义救援减灾现场，战斗在护航、撤侨、维和一线，展现了人民军队的威武之师、文明之师、和平之师的良好形象。

最后谈谈老一辈无产阶级革命家留给我们的精神财富，这些精神财富很多是从小到大朱德爷爷对我的教育，希望能够和我们各位青年学子们一起分享。概括起来有四个关键词。

第一个关键词是信仰。习近平总书记讲得最多的就是信仰，一个人不能没有信仰，一个政党也不能没有信仰，一个国家和民族更不能没有信仰。1925年，朱德爷爷在苏联学习时，曾填写中国共产党党支部和中国共产主义青年团支部党、团员调查表。在调查表里，他在家庭地位的一栏中写：父已故，母存，妻存，女儿一个月，家庭人口四个人。32～35岁，职业是滇军第二军、第三混成旅旅长，当时的月收入是15200大洋。35～36岁，职业是云南省的警察厅厅长和宪兵司令，月收入4800大洋。可以说，名誉、地位、金钱和豪宅他都有了，可是他却毅然抛弃了拥有的一切，强烈要求加入中国共产党，并且先后两次拒绝了高官厚禄的机会。一次是孙中山给他10万大洋，让他攻打陈炯明；一次是四川的军阀杨森给他一个师长的位置。这些都被朱德爷爷给拒绝了，这就是信仰的力量。因为穷苦人出身的朱德爷爷，已经确立了救国救民之志，不想再为高官厚禄去打伤害平民百姓的混仗，而是要追求光明、追求真理，探索救民于水火、救国于危难的道路。同样，是信仰的力量让他见到陈独秀，要求入党被拒绝以后，毅然漂洋过海远赴德国，最终在周恩来和张申府两名同志的介绍下加入了党组织。

第二个关键词是志向。年轻人就是要有远大的抱负。朱德爷爷早在年轻时代就表达了"祖国安危人有责，冲天壮志付飞鹏"的远大志向。1909 年，他离开家乡远赴云南的昆明陆军讲武堂求学前，写下了"志士恨无穷，孤身走西东。投笔从戎去，刷新旧国风"的誓言。小时候朱德爷爷经常教育我们："你们要接班，你们不要接官。"他说接班就是要接为人民服务，就是要立志干大事，不要立志当大官。这是他对我们的教育。

第三个关键词是认真。毛主席讲世界上怕就怕"认真"二字，而共产党人最讲认真，用现在的话讲就是"细节决定成败"。朱德爷爷对晚辈是非常关心的，他很少对晚辈发脾气，但是当你不按照党纪国法办事说话，老人家是绝不留情的。我记得小学三年级的时候，当时一次期末考试，我的数学得了 59 分，考完试以后回到家里爷爷问我考试得了多少分，我说差一分就及格了。后来爷爷说："学习是为了走向社会，国家的现代化建设需要知识和人才，你这个态度不对，你没有用心在学习上，这种思想要不得。你现在不认真，将来办什么事都大大咧咧的，就变成了一个废人。"他说这话的同时也以身作则。这种做法给了我们耳濡目染的影响，以后做任何事情，我们都自觉按照他的要求去做。

第四个关键词是自律。朱德爷爷非常关心年轻同志的成长，原军委空军工程部的部长魏国运老将军曾经撰文，回忆朱德爷爷在八路军时期参加党小组活动的往事。他当时是朱德爷爷的党小组长，在党小组活动中有人提议让朱德爷爷给大家讲一讲年轻人应该怎么加强修养，平时应该注意哪些问题。当时朱德爷爷就说："作为年轻人你们要过好三关。第一，不能酗酒。酗酒以后干什么就没有准头了，容易耍酒疯，不仅影响团结，还容易误事。第二，不能好色。好色迟早要犯错误，

也影响军民关系。我们作为人民军队要牢记三大纪律、八项注意，自觉地加强修养，不能在这方面犯错误。第三，不能贪财。贪财是很毁人的，一定要保持好红军的优良传统，严格遵守红军的纪律，经得起金钱的考验。最后还有一点，就是要有志气。没有志气，一件事情是做不到底的，更做不出成绩来。年轻人就应该有那么一股劲、一种精神，把工作做好。"也正像习近平总书记提出来的，"幸福是奋斗出来的"。所以我想这些都是老一辈无产阶级革命家留给我们的宝贵精神财富。习近平总书记指出，把理想信念的火种、红色传统的基因一代代地传下去，才能使革命的事业薪火相传，血脉永续。同学们，当你们完成学业，走入工作岗位以后，要想到我们学习红色历史、传承红色基因，就是要始终牢记权力是人民赋予的，我们的根本宗旨就是为人民服务，就是要始终牢记"打江山不易，守江山更难"的警示，就是要永远保持并发扬战争年代的拼命精神，永远保持那种进京赶考的状态，用自己的实际行动做红色的传人，捍卫红色的江山。

各位同学，大家正值青春年少、风华正茂的好年纪，年轻就是资本，年轻就是希望，年轻就有无限的可能。毛主席曾对年轻人讲过一句非常著名的话："世界是你们的，也是我们的，但最终是你们的。"你们年轻人就像早晨八九点钟的太阳，今天的学生就是未来实现中华民族伟大复兴中国梦的主力军。今日之责任全在青年一代，天下兴亡，匹夫有责，年轻一代要热爱自己的祖国和人民，同时也要热爱我们的中国共产党，要敢于担当、勇于奉献，将伟人情、中国梦的实现，努力地传承下去。

谢谢大家！

（本文系 2018 年 8 月 28 日北京理工大学"百家大讲堂"文字转录节选）

主讲人简介

刘建将军，朱德元帅的外孙，第十二届全国政协委员，中国人民解放军装备学院原副院长，少将军衔。1953 年生于北京，1969 年参军入伍，历任战士、班长、指挥排长、作训参谋、副团长、师部参谋长、防化研究院副院长等职务；1979 年在总参作战部参加了对越自卫反击战和轮战指挥工作。

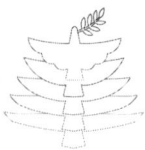

大国力量

向海图强　振兴中华

——经略海洋　维护海权　建设海军

张兆垠　刘华苏

老师们、同学们：

大家好。习近平总书记指出，当前和今后一个时期，国家利益拓展重心在海上；坚持陆海统筹，加快建设海洋强国；建设强大的现代化海军，担当起党和人民赋予的新时代使命任务。

一、海洋是人类赖以生存发展的资源宝库和战略空间，对推进我国发展具有极其重要的战略意义

全球海洋面积达 3.6 亿平方千米，占地球面积的 71%。2008 年 12 月 5 日，第 63 届联合国大会通过决议，将每年的 6 月 8 日定为"世界海洋日"。

海洋是我国未来可持续发展不可或缺的资源宝库。我国有 14 亿人口，人口基数大，陆地资源相对匮乏，人均耕地面积不及世界平均数的 1/4，主要自然资源的人均占有率大部分低于世界平均水平。比如，人均淡水资源占有量仅为世界平均水平的 1/4，人均矿产资源占有量是世界平均水平的 1/2。领海面积排在第 10 位，人均就更加排在后面了。根据自然资源部的报告，在不可再生的 45 种战略性矿产物资中，到 2020 年，我国面临短缺的将有 10 种，面临严重短缺的将有 9 种（铁

矿石、铜矿石、铝矿石等）。但我国所管辖的 300 多万平方千米海洋国土，蕴藏着十分丰富的石油、天然气、重金属等战略资源，将为我国解决资源短缺提供巨大的物质支撑力。比如，仅在南沙海域，可有效开采的石油储量约 235 亿吨，天然气储量约 8.3 万亿立方米，可燃冰储量为整个油气资源的 50%。按照我国 2016 年的消耗量，石油可用 42 年，天然气可用 39 年。所以说，海洋储藏的丰富资源对于我国经济社会可持续发展具有十分重要的战略意义。

1931 年，国民党政府颁布 3 海里领海制。中华人民共和国成立后，毛泽东主席说："为了国家安全和繁荣，应当有个较宽的领海。""《海牙协议》不是圣旨，也不能按照美英等国的意志办，我们的领海线还是扩大一点有利。从各方面判断，仗一时半会儿打不起来，我们不愿打，帝国主义就那么想打？我看未必。一定要打，我们也不怕，在朝鲜已经较量过了，不过如此，要有这个准备。"1958 年 9 月 4 日，中国政府宣布："中华人民共和国的领海宽度为 12 海里。""一切外国飞机和军用船舶，未经中国政府许可，不得进入中国领海及其上空。"

1982 年公布的《联合国海洋法》规定，各国有权确定不超过 12 海里的领海。目前，我国的大陆海岸线长 18400 千米，岛屿岸线长 14247 千米，海岸线总长超过 32600 千米，领海 300 多万平方千米。

海上战略通道是我国经济和社会发展的命脉。海洋不仅是人类的资源宝库，也是人类交往的大通道。海洋是货物流通成本最低的通道，具有重要的航运价值。据有关测算，陆地运输的成本约为海运的 5 倍，空中运输成本约为海运的 50 倍。海运最适宜承担大宗货物的远距离运输。目前，约 85% 的世界贸易物资是经海上运输的。我国对外贸易的 95% 通过海上运输实现，开辟了 30 多条海洋运输航线，通达世界 150 多个国家和地区的 1200 多个港口。在世界各主要海上通道，都有我国贸易运输船舶，海上战略通道已经成为我国经济和社会发展的生命线。

海洋经济日益成为我国经济发展新的增长点。当今世界，许多沿海国家和地区都把发展海洋经济作为重要的战略方向。目前，海洋经济主要包括海洋运输、海洋工程装备制造、海洋造船、海洋新材料、

海洋石油化工、海水综合利用、海洋矿产开发、海洋生物医药、海洋渔业、海洋养殖与农业、滨海旅游、海洋服务业等产业。据统计，全球海洋经济总产值在世界经济总产值中的比率已上升到 15%，发达国家海洋经济产业对国民经济的贡献率近 25%。2016 年，我国海洋经济生产总值达 70507 亿元，占国内生产总值的 9.5%，涉海事业人数超过 3600 万。我国海洋经济产业还有非常大的发展空间和良好的发展前景，将在未来持续有力地推动我国经济发展，成为我国经济发展的支柱产业之一。正如习近平总书记所言，海洋经济的发展前途无量。发展海洋经济、海洋科研是推动我们强国战略很重要的一个方面，一定要抓好。

二、海权深刻影响中华民族的前途命运，掌握海权是维护国家海洋利益、实现中华民族伟大复兴的必由之路

习近平总书记深刻指出：向海而兴，背海而衰；不能制海，必为海制。这里提到的制海，就是海权。海权，顾名思义，就是拥有和享有对海洋的控制权和利用权，它是"国家主权"的自然延伸。近 500 年来的 9 个世界级大国，无一不是走海洋兴国之路，中华民族辉煌和衰落的历史也印证了这一点。对于海权，中华民族有着辉煌的历史，有着惨痛的教训，更有着现实的需要。

掌握海权发展了中华民族古代的璀璨文明。中华民族既创造了不朽的大陆文明，也曾在世界海洋文明史上书写了浓墨重彩的篇章。早在夏、商、周时期，我国人民就开始在海上"兴渔盐之利，通舟楫之便"。航海业得到迅猛发展，港口、船舶、航线三大基本要素俱已齐备。公元前 6 世纪，古代中国的海上力量"舟师"诞生。唐朝时期，"海上丝绸之路"开辟了到中东、非洲、俄罗斯堪察加半岛和日本的航线。宋朝时期，海上贸易发达，首次派水师巡视了西沙、南沙群岛。元朝将西沙、南沙纳入了中国版图。明朝的郑和率领由 200 多艘海船、2 万多人组成的庞大船队 7 下西洋，历访 30 多个国家和地区，总行程在 15 万千米以上，沟通了西太平洋与印度洋、红海之间的亚非海上交

通，标志着中国的海权达到了巅峰。

纵观清中期以前，由于拥有强大的海上力量，历朝历代都能牢牢掌握近海的海权，中华民族很少遭到来自海洋方向的安全威胁，中华文明也通过海洋传播到日本、东南亚、北美洲、南美洲、大洋洲，以及南太平洋的岛屿。郑和下西洋所蕴含的民族精神已经超越国界，成为世界文化遗产。2005年，我国将郑和下西洋首航日期——每年的7月11日定为"航海日"；台湾地区也把每年的这一天定为"航海节"。庆祝共同的海洋文化节日已成为联结海峡两岸的感情纽带。

丧失海权血写了中华民族近代的百年耻辱。郑和曾深刻指出：欲国家富强，不可置海洋于不顾。财富取之于海，危险亦来自海上。从19世纪中叶到中华人民共和国成立的百余年间，中国遭受外敌从海上入侵470多次，其中大规模入侵有84次之多，签订割地赔款、丧权辱国的不平等条约多达1182个，丧失陆地领土近200万平方千米。文明古国一次次蒙羞受屈。

1840年，英国借口鸦片贸易问题，从广东、福建、浙江、天津海面，用坚船利炮向中国发动侵略战争，拉开了中华民族近代百年耻辱史的序幕。战后，清政府与英国签订了中国近代第一个不平等条约《南京条约》，割让香港，赔款2100万银元。中国开始沦为半殖民地半封建社会。

1860年，第二次鸦片战争，英法联军从天津大沽口入侵，攻占北京，火烧圆明园，迫使清政府签订了《天津条约》《北京条约》，英法各掳走800万两白银。

1894—1895年，中日在朝鲜半岛、辽东半岛、山东威海、黄海北部交战，史称"甲午战争"。中国战败，签订《马关条约》，割让台湾及澎湖列岛，赔偿白银2亿两。帝国主义列强掀起瓜分中国的狂潮。

1900年，英、美、法、德、俄、日、意、奥匈八国联军从天津大沽口入侵，攻占北京，迫使清政府签订《辛丑条约》，赔偿白银4.5亿两，分39年还清，本息共计9.82亿两，加上各省地方赔款，达到了10亿两以上，相当于清政府年财政收入的12倍。中国完全沦为半殖民

地半封建社会。

1919 年 4 月 30 日，英、美、法、日、意等国不顾中国民众呼声，签订了《协约国和参战各国对德和约》，决定将德国在山东的权益转让给日本。为拯救民族危亡，中国爆发了以先进青年知识分子为先锋、广大人民群众参加的彻底反帝反封建的五四运动，孕育了以爱国、进步、民主、科学为主要内容的伟大的五四精神，其核心是爱国主义。

1931 年九一八事变后，1932 年 1 月 28 日，日本海军陆战队突然对上海中国驻军发起攻击。3 月 1 日，日军援军在浏河登陆，中国军队被迫退守。战后，上海被划定为非武装区，中国不得在上海至苏州、昆山一带驻军。

1937 年七七事变后，8 月 13 日起，日本派遣数十艘军舰和军队，先后在上海宝山和杭州湾登陆，进攻淞沪地区的中国军队。11 月 12 日，上海沦陷。

血的历史昭示我们：一个濒海国家，即使在国家领土、人口数量、自然资源和经济总量等各方面都占有绝对优势，但如果海洋意识淡漠、海权思想落后，不仅无法利用海洋的屏障功能来保卫国家安全，无法依靠海洋的便利和资源来谋求国家发展，反而会遭到来自海洋方向的外敌入侵，甚至会把民族推向生死存亡的风口浪尖。

掌握海权是维护国家利益的必然选择。我国在海洋拥有巨大的战略利益，即主权利益、安全利益、发展利益：国家统一面临的重大威胁主要在海上，国家主权权益面临的争端主要在海上，国家经济安全的忧患主要在海上，未来信息化战争的威胁主要在海上，国家可持续发展的战略空间主要在海上，国家战略资源的接替区主要在海上。

第一，掌握海权是捍卫国家主权利益的迫切需要。台湾自古以来就属于我国的领土。台湾不仅是我国大陆的海上安全屏障，还守卫着联通我国东海与南海的台湾海峡，控制着东海、南海联通太平洋的海峡和水道，是我国海洋方向的战略要地。中华民族要走向海洋，要实现富强，就必须实现国家统一。我国在海洋方向还与周边有关国家存在着钓鱼岛、南沙群岛、中沙群岛等的主权争议。

第二，掌握海权是维护国家安全利益的客观需要。一是美国的战略围堵。为了遏制我国崛起，阻止我国掌握东亚海权，美国在海上构筑了针对我国的战略包围圈。二是台海存在发生战争的可能。三是围绕海上主权争端也有发生战争的可能。四是海上非传统安全威胁显著上升。多年来，全球海盗袭击事件频发，猖狂的海盗事件，对我国航运安全造成巨大威胁。海上走私、非法移民、贩毒等有组织的跨国犯罪活动上升，对我国经济安全和社会稳定造成的危害也不容忽视。我国还是海洋自然灾害多发区，几乎每年都因灾造成巨大的财产损失和人员伤亡，海上防灾减灾、抢险救生任务十分繁重。

第三，掌握海权是维护国家发展利益的根本需要。进入新世纪，我国海洋方向利益呈现出快速拓展的良好态势。同时，海外利益安全问题十分突出。首先，我国海上运输航线几乎全部受制于他国。我国已是全球第二大经济体、全球第一制造业大国和贸易大国，海上运输航线已成为我国经济发展的生命线。其中，马六甲海峡尤其重要，我国海上贸易量约一半要经过这里，一些西方媒体甚至认为，"谁控制了马六甲海峡，谁就掐住了中国的脖子"。其次，海外能源安全问题日益凸显。当前我国海外能源由四大基地组成：以苏丹为依托的北非能源基地，以伊朗和沙特为依托的中东能源基地，以哈萨克斯坦和里海为依托的中亚能源基地，以委内瑞拉为依托的拉美能源基地。这四大石油基地都不同程度地存在分裂主义、恐怖主义以及宗教主义的活动，伊朗、委内瑞拉还是西方国家重点制裁的国家，给我国海外能源安全带来了很大的不确定性。三是海外资产、人员面临的安全威胁不容忽视。我国驻外中资企业已达上万家，遍及 173 个国家和地区，海外投资总额达 2000 多亿美元，在外劳务人员超过 100 万人，到海外旅游、经商、打工、留学的公民越来越多，海外利益的实体和群体不断扩大，涉及我国海外资产、人员人身和财产安全的事件也同步大幅上升。可以预料，随着"一带一路"倡议的快速推进，我国海外利益必将不断拓展，海外资产和人员安全问题会越来越突出。

现实昭示我们，我国海洋利益面临的安全威胁日益突出。只有加

快掌握海权的步伐，才能有效维护国家海洋方向的巨大战略利益，才能为中华民族伟大复兴提供坚强的力量支撑。

党的十八大以来，以习近平同志为核心的党中央高度重视维护海权，果断采取一系列重大举措，为稳步拓展海权奠定了坚实的基础。在远海方向，我国成立了海军吉布提保障基地，舰艇编队已经常态化在印度洋执行亚丁湾索马里护航、远海联演联训等任务；在东海方向，我国与日本围绕钓鱼岛针锋相对，打破了日本单方面管控钓鱼岛的局面；在南海方向，我国加快推进经略南海战略的实施，一手抓建设、一手抓斗争，稳控南海的能力大幅增强。南海岛礁建设成果举世震惊，岛礁的建设为更好地履行中国在海上搜救、防险救灾、海洋科研、气象观察、生态环境保护、航行安全、渔业生产服务等方面承担的国际责任和义务提供了坚实的物质基础，极大地改善了驻守官兵的生活条件和安全状况，为建设必要的军事防卫设施预留了充裕的空间；南海维权斗争稳妥有力，海军官兵坚决贯彻习近平主席和军委指示精神，精心组织战备行动，周密处置海空情况，有效维护了南海主权和海洋权益，同时确保了南海全局稳定。

深蓝的海洋并不平静，捍卫领土、维护权益的任务更加艰巨。习近平总书记指出："建设一支强大的人民海军，寄托着中华民族向海图强的世代夙愿。在新时代的征程上，在实现中华民族伟大复兴的奋斗中，建设强大的人民海军的任务从来没有像今天这样紧迫。"

三、海军承载民族复兴"保驾护航"的时代重任，建设强大海军是维护我国安全与发展的必然抉择

建设强大海军，是老一代领导人的夙愿。毛泽东主席指出：为了反对帝国主义的侵略，我们一定要建立强大的海军。

1941年4月，新四军苏中军区在江苏如东组建了海防大队，后发展为海防团、海防纵队。这是中国共产党领导的第一支海上抗日武装。新四军海防部队凭借简陋的装备，与日本侵略军血战，胜利地完成了保卫海防，保卫海上交通线，保卫渔民、盐民的任务。东京的《朝日

新闻》惊呼："华东沿海从连云港起到上海止，有游移不定的新四军水兵，神出鬼没，难以侦察。"

1949 年 4 月 23 日，人民解放军占领南京。同日，人民海军在江苏泰州白马庙诞生。中华民族开启了向海图强的新篇章。人民海军成立时，全部家底加起来只有几千吨，不如大国海军的一艘驱逐舰。经过 70 年的奋斗历程，人民海军已经成为走向深蓝的强大力量。

2019 年 4 月 23 日，海军举行庆祝人民海军成立 70 周年海上阅兵式，展示了威武之师、和平之师的风貌。中国人民解放军海军 32 艘舰艇编为潜艇群、驱逐舰群、护卫舰群、登陆舰群、辅助舰群、航空母舰群接受检阅。

进入新世纪以来，中国海军亚丁湾护航、海外撤侨、远航访问、海外医疗服务、国际救援等兵力行动"含金量"不断提高，展示了开放、自信、和平的大国海军形象。人民海军走向世界，世界多了一支维护和平的坚定力量。

70 年的峥嵘岁月，人民海军伴随着共和国的前进步伐，不断发展壮大。从引进苏联的 4 艘驱逐舰到自主设计建造现代化的大型舰船，从第一艘核潜艇下水到第二代新型核潜艇战备巡航，从南极考察到环球航行，从守海卫疆到远洋护航，人民海军的航迹，从近岸走到近海，再从近海走向远海，从远海走向大洋，不断创造历史，不断铸就辉煌。

近年来，海军建设取得的成果，得益于党中央、中央军委和习近平主席的高度重视，得益于国家经济建设成果的坚强支撑，得益于海军官兵的接续奋斗，还得益于科研人员的辛勤努力。

莫道世间岁月静好，皆因有人负重前行。中国第一代核潜艇总设计师黄旭华，由于严格的保密制度，不能向亲友透露自己是干什么的，也由于研制工作实在太紧张，从 1958 到 1986 年，没有回过一次老家海丰探望双亲。"三哥（黄旭华）的事情，大家要谅解，要理解。" 1987 年，在通过杂志得知阔别 30 载、下落不明的三儿子正是中国核潜艇总设计师时，黄旭华 93 岁的老母亲召集子孙说了这样一句话。消息传到黄旭华耳中，他忍不住流下了热泪。黄旭华说，"我的一生属于

核潜艇，属于祖国"，"对国家的忠，就是对父母最大的孝"。

"用生命践行航空报国"的优秀代表罗阳，歼 15 舰载机工程总指挥，沈阳飞机工业（集团）有限公司董事长、总经理、党委副书记。2012 年 11 月 25 日 12 时 48 分执行舰载机试验任务时，突发急性心肌梗死、心源性猝死，在工作岗位上因公殉职，年仅 51 岁。国之重器，以命铸之。第 2 天，中共中央总书记、中央军委主席习近平作出重要指示，要求党员学习罗阳优秀品质和可贵精神。习近平指出，雷锋、郭明义、罗阳身上所具有的信念的能量、大爱的胸怀、忘我的精神、进取的锐气，正是我们民族精神的最好写照，他们都是我们"民族的脊梁"。

1974 年 1 月 20 日，中国海军将南越军队赶出西沙群岛。此战是人民海军第一次在远离大陆的条件下，同外国海军作战，获得了对整个西沙群岛及周边海域的控制权。为了捍卫国家的主权，18 位年轻的水兵永远长眠在西沙的琛航岛。

今日的莘莘学子，明天的国之栋梁。我们要谨记革命导师的教诲，以先烈和前辈为榜样，承担起民族复兴的重任。

马克思说：如果我们选择了最能为人类而工作的职业，那么，重担就不能把我们压倒，因为这是为大家作出的牺牲；那时我们所享受的就不是可怜的、有限的、自私的乐趣，我们的幸福将属于千百万人，我们的事业将悄然无声地存在下去，但是它会永远发挥作用，而面对我们的骨灰，高尚的人们将洒下热泪。

李大钊说：以青春之我，创建青春之国家，青春之民族，青春之地球，青春之宇宙。

毛泽东说：世界是你们的，也是我们的，但是归根结底是你们的。你们青年人朝气蓬勃，正在兴旺时期，好像早晨八九点钟的太阳。希望寄托在你们身上！世界是属于你们的，中国的前途是属于你们的！

21 世纪是海洋的世纪，我们必须牢记"强于天下者必强于海，弱于天下者必弱于海"的历史铁律，在以习近平同志为核心的党中央坚强领导下，向海图强，经略海洋，维护海权，建设海军，为实现海洋强国的战略目标，共圆中华民族伟大复兴的中国梦作出积极贡献！

（本文系2019年6月5日北京理工大学"百家大讲堂"文字转录节选）

主讲人简介

张兆垠，中国人民解放军原南海舰队副司令员，海军少将。

刘华苏，中国人民解放军原工程兵指挥学院政治委员，少将。

航母工程建设中的技术突破

高学敏

老师们、同学们：

大家好。今天和各位，交流一下航母建设中的技术突破。我从军校毕业后，便长期在海军部队里从事发射导弹任务。

那个年代，很多人不知道海军有导弹。我国的海军是从木壳船开始的，后来又收编了一些国民党投诚的铁壳船，这才组建了人民海军。1949 年 4 月 23 日，毛主席给渡江指挥部的粟裕将军发了一封电报，内容是：宣布中国人民解放军华东海军成立，由副司令张爱萍任华东海军司令员。所以渡江指挥部的小楼——江苏泰州白马庙就成了海军的诞生地。

我国的海军从弱到强，从小到大，从无到有，这样一个部队，肩负着什么样的使命？我跟大家细细说说。

20 世纪 50 年代，朝鲜战争威胁到了我们中国，国家派出志愿军抗美援朝。我的一个学长，他从朝鲜战场上抽调回来回哈军工，他和我们分享过战场上的情况："我们一个团的人在江边上开会，飞机来了以后就倒下去一半，江水都红了，我们却什么也做不了。没有兵器，我们的炮也打不着敌人，就是这样悲惨。"1950 年，毛主席到了长江边上，坐上了海军的军舰，在军舰上和水兵们聊天，就说："你看我们中国历史上受人家侵略，那些国家怎么来的？大多是从海上来的，现在太平洋还不太平，我们一定要建立一支强大的海军，才能叫太平洋。"

83

他在现场为海军题了字："为了反对帝国主义的侵略，我们一定要建立强大的海军。"毛主席心里边，惦记着我们的国防安危，惦记着国家重要的依靠，他有一个坚强的信念，一定要把我们国家的海军建设得很强大。

在苏联的支援下，我们有了战术导弹。第一种是地对空的导弹，攻击敌来袭飞机、导弹等空中目标的导弹武器。1962 年，就是靠这种导弹——543 导弹打下了"台海危机"中美国制造的 U - 2。第二种是岸上打水里舰艇的，叫岸对舰导弹，也叫 542 导弹。还有一种在舰上发射，打另外一条军舰，叫舰对舰导弹，代号 544。苏联先给了我们两套，用于教学和研究。一套在北京，一套在哈尔滨，我们自己研究，学会制造这个导弹，把它拆开，用拍照片的方式，把解体的过程一步一步拍下来，然后再来设计一个导弹，想办法把它重新组装回去。这个导弹每年都要拆一遍装一遍，称之为教练弹。

当年我毕业后，就被分配到海军研究岸对舰导弹 542，后来我们自己造导弹——国产海鹰导弹，比 542 导弹还要先进。由航空发动机变成火箭发动机，使用的燃料、燃烧剂和氧化剂也都是我们自己发明出来的。

刚才有同学提出来一个雷达的问题，这个太重要了，没有雷达就等于没有导弹。542 的发射原理是什么？日常工作的雷达叫海风雷达，每天 24 小时在海上搜索敌人的军舰。一旦发现了，这个任务要交给另一个静态雷达，叫海浪雷达，海浪雷达可以精确跟踪。海风雷达去继续搜索，在海面上发现新的目标就再交给海浪雷达，由上级决定要不要去打。导弹在发射架上都准备好了，在发射前 10 秒钟，要开指挥的作战雷达。为什么是 10 秒呢，因为发射频率在发射前 10 秒钟才确定，按一个按钮，紧接着就把导弹打出去了，敌人就算测出来，导弹也很快就到了，这就是抗干扰、抗反导的概念。我们的雷达从一直落后一步一步到了现在相当先进的技术，技术和型号也是一代一代地更新。

导弹的制导方式有三种。第一种是用雷达遥控，就是作战雷达开机以后，在这个导弹没有命中舰艇之前，它是不能关机的，用遥控发

挥作用。第二种叫自导，在发射之前装填好数据，把参数都装进去后就可以自己运转，称为自动控制。第三种是末制导，就是在预定的航程快要结束的时候，给导弹设定 5 到 10 千米航程后，弹头上的自导雷达开机，这个时候雷达再去抓目标或者在周围搜索。

导弹有了这三种制导方式，就能保证很高的命中率，但是雷达始终是开着的，一直到命中目标，舰艇信号会突然一闪，说明导弹已经击中敌人的舰艇了，要立刻把它拖走，防止敌人的导弹来袭击我们的雷达阵地，但是这个过程有十多分钟，所以是非常危险的。后来我们经过几代人的努力，改进了这个问题。现在，导弹制导方式比那时先进多了。

我们生产了很多导弹之后，在导弹库里存储。但是导弹是有时效的，我们就可以来做延寿实验和降高实验、增程实验。海军发展到现在是我们几代人共同的努力，我们的自信心在不断增强。敌人越是封锁我们，越给我们这么大的压力，我们就越是要有自力更生、艰苦奋斗的精神，一定要靠我们自己的智慧把这些技术都收入囊中，真正掌握导弹、原子弹、氢弹、核潜艇、航空母舰这些技术。为了实现这些目标，很多爱国主义人士从国外回来，大家都知道钱学森回国的故事。我们的科学家回来其实很不容易，回来以后他们其实是拼命地在干事业。这些科学家们就是以身许国，他们整个人的一生，都属于祖国了。祖国怎么安排，他们就怎么生活，所以才有了邓稼先失踪了 28 年，连自己的家人都不知道他干什么去了。还有人把自己的生命献给了我们的导弹、原子弹事业。在二十三个"两弹一星"元勋中，排在第二的就是郭永怀。1968 年 12 月 4 日，在西北的氢弹实验，还有 18 天就要试爆，这个时候郭永怀发现，实验的参数有变化。他觉得有点不对劲，想把资料带回北京，在实验室计算研究。他带着警卫员开着长途车到兰州，坐上后半夜的飞机。在降落前飞机出事故了，着火了。旅客几乎被围在火里面，很多人的身体都烧焦了。在清理现场的时候，发现两个男子紧紧地抱在一起，用了很大的力气才把他们分开。他们胸前掉下来一个保密包。当时所有人都明白了，这一定是非常有价值的东西。然后一级一级交到了周恩来总理的手里，里面就是氢弹实验的资料。

我们国家攻克科技尖端受到了西方国家的围追堵截。我们所有的东西，从资料、材料、人才，设备，得不到任何参考的东西。想学习导弹，只有凭我们的记忆自己编教材，甚至不少人连导弹什么样子都不知道。那个时候手段很落后，邓稼先在青海搞原子弹实验的时候用的是手摇计算机。摇出来的是纸带子、纸条，用窟窿眼的位置来说明那是 1 还是 0，要解一个方程，至少有两麻袋纸条。

我们要奋发图强，要有志气，我们的科学家精神大国工匠精神就要体现出来。2004 年，军委定下来中国要搞航空母舰。中国必须造航空母舰，必须立即就造航空母舰。听到消息，多么激动啊！我曾经去过造船厂，他们那里的老工程师，在家里边把图画了一张又一张。正是有很多这样的人献计献策、积极作为，我们国家的装备才能在这么几年就集中发展出来。而且，我们还有十几年的积累在前，以前尽管不让造航空母舰，但是从海军到总装，其中的科研机构、科学家们，没有一个人放弃，相信总有一天国家需要。所以，我们自己储备了很多技术，只等需要时就全部拿出来。比如 AIP 技术，首先是在潜艇上使用的。起因是 2003 年潜艇出事了，当时大家考虑怎么办。我们想到要用火箭技术，不使用空气中的氧气，这样潜艇就用不着再浮上水面，水下保持不停地发电、充电就可以了，这个设想经过多次实验，就完全成功了。为什么这么容易成功？是因为工程师已经做过很多次实验。没有外国人给技术，但是我们懂原理、有知识，完全可以自主实验，在有需要的时候立刻拿出来使用。我国的第一艘国产航空母舰，完全用的是自己的钢板，怎么能够在很短的时间内，把那么大的钢板和周围全部焊完，一次成功？是中国的工人们用几个月的把它攻关下来。

谈到创造创新，大家都会立刻想到马院士。海军工程大学的马伟明院士的故事是十分感人的。他是电力与电气工程专家，长期致力于集成发电、电力系统电磁兼容、电力电子应用技术等领域的教学与研究。他十几年如一日，每天的业余时间，就是想要在一台发电机同时

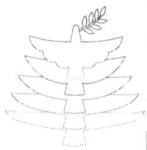

发出直流电和交流电。因为他在上高中的时候就听老师说，发电机上有直流电也有交流电，如果在一台发电机上，同时发出直流交流，多好。他一直想着这件事。上了大学后，别人劝他，德国人还没搞出来，美国人也没搞出来，你就不要费这个劲儿了。可是马伟明不这么想，他说："我们不能都追在别人屁股后面，难道不能让别人追赶我们吗?"正是有着这种冲锋精神，他从硕士研究生毕业的那一年，就开始琢磨研究，攻读清华大学博士，后来开始做学科带头人，在简陋的实验室、用很少的科研经费开始做起，1999 年研制出了第 1 台复合发电机。全校的教授都去参观直流交流电集成的成果，既可以发交流电，也可以发直流电，而且互相不干扰，直流电直接给电瓶充电，交流电直接就推动发动机产生动力。这样的设备可以让潜艇一边开着一边电瓶还充电，等到潜下去以后，柴油机关了，电池就可以使用。马伟明成功地解决了潜艇的动力问题，获得国家科技进步一等奖。从那以后，马院士就继续集中精力搞集成发电，把全电力推动、电磁干扰都解决了，最后实现全电力推动，实现了世界上第 1 艘全电力推动的舰艇。学马院士，要学根本，就是为祖国强盛而创新和拼搏。他有一句名言：落后不是中国的专利!

同学们，从小就要在学习中多问为什么，这是创新的基础。不知道大家听没听说过这么一个故事，老师出的题目是：使用一个气压计，怎么能够知道这个楼有多高？标准答案很简单，气压随着高度上升会降低，套用这个公式就能计算出来房子究竟有多高。可是有这么一个学生，他写了 10 种方法，这 10 种方法都用到了气压计，偏偏没用这个公式。改卷子的时候老师就给他 0 分，认为考点就是这个公式，没用公式没法给分。但是老师自己又觉得可笑，题目要求用气压计，也没说要求用公式，学生答案都不能算错。于是，大家就开始争论这个问题，一直争论到很多所学校的一次研讨会上，拿出这个题来讨论，我们的中学应该怎么办？教给学生什么？是教他们背公式，还是教他们动脑筋学会学习。最后争论到了教育专家们的一个会议上，这个学生去说："我又想出几种办法，可以拿着一个气压计去换物业的答案，还可以用气压计的影子来算两个相似三角形进行比较。"说得这些老师们哈哈大笑。

现在我们上了大学，更应该是这样。能不能别把大学一年级当作高中四年级上？把大学生活变成了老师讲我们边听边做笔记，按照老师讲的内容考试，这样只能考一个比较高的分，但是我们的脑筋都用到了哪里？希望同学们能认真思考。

我讲这个技术突破，有些是保密的，没法和大家具体分享，我只能说：有很多关键技术是突破了桎梏，不管美国、德国的，还是我们的。这其中，我们攻克了相当多的技术难关，保证了我们国产航母的建造。现在，不管搞核动力、电磁弹射，还是电磁炮、航母，我们的一切科研和生产条件都是具备的，我们完全可以按照国家的部署计划，叫我们造多少，我们都能按时间保质保量地把它造出来！

最后，我还是要强调一下创新，我们必须牢牢把握科技进步大方向，抢抓科技创新的制高点，依靠科技创新走上世界科技强国之路。技术只有通过创新，才能永远不停。因为我们的对手本身就在不断地创新，我们的创新技术突破是相对的，而不是绝对的、一劳永逸的。今天我们突破了，明天可能人家也能突破，始终要想着更靠前更先进的目标，不管什么问题、难题，我们知道了就得先干，一定要争取走在前列，现在我们需要的是弯道超车，而不是在后面跟跑了。大家都有这个体会，跑步的时候，你跟在人家屁股后面，是非常难超越过去的，我们必须另外开辟一条路线，这样才能真正解决问题。以我们海军为例，最早是近岸防御，在岸上支大炮，比如大家熟悉的塘沽、虎门，到处都有大炮，既打不准，也打不远，只能用制高点。后来是近海防御，即远海要防卫，近海要防御，两洋要有存在，两极要有伸展。这里的"两洋"指的是太平洋和印度洋，我们海军都要在那里存在，现在连吉布提我们都有了保障基地，但是还是要继续努力，继续搞保障基地。

当年，习近平总书记来海军视察的时候，问营级以上的干部："你们知道美国人在世界上有多少海军的保障基地吗？这些保障基地，让

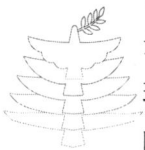

美国海军到哪里都可以走，有加油的、有加水的，到处都可以，不必自己再带那么多东西。"我们回答说不知道。习总书记说："美国有几十个保障基地，我们现在才有一个。"的确是这样，同学们仔细想想，我们要是有印度洋、太平洋的保障基地，一旦有事我们哪里都可以去。刚才我说到"两极要伸展"，这是什么意思呢？因为南极是个大陆，这一块大陆不属于任何国家，可它又属于任何国家。咱们国家派人去考察了，把情况说明白了，把资料交给联合国的教科文组织，他就同意给你划出一块地方归你所有。最开始，这个政策适用于海面，于是我国就在夏威夷附近勘察了 15 万平方千米的一片海区，勘察的内容就是把海水测量出来，把里边的成分、资源搞清楚，资料交上去后，就能切出来一半，作为我们的领海，永远属于中国，包括领空、领海、水下的矿藏。如果有人去侵占、去开采，怎么办？你不强大，就任人欺负。弱国无外交。

在南极，当前竞争很激烈。十八大以来，咱们从最开始只有一个中国南极中山站，到现在长城站、昆仑站、泰山站等多个科考站，分布在南极的各个角落，还不能聚成一块，费了很大心力才有今天这样的成绩。那些东西将来有很大用处，我们国家的资源是有限的，将来大海里、南极的资源，都是我们重点研究的对象。比如，我们还从来没有去过北冰洋，要去的话就得先有破冰船，没有破冰船进不到里面去。目前我们的大型破冰船已经下水了，核动力的，有 300 多米长，有这样的力量在，我们的海外利益才能受到保护。

近年来海外也发生了一些事儿，华侨要撤回来，我们行动特别快。我们的八一舰出去过，每次载着 1 万人回来。中国人在海外都觉得非常自豪，一看到中国的国旗飘了、靠近了，台湾人都扑过来，喊着"我们也是中国人"，一起跟着回来了。

还有我们的石油资源，我们现在 80% 的石油运输都要经过马六甲海峡。马六甲海峡是美国和新加坡守卫的，一旦有战争，或者有争议导致关闭的话，我们的石油基本就没得用了，再豪华的汽车开不了，再快的飞机开不了，发电站也停了。所以现在我们在其他国家修港口、修建输油管道，能实现不经过马六甲海峡运送石油。我们的海军被赋予了很多重要使命，例如大家知道的护航编队天天在忙碌着，已经护航了500多趟商船。很多落后的国家的船只，都在打听我们中国的海军护航编队距离有多远，我们的联系方式被当作宝贝一样留存，以备在遇到困难的时候寻求帮助。

昨天还有人给我打电话，想问一个问题：咱们这个"天宫一号"是不是失败了？最后在大气层烧毁了。我说你看电视了吗？它完成它的使命了。我们就再讨论卫星最后的归宿能不能够有利于人类，这样的处理方式太危险了，尽管概率很小，但是说不定哪天砸到人头上了。我昨天给我的同学打电话求证，他是这个行业的，他说，"天宫一号"是很典型的回收方式，从这一点来讲我们中国是做得最好的，引以为豪。为什么这么说？现在太空当中人类发射上去的一共是两千多颗卫星，有的碎片的还在，按件数一共是1.7亿个，这么多的零件在外太空这么飞着，围着地球转，对于人类的空间活动是一个很大的威胁，甚至将来落地的情况是没法估计的，就是自生自灭。有的卫星早就没人管了，早就完成任务了，等它自己没动力了，通过大气层下来，落到哪算哪。我们不知道它什么时候回来，会掉到哪里。

国际宇航局开过一次协调会，为了减少污染，为了减少对人类的危害，特别是考虑到对子孙后代的危害，建议还是要回收卫星，人类要有目的、有能力控制这些报废的卫星，叫它回来并落到指定地点。中国的"天舟一号"回来的时候，我们引导得非常精确，到了内蒙古的大草原，误差很小，对草原这个广阔地方来说，就相当于打靶打了10环，对人是没有伤害的。

按照国际宇航局协商的办法，我们需要指定一个地点，这个地点是什么呢？在南太平洋的中间，是整个地球上距离人类生活最远的地方。我们可以试着在地球上划分区域，只要有人的地方就把它都划掉，剩下的地方、空的地方，再找它的中心点，通过计算机计算出来，就是南太平洋那个地方，具体的位置是在南纬48°46′、西经123°23.6′。它的东边、西边、南边和陆地的距离完全一样。国际宇航局把这个点

命名为尼莫点。为什么要用"尼莫"来命名呢？同学们看过《海底两万里》吗？凡尔纳写的那本书，那个舰长叫尼莫，他说"我要到达地球上任何人到达不了的地方"。那么这个地方就被称为地球上第四极，除了南极、北极、珠穆朗玛峰这个最高级，还有一个是海洋最难抵达的顶级，叫尼莫点，就是刚才我说的那个位置。现在已经有十几个航天器落到那里了。美国第一艘报废的航空母舰"美国号"做了一个强度实验，这艘航空母舰怎么能够叫它下沉？应该给它放置多少炸弹？从上面炸，需要多少导弹和炸弹才能够把它击沉？就是在那个地方做的实验。2018 年 3 月 31 日，"天宫一号"返回时，在 255.1 千米高度就给它一个指令，让它进入大气层，这个位置选得非常准，它落地的方向角度也非常准，最后 97% 烧了，剩下 3%，总重量 8 吨剩下了 200 多千克。我们看到的情景，是它成为流星，闪亮地燃烧着，一条线直奔尼莫点去了。所以这次回收是非常成功，可以看出我国的引导控制能力非常高。

再说核动力航母的问题。我们肯定是要搞核动力航母的，而且很快就要搞，因为蒸汽的航母非常落后，要经常补充燃料，续航力短。

还有个问题就是电磁弹射问题。蒸汽弹射占地方特别多，而且反应慢。我们这么想象一下，一个大锅炉，把水烧开，烧开了还不行，压力还要达到 3.4 个大气压以上，然后把它闷紧了，不让它往外冒气，憋够了以后才能作用到飞机上，然后把飞机弹走。这一弹不要紧，就像气球撒气了一样，锅炉的大气压变凉了，又变成了 1 个大气压，要把气压变高，还要点火，经过一段时间，才能够进行第二架飞机弹射。想尽任何办法，也不能解决 5 分钟之内弹射的压力问题。那么如果正面临紧急情况，50 架飞机马上就要全体升空，每架飞机都需要花费 5 分钟，250 分钟就是 4 个多小时了，这么长的时间就意味着无穷的危险，敌人的飞机都飞到了，炸弹炸到甲板上了，飞机还没起飞就全都完了。如果一分钟能弹射一架飞机，那么在 50 分钟之内，飞机就都能飞上天了。

蒸汽弹射的调整也是很费劲的。大气压那么大，要是想把 3.4 个大气压变成 2 个大气压该怎么办？只能放气，但是这样是十分不精确的。而如果使用电磁弹射，我们都知道，如果磁场强了靠电阻就行，滑动或者按一下按钮就能调整它的强度，这样的话使用的范围就很大，从大飞机、预警飞机到战斗机，20 吨至 45 吨的都可以，小型的无人机也可以，而且小型的飞机不能用很大的力度往上弹，弹起来飞机就散架了，所以它的机动性就很强，好处就很多。从经济的角度来看电磁弹射的费用还少，所以说蒸汽弹射不能够再用了。我们原来是为了保险起见，因为技术成熟，所以还要搞两艘蒸汽弹射，现在看我们的电磁弹射已经试验这么成功了，大家都放心了，也就直接用电磁弹射了。

其实不知道同学们注意过没有，改革开放以后，一些变化最快的行业，都是跨过了很多历史时代的，你们年轻人可能在这方面体验感少一些。比如说电话，你们现在用的电话这么方便，但是其实中间有很多过程使用的电话你们没用过，比如最早那种手摇的电话，还有转盘的电话，还有交换式的电话，要拿起话筒来说"喂，你给我接××
×"，我说的这些类型，可能大家统统都没有见过。所以我们现在搞航空母舰，也是一样的道理，我们不需要再一个过程一个过程地去经历，必须跨越式发展，一定要用核动力。

以上是我分享的内容，谢谢大家！

（本文系 2018 年 4 月 4 日北京理工大学"百家大讲堂"文字转录节选）

主讲人简介

高学敏，正军职、海军少将军衔。毕业于哈尔滨军事工程学院，并先后在海军学院、国防科技大学、国防大学学习，获硕士学位。在海军导弹部队服役 20 余年。曾任海军某岸防导弹部队技师、政治指导员，福建基地政治部秘书、组织处副处长和处长，海军学院政治部组织部部长，海军指挥学院政治部副主任，海军电子工程学院政委，海

军工程学院政委，海军工程大学副政委、政委等职。现致力于研究国家海洋战略和海军发展、军队和军队院校的思想政治教育，弘扬雷锋精神。

先后出版《火红的党旗》《海洋科学概括》《中国人口问题和军队计划生育工作》《军事科技伦理学导论》等一系列重要专著，并承担相关硕士研究生的课程。

中国卫星导航系统建设与发展

冉承其

北京理工大学的各位老师、同学们好，特别是我们法学院的各位老师和同学，大家好！

能够来到北京理工大学，受李寿平①院长之邀给大家对北斗系统的情况做一个简单的介绍，对我来讲是一个特别荣幸的机会。看到在座的各位同学这么年轻、青春洋溢，也把我带到当年大学的时候，不过那已经是三十多年前的事情了。看到那么多法学院的学生，我也觉得很亲切，因为我女儿现在也在上大学，学的也是法学专业，所以对你们有一种天然的亲近感。今天特别高兴，有机会把我们的卫星导航系统建设的一些情况以及未来的发展考虑给大家做一些介绍，如果大家有什么问题或建议，可以随时向我提出来。

（一）卫星导航的基本概念

我的介绍一共分为六个方面，首先是关于卫星导航的一些基本概念。导航，我们大家作为理工类的学生都会知道，就是提供精确的二维或三维位置和方位的一种能力，导航就是确定当前位置或目的地位置，并参考地理和环境信息，修正航线、方向、速度，抵达目的地，

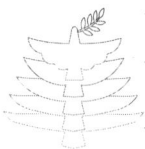

---

① 李寿平，法学博士，国际宇航科学院社会科学学部院士，北京理工大学法学院院长、教授、博士生导师，国家航天局空间法律中心主任。

获得准确或精密的时间信息，那么卫星导航的原理就是解决在哪里、什么时候的问题。

在目前人类科学技术发展过程中，我们以前要解决的位置信息问题，比如针对"我在哪个地方"，已经有很多技术，使位置的精准度越来越高。另外就是解决了时间问题，使时间精度越来越高。目前来讲，只有卫星导航把空间和时间这两个信息很好地结合起来，并且实现了高精度、高动态、实时性、全球性、全天候，也就是让卫星导航成为目前技术最高端、最廉价的一种使用手段。它之所以在经济社会发展以及我们生活的方方面面，包括我们国家经济和国防安全中都广泛使用，是因为它的特性。卫星导航系统通常由三个方面组成：空间段、地面段和用户段。原理就是以卫星作为参照物，通过测量四颗以上导航卫星与用户接收机的距离，解算用户的三维坐标位置，也就是我们通常所说的三球交汇原理。

目前在全世界卫星导航系统中，具有全球服务能力的导航系统主要有四家：美国GPS、中国北斗系统、俄罗斯格洛纳斯和欧盟伽利略系统。可能大家会问：还会不会有其他的全球卫星导航系统存在？从资源发展的角度来讲，目前来看，国际上不太可能会有第五大全球卫星导航系统，这主要是因为空间资源有限、频率资源有限。大家都知道，卫星导航系统要使用频率资源，频率资源是全球共享的、全世界共享的，现在的卫星导航要用的频率资源已经被上述四大系统全部使用了，也就意味着以后其他任何国家即使有技术、有财力，但从全球性来看也没有更好的资源了。

（二）北斗系统工程建设

接下来讲讲北斗系统工程建设。我们北斗系统历经三个阶段，包括：北斗一号、北斗二号、北斗三号。北斗系统的发展目标：一是为全球用户提供连续、稳定、可靠的定位导航授时服务；二是满足国家安全和经济社会发展对定位导航授时等信息的需求，促进国家信息化建设和经济社会发展方式转变，提升经济和社会效益；三是与世界其他卫星导航系统共同合作，服务全球，造福人类。总体上兼顾四项基本原则：自主原则、开放原则、兼容原则和渐进原则。自主原则就是自主建设、发展和运行北斗系统，具备向全球用户独立提供卫星导航服务的能力；开放原则就是免费提供公开的卫星导航服务，鼓励开展全方位、多层次、高水平的国际合作与交流；兼容原则就是致力于实现与其他卫星导航系统的兼容共用。随着科技发展，大家也许会更多追求 GPS + 北斗或者北斗 + GPS，甚至格洛纳斯 + 伽利略，融合使用导航系统越来越成为国际上一种趋势，以便为全球用户提供更好的服务。渐进原则就是分步骤推进北斗系统的建设发展，持续提升北斗系统的服务性能，不断推动卫星导航产业全面、协调和可持续发展。

北斗系统按照"三步走"的发展路线，"先区域、后全球，先有源、后无源"的发展思路分步实施，形成突出区域、面向全球、富有特色的北斗系统发展道路。美国 GPS、俄罗斯格洛纳斯和欧盟伽利略系统走的技术路线基本上是一致的，只有我们中国的北斗系统是和其他三大系统不完全一样，这是由于我们当时的技术、财力以及我们的国家需求所决定的。在第一步时，我们当时解决了北斗系统的有无问题，我们称之为"北斗一号系统"，采用有源定位体制，为中国用户提供定位、授时、广域差分和短报文通信服务。在第二步时，我们在 2012 年年底正式提供区域服务，具备有源和无源两种技术体制。我认为可以将有源模式形象地比喻成手机这种模式，有源模式就像手机一样需要终端与卫星进行交互，需要向卫星发射信号和接受卫星信号的双向联系，它的好处就是可以用很少的卫星实现我们的定位。我们北斗一号最少的时候是这样，最简单的系统就是 2 颗卫星，后来我们为了增加可靠性，增加到 3 颗、4 颗，但是相比 GPS 这种全球系统能力就需要 24 颗以上的卫星，这大大降低了我们空间段的成本。另外，我们可以把无源模式比喻成收音机模式，比如我们开车或者用手机导航时不需要与卫星发生关系，不需要给卫星发信号，只要收到卫星的信号就可以解决问题。那么，我们北斗系统的思路就是先采取有源模式，同时再发展为无源模式，我们现在看到的第二步就是把有源和无源这

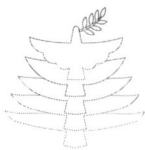

两种技术体制都保留下来，但是我们建设的是区域系统，即向中国和周边地区提供服务。在第三步，我们建设北斗全球系统，把这两种技术体制继续保留，同时实现全球覆盖。北斗一号系统方案在我们国家最早是由"两弹一星"元勋、"863计划"创始人陈芳允先生提出的。20世纪80年代，我国开始探索导航系统的建设发展之路，1994年开始立项研制建设，2000年建成北斗一号系统。在2004年的时候，开始启动北斗二号系统的建设，把两种技术体制都继承下来。目前这个系统是2012年12月27日对外向全世界宣布正式提供服务的，目前还在提供服务中。

在北斗二号系统建设中，有许多在国际上创新的技术。比如将导航定位、短报文通信、差分增强三种服务融为一体，我们一般用的导航只能进行导航而不能与卫星有通信，正是因为有源模式这种技术体制，就可以与卫星进行交互、发送短信，这是北斗卫星一个重要的特色。这个好处在于，当我们处于城市中，在有移动通信或互联网的地方，我们的通信功能就靠移动通信来解决，但是在移动通信信号覆盖不到的地方，北斗短报文通信服务就显现出独特优势。比如说我们在海上、沙漠中、移动基站覆盖不到的地方，或者说在地震等灾难中即地面移动通信系统被毁坏的情况下，就可以通过北斗短报文提供位置双向信息，一般定位导航只能解决我自己知道我在哪的问题，那么北斗就是可以把自己的位置信息告诉他人，让别人知道我在哪，这是北斗的一大特色。

除此之外，我国在其他许多方面还有技术创新，比如轨道设计、星载原子钟等方面都有技术创新。下面就星载原子钟予以介绍。国家在发展过程中，会碰到许多问题，为什么我国自己要来研制这个原子钟？当年在2004年启动北斗二号系统研制的时候，核心在星载原子钟上。为什么星载原子钟这么重要？大家知道，卫星导航系统非常简单的一个原理，卫星在两三万千米的轨道中测量卫星与终端或手机之间的距离就是靠时间，时间乘以光速，我们也叫时间换空间，那么这就需要卫星和地面控制系统具有特别精确的钟，这个钟的精度需要达到10^{-13}的量级，比10^{-9}这个量级还要高三四个量级，世界上精度最高的钟一定都是用在卫星导航系统上面。

当年全世界最好水平的钟只有美国、俄罗斯、日本和欧洲有，我国要做卫星导航系统时就买不到这个钟，而自己的钟还做不出来。2000 年前后，估计我们在座的老师都非常了解，苏联解体后，俄罗斯经济处于最困难的时候，而他的卫星导航格洛纳斯系统当时已经建立了，最少的时候只有 7 颗卫星，无力承担整个系统的运行，所以寻求和我国的合作，而我国当时也希望提升卫星导航技术，双方都有诉求，双方所有的合同都谈完了，最后在关键的问题上还是谈不拢。一是频率使用权。格洛纳斯卫星占用了很宽的一段频率，完全用不完，我们想说你贡献一点，我们两家合作，享有你一半的频率使用权，这个频率就是国家占有资源，和国家疆土、海洋是一样的，也是我们国家的占有资产，俄罗斯不同意。二是卫星管控权。24 颗卫星我们出一半的钱，那么同样我们应该要有一半卫星的管理权，俄罗斯也坚决不答应。所以我们和俄罗斯合作不成了，还是寄希望于进口。当时唯一能够卖给我们的就是欧洲，但是当时欧洲那家公司提出非常苛刻的条件：第一，我们要的指标可以做出来，但是在合同中不能予以承诺，合同中的指标要低一个数量级，这个我们完全不能接受；第二，不能承诺交货期限；第三，不承诺欧盟会批准。在这种情况下，从一台 30 万欧元谈到一台 40 万欧元，条件越来越苛刻。这就是一个典型的被绑架的引进。因此在这种情况下，我们下定决心一定要自己研制。

现在回头来看，自主创新的重要意义其实从那个时候就显现出来了。今天我们说北斗系统自主创新做得特别好，其实我们当年就是被逼出来的，通过这个系统，我们下定决心要自己研制。我们在国内选择三家公司进军原子钟研制，集中全国的力量，提供技术和人财物的保证；现在我们研制的钟做到世界第一，无论在北斗系统上还是用于其他方面，其性能指标是国际上最好的水平，长寿命、高可靠也都是最好的水平。欧洲那家公司的钟现在应用于伽利略系统，印度的卫星也是用的这家公司的钟，但是因为这家公司的钟出现了产品质量问题，印度的卫星导航系统目前仍未完全建成，因为钟对卫星导航来说就像

心脏一样重要，伽利略系统近期出故障，很重要的一个因素也是因为钟的影响。我举这个例子就是想说，很多时候我们一旦下定决心，中国人比任何人都厉害，我们进行技术突破需要持之以恒、咬定青山不放松，去坚持做这项工作。

2016 年，北斗二号系统获得国家科技进步特等奖。北斗二号是一个区域系统，在考虑北斗三号时，我们认识到中国未来的发展，一定是全球化的，一定是全球战略的，所以我们认为全球导航系统的发展对于中国是早晚的事情，因而在 2009 年正式启动北斗三号全球系统建设工作。这个系统由 30 颗卫星构成，包括 24 颗中圆轨道卫星、3 颗倾斜同步轨道卫星和 3 颗地球静止轨道卫星。

在北斗三号系统中也有许多的"首次"，这里面我挑一个来讲——首次实现核心器件全部国产化。大家知道，一个卫星上用的器件可能达到五六万个，一个火箭大概也就三四万个，从经验教训中，我们知道核心器件一定要自己研制。我们从 2006 年开始启动核心器件的全部自主研制，现在我们很高兴地告诉大家，在北斗三号卫星上的所有核心器件完全是自主可控的，这也是一个非常了不起的成就。到今天，我们整个系统的水平在国际上应该是领先的。比如我们现在空间的信号精度可以达到 0.5 米，意味着我们可以实现 2 到 3 米的定位精度。短报文的容量，从最开始北斗一号每小时 54 万次，到北斗二号每小时 100 万次，再到现在北斗三号每小时 3000 万次，这也看出我们的技术进步。这是北斗三号系统的一个总体发展情况。截至去年年底之前，我们完成 19 颗北斗卫星的发射，今年已经发射 2 颗卫星，还有 7 颗卫星要发射，明年还要发射 2 颗卫星，预计在明年 6 月底前完成整个全球卫星导航系统的建设。

北斗三号系统在去年年底之前向全世界提供基本服务。同时大家很关注卫星导航的精度，我们在用手机导航时的精度通常是 5 ~ 10 米，但是一碰到立交桥、大树遮挡、楼房遮挡或者弯路等，因为遮挡或干扰，这个精度会下降至 30 ~ 40 米，而 30 ~ 40 米往往是复杂交通路口的情况，或者往往一两个路口之间会差 30 ~ 40 米（即在这个路口拐弯还是下个路口拐弯的问题），因而特别希望有高精度定位。从目前的卫星导航技术来讲，要突破到米级以下，比如到分米级、厘米级，仅靠卫星的手段，目前甚至未来一段时间内很难达到，因而我们现在要把天、地结合起来，要建许多差分的增强能力。其原理最早是做科学研究用的，美国也好，欧洲也好，都没有尝试，最早将它真正应用于百姓生活中的，是我们中国。我们现在在全国已经建立了北斗地基增强系统，这个系统能提供最高厘米级的定位，虽然我们目前还没能感受到，因为我们正在进行芯片化处理，但不久的将来我们就可以感受到这种高精应用。这种高精应用会给我们带来很多变化，比如在开车导航时定位精度是厘米级的，出租车司机可以按照导航将车开到大家脚下；消防车也可以按照导航的提示直接开到消防栓那里，这样可以节省很多时间。另外大家可别小看这最后的 100 米，它是最头疼也是最高效的 100 米，比如消防救火，经常在找最后 100 米消防栓时非常费时间，那个时候浪费一分一秒都会对生命和财产造成巨大损失，而我们靠这种高精度导航，可以在第一时间把消防车导航到消防栓。所以，北斗系统到今天，可以说是完全走出了我国自己独立自主发展的一条路，这也是落实习总书记关于强化卫星导航自主实施的要求。我国实现了关键部件、用户设备的生产全部国产化，同时也带来了许多经济和社会效益。

（三）北斗系统应用推广

第三个方面讲讲北斗系统应用推广，其总体思路就是集中力量办大事，由一个部门统筹牵引抓基础产品研发、抓共性基础平台、抓应用示范工程，做好总体设计、政策法规、标准建设、对外宣传和知识产权。

目前在导航芯片上完全实现了中国芯的应用，除了苹果的智能手机没有使用北斗系统，华为、中兴、三星都是支持北斗系统的，这也是一个很了不起的变化。去年年底之前，我们国产北斗导航芯片出货量超过 7200 万片，华为、三星、小米、联想等 300 多款手机均支持北

斗系统，已经形成北斗应用的完整产业链。

北斗系统也已经应用到许多行业和区域中，比如交通、农业、海事搜救、气象测报、公安警用、林业管理等各个行业业务，以及北京市区域示范等这种部市结合的示范，珠三角、长三角等地区也都开展规模应用。举个例子，比如对营运车辆的监管。大家坐公交车或长途汽车时都能感受到，这些营运车辆通过北斗应用实现了在线实时管理，例如凌晨 2~5 点，货车司机、客车司机是强制性休息的，自从北斗这套监管系统上线运营以来，我们把大数据等新技术应用其中，带来了什么变化呢？据交通运输部发布的数据显示，就是因为这套系统上线运行，道路运输重大事故起数或死亡人数同比下降 50%，这是一个了不起的成就，这是多少金钱都无法交换的。

同时，也诞生了许多新兴的应用。比如，有一个公司建立了一个网站，将货车司机沿途的加油站、汽车维修地点全部放到网上，建立"货车帮"的管理模式，同时通过信息共享解决货车空返问题。这个老板原本是个货车司机，他建立网站后，一年后网上交易额就超过 100亿元。三四年前李克强总理到贵州考察时就通过大数据特意选了一个货车司机，给了一个 8 万元的小额贷款的授信，而这个货车司机获得授信只是基于其在货车帮网平台上良好的开车记录。

北斗系统在海上渔业生产方面也得到了很好的应用，尤其是我们刚刚讲到的短报文服务。因为渔民出海后除海上电话外，没有其他的通信设备，海上电话又特别贵，一般的渔民用不起，所以和家里没法联系，差不多一旦出海就杳无音信，而北斗系统特别好地解决了这一通信问题。渔民在海上打鱼两三个月，靠北斗系统发送短报文，不但可以知道家里的情况、与家人聊天，可以提供打鱼信息，还可以在遇险时实现自救、互救。所以我们去福建等地调研时，渔民就讲北斗现在被渔民称为"海上保护神"，他们以前在渔船上是供妈祖，现在供一个北斗，供一个妈祖。这是我们看见的，北斗真正保佑渔民平安并为其带来效益。

在救灾、防灾、减灾方面，北斗的应用更多。

随着卫星导航技术的发展，前面提到的高精度应用也正在成为一种常态化。新疆已经广泛应用北斗高精度技术，高精度的应用中最高精度可以达到厘米级，即 1～2 厘米的精度。1～2 厘米的精度实现什么样的变化呢？比如新疆的施肥机械可以直接在棉花苗上一两厘米定点施肥，大大降低施肥成本和农药成本，并且可以实现 24 小时作业。以前必须请一个高水平的拖拉机司机，因为对技术要求非常高；但是有了北斗系统后，司机只需要在两头掌控一个方向即可。高精度应用还可以增收。比如种植棉花时，以前一个点会放两个棉花籽，但是现在因为高精度控制，一个点只需要放一个棉花籽，降低了种子成本；同时深耕作业也是高精度的，喷水、施肥、施药是一个标准的，所以棉花、稻子等类作物长得都差不多一个水平，大大降低了成本，提高了效率，所以效益是可观的。现在新疆、黑龙江在大面积农田广泛推广应用北斗系统。在驾考培训方面，北斗系统也得到了很好的应用。比如当年我们学开车时考试看裁判员，现在驾照考试基本上是自动监管，这靠的就是北斗高精度技术。还比如在"九三"大阅兵、国庆 70 周年阅兵中，当队列经过天安门的时候，无论天上的飞机，还是地上的队列，都是整齐划一的，这靠的也是北斗系统。由此，大家可以感受到北斗高精度应用的魅力。

现在北斗系统的应用也已经深入互联网之中，与互联网深度融合。比如共享单车的停车问题，通过应用高精度技术，可以让共享单车在规定区域停放，如果不在规定区域停放，那么车子是不能锁上的。所以我们要靠技术手段来提高管理水平。还有就是在野生动物保护方面，比如在藏羚羊身上装上北斗终端后，我们就可以知道它们的迁徙地方、生活习惯等。所以这套系统可以应用在方方面面，甚至可以应用到菜篮子工程，从产品、食品的种子，农药，化肥，一直到百姓的餐桌上，都可以依靠这套系统来实现监管。同时，这套系统也可以在老人、孩子、特殊人群中应用，尤其是应用于学生行为的监管中，甚至我们说的"电子手铐"靠的也是卫星导航。我们与上海司法局合作实行电子手铐也是应用的这套系统，它为监管带来了很大变化，因为这套系统

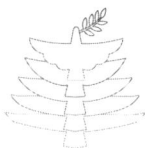

的应用可以大大降低监狱犯人监管的成本。现在一个犯人的看管成本大概是 10 万元，轻罪或不太严重罪行的犯人因为电子手铐的使用，就可以将其从监狱中放出来，节省了许多成本。高精度应用随着技术的发展会越来越普及，我们会使之进一步进入智能终端的运用，包括手机在内。同时高精度应用还有许多新兴应用，比如智慧网管、泥石流监测等，泥石流监测依靠原有的卫星导航技术是不能实现的，但是现在高精度技术就可以实现泥石流的形变监测、桥梁的形变监测，这套技术值得在全国范围内进行推广。我们基于这套高精度系统在浙江就提前预测到了一次泥石流，在青海预测到了两次山体滑坡。

在政策法规方面，大家是学法律的，肯定都很关心。一个系统再好，随着科学技术的发展，更需要政策法规引导。国家各个部门非常重视这套系统，出台了许多相关的法律法规和制度，特别值得一提的是国务院目前正在着手制定《中华人民共和国卫星导航条例》（以下简称《条例》），这是以国家立法的形式进一步强化系统的建设与应用，中央网信办也牵头制定北斗应用的政策文件，这是从生活的方方面面来推动北斗导航系统的应用。李寿平院长以及法学院牵头制定的《中华人民共和国航天法》也备受大家关注。《条例》已列入国务院立法工作计划。作为我国卫星导航领域的首部行政法规，它将确立北斗系统的法律地位，保障北斗系统安全运行，提升国家卫星导航活动的法治化管理水平，促进卫星导航产业健康发展，是国家卫星导航活动和工作的基本遵循。根据国家立法计划安排，目前《条例》已经完成第二轮意见征询，即将上报给上一级部门。

（四）北斗系统国际合作

第四个方面给大家介绍一下北斗系统的国际合作。北斗系统融入国家战略外交大局，在外交部、商务部等部门的大力支持下，正成为国家公共产品，成为国家领导人高访、高晤的常设议题。习主席与李总理针对推动北斗服务阿拉伯国家建设、北斗服务东盟国家、中俄卫星导航合作等提出了明确要求；习主席亲自倡议做强中阿北斗合作论坛机制，将"稳步推进北斗导航系统走出去"写入"一带一路"建设规划。我们也于 2016 年召开北斗系统新闻发布会，发布首版北斗白皮书。2018 年 11 月 7 日，在两国总理见证下，中俄两国签署《中华人民共和国政府和俄罗斯联邦政府关于和平使用北斗和格洛纳斯全球卫星导航系统的合作协定》，为中俄卫星导航后续合作提供了组织和法律保障。这一协定的签署必将最大限度实现两系统优势互补、融合发展，标志着北斗和格洛纳斯系统合作进入新阶段。

我们与美国也有一系列的合作。一方面，美国是世界上技术一流的国家，我们需要向他们学习；另一方面，美国也需要寻求在卫星导航方面的合作。为什么这么讲呢？就是现在卫星导航随着技术的发展与应用，在很多高安全、高可靠的领域，一个卫星导航系统不能满足其所有需求了。比如在民航领域，卫星导航在民航中的应用从技术上看没有问题，但是到目前为止，民航依然只是把卫星导航作为一种辅助手段，而不是主用手段，很重要的一个原因就是卫星导航的脆弱性。卫星导航很容易受到干扰，飞机在飞行中一旦被干扰，产生的后果是不可被接受的。随着技术的发展，像这种高安全领域最好是同时使用两到三个卫星导航系统，现在全世界能够被使用的就是我们上述提到的"四大家"，美国不会和俄罗斯合作，而伽利略至今还未建成，所以从合作的诉求来看，美国需要与我国合作。如果卫星导航真正成为民航的主用手段，会带来什么样的变化呢？比如说它可以实现飞机的精密进近；比如航空的卫星导航设备，可以从辅用变成主用，全世界任何一架飞机在出现问题时，在具备基本降落条件的机场都可降落，对机场的要求降低，对航空导航设备的要求降低。美国联邦航空局预测：如果卫星导航变成主用手段的话，民航每年的成本至少减少 2000 亿美元。所以，从合作诉求上看，我们既有合作又有竞争，美国对我们在系统建设层面是合作的，在应用层面与我们是竞争对手，这点我们有着非常深刻的感受。比如 2015 年我们去华盛顿与美国国务院谈合作的时候，谈到白热化阶段时，对于许多核心问题，美国通过各种手段、各种策略来与我们沟通交涉，谈了整整一天，可见他们当时对我们团

队有多么重视。美国国务院导航先进技术办公室的主任就跟我讲："咱们原则上达成一致，能不能先去吃饭？我今天中午定了我们国务院最好的一间餐厅，这个餐厅是我们希拉里国务卿专门宴请外宾的，今天特意来宴请你们，同时把我今年一年的招待费都用来请你们团队。"我跟他说饭可以不吃，但是事一定要讲。直到下午四五点钟，我们才最后结束。我们当时靠的就是北斗系统的真正实力。当时我们的团队中有外交部的同志、商务部的同志，还有使馆的同志，外交部的一个同志说："冉主任，我参加了这么多的中美谈判，今天这次谈判是我感觉腰杆最硬的一次。"这就是因为我们北斗系统的实力够强硬。当时我们北斗系统已经非常好用，完全可以和美国的技术相匹敌。也可以说，要想赢得他人的尊重是需要实力的。

同时，我们与欧洲也建立了相应的合作机制，包括频率的协调等，我们与俄罗斯、美国的合作都是在计划之内，恰恰是与欧盟的合作出现了一系列的变化。大家如果关注卫星导航的话就知道，我们在2000年的时候其实是和欧盟一起合作建设伽利略系统的。当时伽利略系统预计是30亿欧元，我国出了2亿欧元，算下来应该占比1/15。随着技术的推进，他们将伽利略系统管理委员会的权限上升到欧盟，按照欧盟的法律规定，只有欧盟的主权国家才有投票权和管理权，也就意味着将中国排除在外。在北斗二号系统建成之后，欧洲人开始着急了，因为当初最好的卫星导航频段已经被美国和俄罗斯分完了，欧盟和我国再建导航系统就会面临没有频段的问题。我们联合起来一起找国际电联做工作，最后国际电联拿出很小的一段频段释放给卫星导航，这段频段资源占所有导航资源的1/4，也就是占所有卫星导航频段资源的20%，剩下的80%由美国和俄罗斯各分得40%。这段频率是我们和欧盟联手拿下的，之后欧盟说这20%中最好的要给欧盟用，我们不同意，他们以为他们研究得比我们早，会在我们之前建成卫星导航先用了这段频率，但是他们没有想到我们埋头苦干会抢在频段失效的最后一天打出这颗卫星。我国在当年双方申请完频段之后，于2007年4月17日这个最后截止日期发射了北斗卫星，并且成功接收到这颗卫星发回的信号，不然，过了有效期就要重新排队。如果重新排队，排在我国前面的有 130 多个国家，那就意味着，如果错过那一天就很难建设北斗导航系统了。现在想想真的是一身冷汗，错过那一天，没有那个空间资源，没有那个频段资源，就永远不可能建成北斗系统了。回过头来看，如果我们没有自己的卫星导航，是一件多可怕的事情！如果金融、电力、通信，所有这些都要靠伽利略系统，这是很可怕的。而实际上，包括星载原子钟，那也是我们"抢"回来的。我们抢在 4 月要发射卫星，结果屋漏偏逢阴雨天，我们的卫星已经竖在火箭上面了，结果应答机出了问题。应答机出问题令我们很纠结，因为我们有两套应答机，用一备一，当日如果是为了抢占频段的时间，那就是先发射卫星，但是按照航天标准，不能带着问题上天，上天之前已经坏了一个，如果好的再坏了怎么办？最后我们决定把卫星从火箭上面拿下来，"开膛破肚"，重新换应答机。在 4 月 16 日晚上 8 点多，我们收到了这颗卫星从太空中发回来的信号，离 4 月 17 号凌晨不到 4 个小时。我们现在回过头来看，没有那 4 个小时，就没有现在的北斗全球系统，那么对我们中国未来的发展来说永远都有一道枷锁。我们发射这颗卫星之后，最着急的就是欧盟，因为我们走在了他们的前面。从那以后，欧盟一改以往的态度，主动寻求与我们合作。2010 年欧盟主席亲自给我们总理写信只谈一件事：北斗与伽利略系统的频段协调问题。2010 年的时候，我正好去意大利开一个导航国际会议，开幕式结束后，有四五个人过来找我，有欧盟主管伽利略的，还有意大利的外交部部长、航天局长等主管官员，跟我谈北斗和伽利略系统的频段协调问题。现在我们与欧洲的频率问题仍然没有解决，但是现在我们占据了主导地位，你先要承认我们现在的合法地位，再谈后面的问题。所以从这个例子中可以再次看出，实力是硬道理。

今天北斗多边合作取得了非常重要的进展，比如我们承办了两次联合国关于卫星导航的大会，得到了全世界的好评。同时我们利用各种渠道举办双边的、多边的国际会议，我们现在每年的会议都要超过3000 人。同时我们把北斗系统与国家"一带一路"倡议结合起来，也

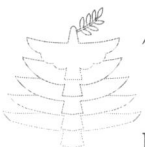

取得了很好的成效。"一带一路"也重点加强对北斗系统的国际推广，国产北斗产品已输出到全世界 120 余个国家和地区，包括 30 余个"一带一路"国家和地区，造福了国际社会。我们与俄罗斯也进行了跨境运输的合作，同时我们高精度的应用服务也走出国门。

（五）综合时空体系

接下来我简要讲讲未来的发展问题。大家也很关注，卫星导航走到今天，未来怎么发展？随着技术的进步和国家诉求的发展，对卫星导航的要求也越来越高。卫星导航因其天然的脆弱性，例如其信号很弱，又是无线电信号，特别容易受到干扰，所以从几年前开始，我们就在着手研究怎么构建一个空域、时域更广泛，并且更强大的导航系统，不仅是卫星导航。2035 年，我们要建成一个更加泛在、更加融合、更加智能的综合时空体系，我们称之为 PNT 体系。它是各种 PNT 技术、系统和服务的总称，覆盖、贯穿时空基准建立、维持、传递与应用的全过程，为人类活动空间提供统一、精确、可靠的时空信息服务。现在的综合 PNT 体系是卫星导航加上增强、补充、备份系统。增强就是增强卫星导航性能、完好性和安全性等；补充就是填补卫星导航水下、深空、室内等服务的空白；备份就是在卫星导航服务中断时提供一定的应急服务能力。比如天上要靠脉冲星系统，水下有水下导航系统，同时卫星导航正在与 5G 进一步融合。不久的将来，大众可以通过智能终端，在室内享受和室外一样的定位导航服务，而且这种服务是无缝衔接的，可以在建筑内、地下停车场、商场、矿井、隧道等享受精确定位导航服务，不再为找不到人、找不到物、找不到车而烦恼。届时，我们的生活将更加智能、便捷。

（六）结束语

最后我想做一个小小的总结，就是我们业界有一句名言："卫星导航的应用只受人类想象力的限制。"随着信息技术的发展，我们每个地方都需要位置和时间，这就更加凸显出时空信息的重要性。卫星导航是国家的重大信息基础设施，更是基础设施的基础。如果一个信息没有位置或时间，或者位置或时间是错乱的，那么这个信息就是垃圾。所以我们如何进一步发挥北斗卫星导航系统国之重器的作用，如何进一步发挥北斗卫星导航系统的经济社会效益，如何谋划发展北斗卫星导航产业未来之路，都是我们需要思考的。它对国家经济社会发展的重要性是不容置疑的，尤其是在信息领域；它在国家国防安全方面的作用也不容置疑，大家如果关注美国打击叙利亚的消息就会发现，美国首先采取的第一条措施就是将 GPS 军用信号增强，再把其他国家的卫星导航信号予以干扰。所以，没有卫星导航的国家是不安全的，没有卫星导航的国家基础设施是不靠谱的，没有卫星导航的国家是很难在当今世界经济社会发展中占有一席之地的。

所以我希望通过今天的交流，大家能更多地关心、关注、支持我们的北斗卫星导航系统，最后感谢学校、李院长提供的交流机会，谢谢大家！

（本文系 2019 年 6 月 21 日北京理工大学"百家大讲堂"文字转录节选）

主讲人简介

冉承其，现任中国卫星导航系统管理办公室主任，北斗系统新闻发言人。

新时代中国特色大国外交

黄惠康

各位老师、各位同学：

很高兴来到久负盛名的北京理工大学。你们的工科有很强的优势，法学领域也取得了不小的成就，特别是在航天法、科技与法律的结合以及人工智能法律研究等方面，在国内都居于比较领先的地位，这是李寿平院长和法学院全体师生共同努力的结果。我首先要感谢北理工师生长期以来对国家外交事业的关心和支持，同时热烈欢迎有志于中国外交事业的青年才俊加盟中国的外交队伍。中国的外交事业前途无量，推动构建人类命运共同体是中国作为一个正在崛起中的大国的使命和担当。中国的外交事业需要各类人才，不仅仅需要外语人才，也需要学法律、懂科技的青年才俊。

党的十八以来，中国共产党以巨大的政治勇气和强烈的责任担当，推动党和国家事业的历史性变革。党的十九大指出：经过长期努力，中国特色社会主义进入了新时代。与此相对应，中国特色大国外交也进入了推动构建人类命运共同体的新时代。今天我想就中国特色大国外交与大家进行一次交流。

在座的除了法学院的同学，可能还有学校其他专业的同学，我准备讲两个方面的内容。第一个部分：外交掠影，介绍一些外交事、外交人、外交魂，做一个宏观的概要介绍。第二部分：重点探讨中国特

109

色大国外交，它的精髓、格局、亮点。不当之处，请批评指正。

上篇　外交掠影——外交事、外交人、外交魂

一、外交事——与老百姓休戚相关

首先说说外交事。我曾经在中国新闻网跟全国的网友对话，解读新形势下的外交工作，其中有一点就是谈外交和国际法的关系。可以说，在当代，国家之间的关系越来越密切，国际法无所不在，无时不在。就在昨天（讲座日期为 2019 年 4 月 12 日），发生了两件令世界瞩目的事件。一件是苏丹发生了军事政变，这不仅仅涉及国家关系，也涉及外交。比如说，军事政变以后第一个出现的问题就是"承认的问题"，涉及不干涉内政的问题、还涉及国家总统在任时和卸任后的国际法地位问题。苏丹巴希尔总统曾经被国际刑事法院（ICC）通缉，ICC 指控他犯了危害人类罪。那么在他下台之后是不是会被 ICC 追诉？这是苏丹的局势，我们需要密切关注。另一件是维基揭秘创始人阿桑奇被英国执法当局逮捕。他已在厄瓜多尔驻英国大使馆里政治避难多年，突然间昨天被抓。这个事件引申出很多法律问题，比如说网络安全问题，维基揭秘算不算网络安全犯罪；外交庇护问题，外国使馆是否有权庇护外国公民；双重国籍的问题，厄瓜多尔已经给了阿桑奇厄瓜多尔的国籍，但他同时又具有美国国籍；引渡的问题，英国是应美国的要求逮捕阿桑奇的，然后把他引渡给美国。所以一个事件，充满着政治和法律的多重因素。

对于我们中国老百姓来说，外交也越来越多地进入了普通老百姓的工作和生活。2015 年 1 月 28 日大年初一，在马来西亚沙巴州发生的一起涉及 28 名中国游客的海上沉船事件，那时我正好在马来西亚做大使。这 28 名中国乘客在十分艰难的情况下，在海水中与死神搏斗了 32 小时，最终有 20 名中国乘客获救。事后，中央电视台记者采访他们，他们深情地说是对祖国的信念，让他们坚持了下来！"我爸爸要知道跟

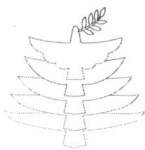

我们失联了，那么外交部就会知道，外交部知道了，我们的祖国就会派人来营救我们，所以我们一定会得救"，来自江苏的赵女士如是说。那种对祖国的爱、对祖国的信任，让他们支撑下来，坚持到获救，极其不容易。

前段时间有一部电影非常火，它反映的就是在危难时刻，祖国始终在你身边。可以说，这就是外交跟百姓之间关系的一个缩影。

现在的外交工作，包括国际法工作，发展得很快，可以说大到维持世界和平，小到稀有物种的保护，上至外层空间，下达深海洋底，无所不在，无时不在。

1. 外交格局——"五位一体"全方位多层次

新时代中国外交的基本格局是全方位、多层次、立体式的，概而言之，就是"五位一体"。

第一，大国是关键。目标是要构建不冲突、不对抗、相互尊重、合作共赢的新型大国关系。为什么中国外交要把大国关系放在关键的格局位置？因为中国的崛起有赖于一个稳定的国际关系，能够阻碍中国快速发展的最大障碍和风险来自大国，所以必须处理好大国关系。而大国关系中，中美关系是重中之重，其他的还包括中俄关系和中欧关系，还包括与新兴的发展中大国的关系，这是中国外交的关键之笔。

历史上，世界和平很大程度上取决于大国之间能否构建和维持和平，而大国之间尤其是新兴大国与守成大国之间由竞争走向对抗甚至冲突，似乎成为一种难以摆脱的历史宿命。作为当今最主要的新兴发展中大国，中国不相信宿命，我们有决心也有信心，通过与其他大国的共同努力来避免和打破这一所谓定律。

第二，周边是首要。我国幅员辽阔，周边邻国众多，且强邻环伺。邻国多，意味着现实的和潜在的安全隐患就多；强邻多，则意味着现实的和潜在的挑战就大。中东波斯湾、中亚、南亚次大陆、台湾海峡和朝鲜半岛这世界五大热点地区都在中国周边。因此，我国周边安全环境十分复杂。

大国崛起始于周边。周边是我国安身立命之所、发展繁荣之基、必争必保必稳之地，也是中国特色大国外交启航之地，还是我国重要的外贸市场、投资目的地、能源资源主要来源地。周边不靖，国无宁日；周边治，共享太平；周边乱则难独善其身。周边是首要，就是要进一步突出周边在我国发展大局和外交全局中的重要地位，与时俱进完善周边外交战略布局，更加积极主动地稳定、经略和塑造周边，就是要坚持与邻为伴、与邻为善，构建一个稳定的周边睦邻友好关系。

　　第三，发展中国家是基础。长期以来，中国都高度重视与发展中国家的关系，支持发展中国家的发展，并在国际舞台上为发展中国家仗义执言。非洲、拉丁美洲和中东地区是中国与发展中国家外交的主要地区，其中非洲作为发展中国家最为集中的大陆，可以称为中国外交"基础中的基础"。当年毛泽东主席说是非洲兄弟把中国抬入联合国。党的十八大以来，中国对发展中国家外交不断推进，并提出了一系列对发展中国家的新理念、新举措。在外交理念方面，习近平总书记提出"正确义利观""真实亲诚"等理念。在政策实践方面，中国与广大发展中国家一道，积极探索南南合作新框架，推动新兴市场国家和发展中国家在国际事务中发挥更大作用。"一带一路"已经成为中国与发展中国家开展合作共赢的重要平台。今后，不管中国发展到什么程度，中国将永远是发展中国家可靠的朋友和真诚的伙伴。

　　第四，多边是重要舞台。多边外交在任何大国的外交中都居于重要位置，对于中国这样一个正在大踏步走近世界舞台中央的新兴大国来说，意义更加重要。多边外交的主要舞台包括以联合国为核心的联合国多边体系以及 APEC、G20 峰会、亚欧会议、上合组织、东亚峰会、亚信、金砖国家等联合国体系之外的全球或区域合作机制。据不完全统计，现有政府间国际组织总数超过 3500 个。习近平总书记强调："要切实推进多边外交，推动国际体制和全球治理改革，增加我国和广大发展中国家的代表权和话语权。"当前国际层面，一场围绕新秩序的大国博弈正在向纵深发展，它的核心是规则的制定和实施。新时代中国特色大国外交，将继续做当代国际秩序和公认国际关系准则的

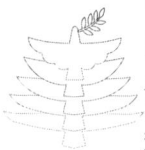

维护者，同时更积极有为地参与国际体系的变革与完善。

第五，以人为本是宗旨。以人为本，外交为民，是新时代中国外交的核心理念和根本宗旨，也是中国外交总体布局的新的重要一环。民为邦本，本固邦宁。人心是最大的政治。国家的利益与人民的利益密不可分。中国外交只有植根人民，造福人民，才能得到人民的信任与支持，才能有人气、有底气，立于不败之地，获得前进动力。"在你身后，有个强大的祖国！"影片《战狼2》中的这句台词，就是新时代中国特色大国外交的真实意境。中国外交坚持外交为民宗旨，认真践行以人民为中心的发展思想，积极打造海外民生工程。中国领事保护彰显外交为民。每一个海外中国公民都是中国海外利益的承载者和拓展者，他们的安全与合法权益，已经成为当代中国海外利益的重要内容和具体体现。如今，"12308外交部全球领事保护与服务应急呼叫热线"（简称"12308热线"）已成为外交部为民服务的知名品牌。

以上五个核心要素，构成了新时代中国特色大国外交"五位一体"的基本格局。

2. 外交新领域——迎接全球治理新挑战

传统的外交主要限于政治领域，条约、外交关系、领事关系、国家责任，等等。当前外交和国际法的关系正在向更广的范围拓展，出现了一些崭新的外交领域，需要我们给予足够的关注。其中包括：

（1）应对气候变化和国际环境治理的"绿色外交"，核心是发展问题。"万物各得其和以生，各得其养以成。"中华文明历来强调天人合一，尊重自然，人与自然和谐共生。走向生态文明新时代，建设美丽中国，是实现中华民族伟大复兴的中国梦的重要内容。

气候变化是人类在21世纪面临的最紧迫挑战之一，是当前国际环境治理领域的热点和焦点问题。气候变化谈判，是南北矛盾和发展问题的斗争焦点、大国外交博弈的新战场，全球聚焦，全民关注。2009年以来，应对气候变化的"绿色外交"跌宕起伏，从纽约到哥本哈根，从坎昆到巴黎，气候变化谈判步步深入，终结硕果。中国政府始终以积极、建设性姿态参与其中，携手构建合作共赢、公平合理的气候变化国际治理机制。中国在促成巴黎协定、促成整个气候变化谈判的进展方面已经开始发挥领头羊的角色。

（2）海空新疆域抢先机的"蓝色外交"。海洋是生命的摇篮、资源的宝库、五洲的通道、国家安全的屏障，也是国际政治、军事和外交博弈的舞台。当下，围绕着海洋通道、海底资源的开发、外大陆架划界，在全球范围内正在展开一场新的"蓝色圈地"，目标直指国际的海洋公共空间。海洋有多大？整个地球的表面71%是海洋，在这71%中间又一多半是公共海洋。当科技的发展使得人类对深海、远洋、极地、海底具有开发能力之后，大国博弈的触角就开始深入深海远洋极地。我们理工大学在深海远洋极地研究方面有其优势，加强相关法律研究很有价值。

在外空领域，各航天大国正加紧抢抓外空的战略主导权和制高点。外层空间军事化的趋势在加剧，外空技术的商业化发展前景无限，未来随着人类对外空的探索，商业化应用将会越来越多地获得长久的发展。就我国而言，北斗系统的全球化将是一个大趋势。在未来以外空技术为核心的人工智能和高科技新领域，也将会越来越多地出现新的法律问题。坦率地说，目前科技的发展远远快于法律的发展，法律相对来说是滞后的。新的科技革命未来一定会带动社会的变革，包括智能武器的发明、遗传基因的应用等，在这方面迫切需要加强相关法律规范的制定和实施，这是一个崭新的领域，你们是可以抢占先机的。

（3）境外追逃追赃反腐败的"红色外交"。红色很形象，红色外交就是要守护我们的国本——红色江山。腐败犯罪，损害社会公平正义，影响经济健康发展，危及国家长治久安，是困扰人类社会发展的一颗毒瘤。与腐败作斗争，是世界各国面临的严峻挑战，也是国际司法执法合作的重要内容。在这方面，我们面临的挑战还是非常严峻的。改革开放以来，相当多的犯罪嫌疑人和腐败分子携款外逃，数目惊人。

114 我们要编织国际合作法律网络，杜绝贪官外逃的出路，同时要把国外

在逃的犯罪嫌疑人缉拿归案，虽远必诛，虽久必追。以境外追逃追赃反腐败国际合作为核心内容的"红色外交"是中国特色社会主义大国外交的重要组成部分。只要腐败存在，就有可能有外逃的，所以说反腐败没有休止符。对于我国外交来说，"红色外交"也一定永远在路上。

（4）网络空间国际治理的"数字外交"（Digital Diplomacy）。互联网是20世纪人类最具影响力的重大科技发明之一，是当代先进生产力的重要标志和发展方向，也是世界信息化智能化潮流的重要载体。由互联网产生的巨大网络空间（Cyberspace）被确定为陆地、海洋、空气空间、外层空间之外的第五大"人类活动空间"。自问世以来，互联网技术及其应用在短短的数十年间，已在相当程度上改变了世界，改变了人类的工作方式、生活方式，乃至思维方式，成为一种先进生产工具（如互联网＋）、社交工具（如微信群）、交换工具（如移动支付）、交通工具（如信息高速公路）。在特定情形下，它还是新型作战手段（如网络战）、新型犯罪作案工具（如网络金融诈骗），以及大国博弈的新战场。当前网络空间的战略地位不断地提高，在国际议程中的位置加速前移，全球范围内的制网权之争已经悄然地拉开了帷幕。围绕网络空间，法律问题非常多，现在可以说网络空间基本上是一个"三无之地"——无秩序、无规则、无管理。加强网络管理，建立网络安全秩序迫在眉睫。由于网络空间是一个虚拟的空间，加上高科技的发展，现在网上的犯罪非常猖獗，尤其是网上的金融犯罪，在这方面我们需要加大打击和规范的力度。

以上这些是外交的崭新领域，是科技与法律相结合的重地，今天特别向理工大学的同学们介绍。你们如果有兴趣，可以很好地把科技与法律结合起来，去开拓一些法律跟国际治理的新疆域。因为在我们看来，人类尤其是大国之间的竞争已经从传统的陆地疆域向包括深海、远洋、极地、太空这样一些新的领域拓展，法律人在这些领域是可以有所作为的。

3. 新中国外交——经典案例二三例

接下来，给大家介绍几个新中国外交的经典案例。

（1）中国人民志愿军名称的由来。1950 年 6 月 25 日，在东西方开启"冷战"的大背景下，朝鲜南北方间的内战爆发。9 月 15 日，由美国将军统领的"联合国军"（美国、英国、法国、加拿大、澳大利亚等 16 国组成）在仁川登陆，并不顾中国的多次严正警告，将战火延烧至鸭绿江边，严重危及中国的领土安全。朝鲜内战升级为大规模局部战争。在我国必须参战的情况下，如果我国直接作为交战方与名义上的"联合国军"作战，会带来国际法上的不利后果。如果我国派遣国家军队参战，将意味着我国与联合国以及参加"联合国军"的 16 个国家进入战争状态，这对刚刚成立的中华人民共和国是极为不利的。为避免在国际法上处于交战国的不利地位，时任外交部法律顾问、著名国际法学家周鲠生先生向中央建议，我国解放军以"中国人民志愿军"的名义赴朝，与朝鲜人民军并肩作战，从而在法律上和政治上妥善解决了上述敏感问题。1953 年 7 月 27 日，朝鲜人民军最高司令官及中国人民志愿军司令员一方与"联合国军"总司令一方在朝鲜板门店签署《关于朝鲜军事停战的协定》，历时 3 年多的朝鲜战争结束。经朝中两国政府协商同意，中国人民志愿军于 1958 年年底全部撤离朝鲜。

（2）湖广铁路债券案。1979 年 1 月 1 日，中美建交。同年 11 月，湖广铁路债券美国持有人杰克逊等 9 人在美国联邦地方法院对中华人民共和国提起诉讼，要求赔偿债券本利 1 亿美元外加逾期利息和诉讼费。中国政府拒绝接受所谓的"传票"，于是该法院于 1982 年 9 月 1 日作出"缺席判决"，"命令、判处、指令"中华人民共和国赔偿原告等损失 41313038 美元，外加利息和诉讼费。这是首起针对中华人民共和国的旧债券大案，影响重大。

在本案审理过程中，中国政府高举"恶债不予偿还"的旗帜，坚持国际法上的主权豁免原则，与美方展开艰巨的政治和法律斗争。中

国政府多次照会美国政府，提出外交交涉，申明中国根据国际法，享有主权豁免，不受外国法院司法管辖；中国政府对历届反动政府的旧债概不承认，也不承担偿还的义务。1983 年 8 月，中国政府委托美国律师到美国原审法院对法院管辖权提出抗辩。1984 年，该法院重新裁决，撤销该案。原告上诉至美国联邦上诉法院，上诉法院于 1986 年 7 月 25 日裁定维持地方法院 1984 年的判决，原告无权迫使中国政府偿还湖广铁路债券。1987 年 3 月，美国最高法院作出裁定，驳回了美国债券持有人的复审请求，三审定案，最终撤销了不利于中国的判决。

湖广铁路债券案是新中国运用国际法捍卫国家利益的重要案例，意义深远。尽管一直到今天，还有一些旧债券持有人在不同国家对我国提出诉讼，要求偿还旧债，但到目前为止没有一例是起诉方胜诉的，这其中湖广铁路债券案起到了良好的司法判例作用。

（3）我国驻南联盟使馆被炸索赔案。1999 年 5 月 8 日凌晨，以美国为首的北约轰炸了中国驻南联盟使馆，造成中方人员重大伤亡和馆舍严重毁坏。中国政府当即发表严正声明，对这一野蛮行径表示了极大愤慨，予以强烈谴责，并提出了最强烈抗议，要求以美国为首的北约对此承担全部责任，公开向中国政府、人民和中国受害者家属表示道歉，对事件进行全面、彻底的调查，公布调查的详细结果，并严惩肇事者。在我国政府的严正交涉下，美国及其他一些北约国家领导人就轰炸事件向中国政府、人民和受害者家属作出了公开道歉。同年 7 月 15 日起，中美双方开始就解决美国轰炸中国驻南使馆的人员伤亡和财产损失的赔偿问题进行谈判。12 月 15 日，双方就美方赔偿我方财产损失金额最终达成了协议。根据协议，美国政府应向中国政府支付 2800 万美元，作为对中方财产损失的赔偿。此前，双方曾于 7 月 30 日就中方人员伤亡的赔偿问题达成协议。美方支付的 450 万美元已由中国政府分付给三位烈士的家属及受伤人员。

"炸馆赔偿案"取得了中国外交史乃至世界外交史上两项历史性的突破。第一，中国自鸦片战争以来首次实现对外国的求偿，自中国近代以来这是史无前例的；第二，改写了美国自第二次世界大战以来从未因为军事行动向他国赔偿的历史。美方不但公开道歉，而且做了实质性赔偿。围绕赔偿案的谈判，充满了智慧和法理斗争，堪称应用国际法维护国家利益的杰作。

（4）赖昌星被遣返回国案。1996 年至 1998 年间，厦门远华集团董事长赖昌星伙同他人在厦门关区大规模走私、行贿，涉案金额高达 500 多亿人民币，偷逃税款超过 300 亿人民币，严重破坏了我国正常的经济秩序，给国家造成巨大经济损失。赖昌星于 1999 年 8 月潜逃至加拿大。因为中加间尚无引渡条约，我方遂向加方提出将赖昌星遣返回中国的正式请求。赖昌星先是提出"难民"申请，因在中国涉嫌严重犯罪，其申请经过冗长的司法程序于 2005 年 9 月被加拿大最高法院终审裁定驳回，对赖昌星的遣返程序随即启动。在我国政府的不懈努力下，经过 2006 年、2011 年两次遣返前风险评估，加方最终于 2011 年 7 月 23 日将赖昌星遣返回中国。我作为当时外交部条约法律司的司长，作为中加之间逃犯移交的见证人，在机场直接指挥和见证了这次主权的交接。这是建国以来最受关注、最为曲折、历时最长的跨国追逃大案。2012 年 5 月 18 日，厦门中级人民法院判处赖昌星犯走私罪、行贿罪，两罪并罚，判处无期徒刑，剥夺政治权利并没收个人全部财产。

（5）冲之鸟礁案。冲之鸟礁属于日本，是孤悬于西太平洋上的一块岩礁，高潮时仅有两块总面积不足 10 平方米的岩石露出水面。根据联合国海洋法公约，冲之鸟礁显然"不能维持人类居住或其本身的经济生活"，不应拥有专属经济区和大陆架。因此，该岩礁 12 海里①领海以外的区域应属于公海和国际海底。然而，日本为扩大自身管辖范围，从 20 世纪 80 年代起投入巨资对冲之鸟礁进行加固和改造，并将该礁划归东京都小笠原村，注册户籍，设置邮编和电话区号，还补贴日本渔民到此打鱼，以显示冲之鸟礁可"维持人类居住或其自身经济生活"。日本不仅以冲之鸟礁为基点主张 200 海里专属经济区和大陆架，

---

　① 1 海里 = 1852 米。

而且在其于 2008 年 11 月向大陆架划界委员会提交的外大陆架划界案中，部分区块依据冲之鸟礁主张 47 万平方千米的专属经济区和约 25.5 万平方千米的 200 海里以外大陆架。对此，多个国家提出异议。中国与韩国分别向大陆架划界委员会提交了反对照会，强调冲之鸟礁不应拥有专属经济区和大陆架，否则将侵占属于"人类共同继承财产"的国家海底区域，损害国际社会的整体利益。围绕冲之鸟礁案，中韩等国与日本展开了为期 4 年的外交和法律斗争。2012 年 4 月 19 日，大陆架划界委员会第 29 届会议作出决定，在冲之鸟礁地位问题解决前，推迟对日方外大陆架案中以冲之鸟礁为基点主张九州—帕劳海岭南部区块的审议，从实质上否定了日本主张冲之鸟礁为"岛"，并以冲之鸟礁为基点扩大日本海底资源开发和专属经济区的计划。日方图谋未能得逞。

像上面这些重大的外交斗争，过去我们都没有过多地加以宣传，但是这实实在在是中国外交的重要成果，也是中国外交为国家所做的贡献。外交中的经典案例很多，今天因为时间的关系，只找了几个特别经典的案例跟大家分享。

二、外交人——国家利益的忠诚卫士

下面再给大家介绍一下外交人。以下这 6 位是外交条法战线的先贤，每一位都为国家做出了极大的贡献。

周鲠生（1889—1971），湖南长沙人，我国国际法学界泰斗和一代宗师。爱丁堡大学政治学博士、巴黎大学国际法学博士。武汉大学创建人之一、教授、校长。1950 年起任外交部顾问，凡逾 20 年，就中国人民志愿军称号、1958 年领海声明、和平共处五项原则的表述等重大问题建言献策，贡献卓著。1956 年加入中国共产党。第一届至第三届全国人大代表、第三届全国人大法律委员会副主任委员。著作等身，其中《国际法大纲》是第一部由中国人编写的国际法专著，《国际法》则是我国国际法学界权威巨著。

梅汝璈（1904—1973），字亚轩，江西南昌人，无党派民主人士，著名国际法学家。芝加哥大学法学博士，先后在山西大学、南开大学、武汉大学、复旦大学等院校任教。曾任行政院院长宋子文、外交部部长王世杰助手。1946 年至 1948 年，代表中国出任远东国际军事法庭法官，为审判和惩处日本战争罪犯做出重大贡献。中华人民共和国成立后，长期担任外交部顾问。第一届全国人大代表、法案委员会委员，第三届、第四届全国政协委员。主要著作有《远东国际军事法庭》等。

倪征燠（1906—2003），江苏苏州人，著名国际法学家，中华人民共和国首位联合国国际法委员会委员和国际法院法官。东吴大学法学学士，斯坦福大学法学博士。远东国际军事法庭审判日本战争罪犯期间，临危受命，出任法庭中国检察处首席顾问，为严惩侵华主要战犯做出重大贡献。1956 年起历任外交部条约委员会专门委员、条约法律司法律顾问、外交部法律顾问等职。1982 年加入中国共产党。主要著作有《关于国家管辖豁免的理论和实践》等。

李浩培（1906—1997），上海人，著名国际法学家。毕业于东吴大学，赴英留学归国后，历任武汉大学教授兼法律系主任、浙江大学教授兼法学院院长。中华人民共和国成立后，担任国务院法制局外事法规委员会专门委员、外交学院教授、外交部法律顾问、前南斯拉夫问题国际刑事法庭法官、卢旺达问题国际刑事法庭法官、国际常设仲裁法院仲裁员等职。1963 年起在外交部条约法律司工作。1984 年加入中国共产党。主要著作有《条约法概论》等。

邵天任（1914—2012），辽宁凤城人，中华人民共和国外交条法事业奠基人之一。毕业于长春法政大学。1941 年参加革命，1946 年加入中国共产党。1950 年起从事外交工作，历任外交部条约委员会专门委员、条法司副司长、司长、外交部法律顾问、香港和澳门特区基本法起草委员会委员、香港和澳门特区筹备委员会委员，并任北京大学、外交学院兼职教授。长期参加中英关于香港问题和中葡关于澳门问题的谈判，贡献卓著，被学界尊称为《基本法》"四大护法"之一。

贺其治（1920—2005），江西永新人，著名国际法学家，中国空间

法学的奠基人，国际宇航科学院院士，利物浦大学哲学博士。曾任国民政府驻英国利物浦副领事。中华人民共和国成立后，历任中国国际问题研究所研究员、社会科学院研究生部教授、外交部法律顾问等职，并任联合国国际法委员会委员，国际空间法学会理事，国际宇航科学院执行董事。第六届全国政协委员。1985 年加入中国共产党。获国际空间法学会杰出贡献奖、国际宇航科学院社会科学卓越成就奖、国际宇航联促进空间事业特殊贡献奖。主要著作有《外层空间法》等。

除这些条法先贤之外，在中国驻世界各地的使领馆中也有一大批外交战线的同志们在努力地工作，简要介绍两位代表性人物。第一位是中国驻埃及大使宋爱国，一名外交老兵，在岗位上几十年如一日，任劳任怨。任驻埃及大使期间，兢兢业业，为推动中埃关系向前发展做出了贡献。同时他还率领全体使馆同志，圆满完成多起重大领保事件的处理任务，充分展现出中国外交"以人为本、外交为民"的理念。第二位是驻日本新潟副总领事宫晓冬，这是一位巾帼英雄，全国"三八红旗手"。2011 年"3·11"东日本特大地震海啸灾害发生后，她冒着余震和核辐射的危险，以高度的政治责任感和使命感，临危不乱，身先士卒，在一周内协助安排灾区 5300 多名中国侨民临时撤出回国避难。此外，我国驻坦桑尼亚使馆的馆员，他们心系祖国，不辞辛苦，默默耕耘，用实际行动践行外交人员的核心价值观，在建设中坦全面合作伙伴关系方面取得佳绩；我国驻叙利亚、阿富汗等战乱国家的外交官们，冒着炮火，坚守阵地，为外交事业努力奋斗。"苟利国家生死以，岂因祸福避趋之"，这些才是真正的中国外交群英。他们有很多的心酸，有很多的付出，但是所有这些人都无怨无悔，就是因为祖国利益高于一切。

三、外交魂——忠诚、使命、奉献

说到外交人就一定要提外交魂。所有外交人员必须具有信仰，具有忠诚、使命、奉献的核心价值观。作为共产党员，必须具有为共产主义奋斗终生的坚定信仰和以天下为己任的崇高境界。所以我们特别强调中国外交具有红色基因。每一个外交人员都必须忠诚有志，始终把党、国家、人民和外交事业放在心中的最高位置，都需要以孝子之心来对待党和国家的外交事业，都需要有先忧后乐的奉献精神，专心致志、心无旁骛地建功立业。我想，这种红色基因和坚定信念与具有光荣传统的北理工有很多相似或一致之处。希望同学们继承先贤的优良传统，用自己的智慧和专业，为国家、为国家的外交事业做贡献。让我们以此共勉。

下篇　外交新时代——推动构建人类命运共同体

党的十九大报告提出，中国特色社会主义进入了新时代，相应的，中国的外交也进入了构建人类命运共同体的新时代。

一、新时代中国特色大国外交的历史方位

理解新时代中国特色大国外交的概念，有三个切入点。

（一）世界正经历百年未有之大变局

2019 年是五四运动 100 周年、第一次世界大战结束暨巴黎和会 100 周年。今天，世界正在经历新一轮大发展大变革大调整，处于百年未有之大变局。这个概念非常重要，如何理解？有人提出异议：为什么是 100 年？相反的观点是，为什么只是 100 年而不是 400 年呢？大概是从明代以来 400 年都没有出现过这么大的变局。个人认为，百年未有之大变局的判断是经过深思熟虑，具有坚实的理论和现实基础的，主要体现在以下几个方面：

1. 世界经济重心之变——从北大西洋转向太平洋

大变局的基础是经济重心的转移。第一次世界大战后，世界经济重心从大西洋东岸（西欧）向西岸（美国）迁移。百年后，世界经济重心正从大西洋向太平洋迁移，其覆盖范围之广、涉及人口之多，远超上次。从全球范围看，传统发达国家与新兴经济体及广大发展中国

家之间的差距也在不断缩小。权威机构预测，包括新兴经济体在内的发展中国家的 GDP 总量将于 2035 年前后超过西方七国发达经济体。这将是历史性的巨变。

2. 世界政治格局之变——"东升西降"

大变局的本质，是国际力量对比变化，由此引发国际格局大洗牌、国际秩序大调整。世界多极化深入发展使国际力量对比逐渐趋于平衡。以美国为首的西方发达国家的世界主导地位持续走弱，"多强"之间国际地位变化的均衡化趋势日渐突出。数百年来西方国家（地中海文明）主导国际政治的情况开始发生根本性改变，国际权力在少数几个西方国家之间"倒手"的局面正在走向终结，国际体系和国际秩序面临深度调整。"东升西降"对人类发展进步影响的深度、广度、力度前所未有，将深刻改变世界政治经济版图。

3. 科技与产业之变——抢占未来发展制高点

大变局的动力，是生产力。历史上每一次科技和产业革命都深刻改变了世界的发展面貌和基本格局。当前，新一轮科技革命和产业变革方兴未艾，人工智能、区块链、量子科技等蓬勃发展，正在重构全球创新版图、重塑全球经济结构，科技竞争愈演愈烈。为保持高科技龙头优势和垄断地位，遏制新兴发展中国家的技术赶超，以美国为首的西方国家正采用极端手段打压中国的高新技术企业，手段无所不用其极。而且互联网、社交媒体进一步成为推动国际变局的加速器。

4. 全球治理之变——构建更加公正合理的新秩序

大变局的关键，是国际关系的制度性变革和调整。当今世界正处在大发展大变革大调整时期。一方面，世界多极化、经济全球化、社会信息化、文化多样化深入发展，和平发展潮流不可逆转，合作共赢更是大势所趋，全球治理体系和国际秩序变革加速推进，人类有史以来首次出现以和平方式实现新旧秩序转变和治理模式改善的前景。另一方面，世界面临的不稳定性不确定性显著增加，全球治理"赤字"加剧，发展鸿沟扩大，贫富分化日益严重，"逆全球化思潮"暗流涌动，"黑天鹅"与"灰犀牛"同行，传统安全与非传统安全交织，乱象纷呈，地区热点问题此起彼伏，恐怖主义、网络安全、重大传染性疾病、气候变化等非传统安全威胁持续蔓延，人类面临诸多共同挑战。大国关系的合作面明显下降，竞争面明显上升，而且竞争日益聚焦于重塑国际规制。国际体系的变革愈显深刻。

（二）当代中国的历史方位

"当前中国处于近代以来最好的发展时期，世界处于百年未有之大变局，两者同步交织、相互激荡。"在一个前所未有的时代，如何在历史的关键点上抓住千载难逢的发展机遇，再现中华民族的历史辉煌，需要对当前中国所处的历史方位有清醒理性的认识、清晰准确的定位、审慎乐观的态度。习近平总书记立足于"社会主义初级阶段"的总依据，针对当前中国发展的历史方位，明确提出了"三个前所未有"科学论断，即前所未有地靠近世界舞台中心，前所未有地接近实现中华民族伟大复兴的目标，前所未有地具有实现这个目标的能力和信心。这三个"前所未有"，科学地界定了中国的历史方位。中国特色社会主义进入新时代，意味着近代以来久经磨难的中华民族迎来了从站起来、富起来到强起来的伟大飞跃，意味着科学社会主义，在 21 世纪的中国焕发出强大的生机活力，意味着中国特色社会主义道路、理论、文化制度不断发展。

（三）中国外交的新格局和新风格

十八大以来的中国特色大国外交，波澜壮阔，风生水起，令人耳目一新。外交格局出现一些重大转变。

首先，国家利益分布从集中在本土向本土和海外并重的方向转变，对外经贸合作从以贸易和引进外资为主向贸易和对外投资并重的方向转变。改革开放以来，我国同外部世界的利益融合不断加深，海外利益全方位、多层次、高速度拓展。共建"一带一路"极大拓展我国国际交往与合作空间。中国海外利益进入了以"一带一路"为重点，在全球开花结果的新时代。与此同时，我国经济对外依存度居高不下。

从国家利益角度看，正在形成一个"海外中国"，与整体国家利益不可分割。境外国家利益保护正成为中国外交的重要课题。

其次，综合国力建设从侧重硬实力向软硬实力并重的方向转变。作为一个有五千多年璀璨文明的大国，中国正努力提升与经济实力相匹配的外交软实力。习近平总书记多次强调，要提升软实力，要建立中国的"道路自信、理论自信、制度自信、文化自信"。中国特色大国外交高举和平、发展、合作、共赢的旗帜，坚持正确义利观，积极推动构建新型大国关系、构建人类命运共同体，牢牢占据道义制高点，全方位参与全球治理变革，贡献中国智慧和中国方案，抢抓国际话语权，进一步提高国际影响力、感召力、塑造力。

再次，国家权益空间从以陆权为主向陆权和海权、空权、网权等战略新疆域并重的方向发展。我国在这些新疆域有着现实和潜在的重大国家利益，也面临着安全威胁和挑战。顺应国际形势的新发展和国家利益的需要，中国外交着眼于国家的长远发展，建设海洋强国、空间强国、网络强国成为国家发展战略，"嫦娥奔月""雪龙探极""蛟龙探海""北斗导航""神威超算""量子通信""天眼远镜"等大国重器先后亮相。海空力量建设突飞猛进，南海岛礁建设和海外基地建设出现重大突破。

最后，外交工作的内涵和外延从更多局限在传统领域向传统领域和新兴领域并重的方向发展，对现行国际体系和秩序从以熟悉适应为主向参与适应和引导塑造并重的方向发展。中国外交充分发挥负责任大国的作用，致力于维护全球自由贸易体系和开放型世界经济，积极参与全球治理体系改革和建设，努力推进构建新型国家关系，构建人类命运共同体，建设持久和平、普遍安全、共同繁荣、开放包容、清洁美丽的世界。

与中国特色大国外交新格局相适应的是其崭新的风格，突出表现为以下四个方面。

（1）战略思维。"不谋全局者，不足谋一域。"所谓战略思维，就是高瞻远瞩，统揽全局，善于把握事物发展总体趋势和方向。十八大以来，中国外交波澜壮阔的宏伟实践中充满战略智慧，展现出强烈的时代特征和深邃的战略视野，以及从容应对国际风云激荡的战略定力，开辟了中国特色大国外交的新境界。这在"中华民族伟大复兴中国梦"的宏伟愿景、"五位一体"总体布局和"四个全面"战略布局、共建"一带一路"倡议、推动构建"人类命运共同体"等一系列治国理政重大战略中可见一斑。

北京理工大学高度重视"一带一路"建设，主动提出要创建"一带一路"争议解决研究院，这是具有战略眼光的，也是符合国家外交急需的。期待理工大在这个领域有新的梯队，李寿平院长的团队正在努力地工作。

（2）底线思维。"面对波谲云诡的国际形势、复杂敏感的周边环境、艰巨繁重的改革发展稳定任务，我们必须始终保持高度警惕。""不忽视一个风险，不放过一个隐患。"习近平总书记如是说。要常怀忧患之心，保持清醒头脑，准确判断前进道路上的各种风险挑战，未雨绸缪，及时采取应对之策，化挑战为机遇。善于运用底线思维的方法，凡事从坏处准备，努力争取最好的结果，做到有备无患，遇事不慌，牢牢把握主动权。"安而不忘危，存而不忘亡，治而不忘乱"，这是中国外交鲜明的风格。

（3）自信大气。大国外交的本质特征是自信、大气和战略定力。在习近平外交思想指引下，中国特色大国外交更加自信、更加鲜明地展示出大国特色、大国风格、大国气度，使我国在复杂多变的国际格局中牢牢占据战略主动地位。

（4）讲信重义。正确处理"义"和"利"是中国优秀传统文化的一个精髓，也是中华民族传承至今的道德准则，不仅是指导个人为人处世的重要原则，也是指导国家处理国际关系的重要原则。2013年3月，习近平就任中国国家主席后首访非洲，首次提出正确义利观，并提出对非合作"真实亲诚"四字箴言，在非洲国家中引起强烈共鸣。在正确义利观指引下，中国外交行王道，反霸道，有原则，讲道义，守信义，重情义，义利并举，多向发展中国家提供力所能及的帮助；

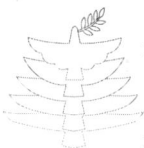

坚持与邻为善、以邻为伴，坚持睦邻、安邻、富邻，突出亲、诚、惠、容的理念。中国的"朋友圈"越来越大，好朋友、好伙伴越来越多。

二、中国特色大国外交之鲜明特色

2014 年 11 月中央召开外事工作会议，我有幸参加，这是中华人民共和国成立以后第二次相隔 50 年中央召开外事工作会议。在会议上总书记提出了一个崭新的概念，就是中国必须有自己特色的大国外交，这个外交有鲜明的中国特色、中国风格、中国气派，并且明确提出来了几个坚持作为中国特色大国外交的概念。

大国的历史、现实和人文禀赋决定了每一个大国都是与众不同的，每一个大国都有其自身特点，每一个大国都要走符合自身特点的发展道路。历史传承与历史遭遇、民族使命、文化禀赋、国内与国际环境客观上要求中国特色大国外交必须具有鲜明的中国特色。

（一）基本国情：最大的发展中国家

中国大国外交的特色，首先在于中国作为发展中国家的基本国情。按经济总量计算，中国已经成为世界第二大经济体，但"我国社会主要矛盾的变化没有改变我们对我国社会所处历史阶段的判断，我国仍处于并将长期处于社会主义初级阶段的基本国情没有变，我国是最大的发展中国家的国际地位没有变。"发展不平衡不充分是现阶段中国的基本国情和突出特征。这种看似矛盾的现象，世界历史上从未有过。这一基本国情要求中国的外交，首先还是要紧紧围绕国家发展这个中心，服务发展，促进发展，更加积极有效地为实现社会主义现代化和中华民族伟大复兴中国梦营造良好的外部环境，为解决各种不可持续的问题，为维护中国在世界上不断延伸的正当权益提供更为有力的保障。这一基本国情还启示我们，中国的外交应当紧紧抓住发展这把解决世界诸多问题的钥匙，更加突出互利共赢，促进共同发展。

（二）理念和道路：中国特色社会主义

中国特色大国外交植根于中国特色社会主义理念和道路。坚持中国特色社会主义理念和道路，要求中国外交：对内，追求公平正义、共同富裕、社会和谐；对外，主持公道、捍卫公理、伸张正义，摒弃任何丛林法则，坚持大小国家一律平等，坚持反对任何形式的霸权主义，坚持推进国际关系民主化、法治化，反对以大欺小、以强凌弱、以富压贫，反对干涉别国内政。中国在当今的国际和地区热点问题上始终坚持对话谈判解决问题，反对武力至上和搞政权更迭，维护的不是一己之私，而是国际道义和国际关系基本准则。坚持这一道路和理念，还要求中国的外交必须坚定有力地为广大发展中国家仗义执言，以自己的实际行动，维护和拓展发展中国家的整体权益。

（三）文化基因：博大精深的中华文明

中国特色大国外交发端于博大精深的中华文明。中华民族在五千年的历史长河中，形成了天下一家、世界大同的家国情怀，民胞物与、仁者爱人的人本精神，为政以德、执两用中的政治思想，兼爱非攻、亲仁善邻的和平志向，以和为贵、和而不同的和谐理念，推己及人、立己达人的待人之道。这些独具特色的东方传统价值观，源源不断地为中国外交提供着宝贵的精神财富。当今世界面临的不仅是发展困局，更折射出现代文明深层次的思想文化危机。中国外交就是要大力弘扬中华文化，奉献处理当代国际关系的中国智慧，推介治国理政的中国经验，增添完善全球治理的中国方案，从而为人类社会应对 21 世纪的各种新型挑战提供更多有益的公共产品。

（四）外交传承：新中国优良传统

中国特色大国外交的特色，还在于它源自新中国外交的优良传统。70 年来，不论国际风云如何变幻，独立自主、爱好和平，始终是中国外交的两大本质特征，也构成了中国对外政策的基石。新时代，中国将坚持独立自主，坚定维护国家独立、主权和领土完整，根据事情本身的是非曲直决定自己的政策和立场，不依附、不屈从于任何外部势力，这是中国外交的风骨。中国将坚持以维护世界和平为宗旨，为推进人类和平事业发挥更积极的作用，这是中国外交的担当。中国还愿

虚心地倾听世界的声音，以开放包容的心态加强与外界的对话与沟通，这是中国外交的胸怀。

（五）与时代潮流：高度契合

中国特色大国外交契合于当今时代潮流和世界大势。中国特色大国外交"谋求开放创新、互惠包容的发展前景，促进和而不同、兼收并蓄的文明交流，构筑尊重自然、绿色发展的生态体系，建设持久和平、普遍安全、共同繁荣、开放包容、清洁美丽的世界，构建人类命运共同体"，与世界多极化向前推进的态势、经济全球化的发展进程、和平与发展的时代主题、国际治理体系的变革方向的时代潮流和世界大势完全一致。中国将始终做世界和平的建设者、全球发展的贡献者、国际秩序的维护者。

三、在习近平外交思想指引下——谱写中国特色大国外交新篇章

在习近平外交思想的指引下，中国特色大国外交不断谱写新的篇章。简要回顾一下去年我国重大的外交成就，令人鼓舞。

第一，主场外交，彰显新气象。从年初四月的博鳌论坛，到六月的上合组织青岛峰会，再到九月的中非合作论坛北京峰会，到十一月的上海国际进口博览会，四大主场外交各具特色，又彼此呼应，共同构成构建人类命运共同体的深入实践。

第二，"一带一路"开启了新征程。党中央召开了"一带一路"建设座谈会，中巴经济走廊、中老铁路、中泰铁路等一大批标志性的项目稳定推进。多个发达国家改变了抵制观望的态度，开始与我们共同来推进第三方合作，值得注意的是日本、欧洲的意大利，率先在发达国家中支持"一带一路"。经过5年多的努力，"一带一路"正行稳致远，越走越宽广。

第三，大国关系取得新进展。去年引人注目的首先是中美关系，两国的贸易战牵动了世界，但是大家看得很清楚，中方顶住压力、保持定力，既维护了自身的正当权益，又着力稳定中美关系。中俄战略

合作关系正在高水平运作。中欧关系以建立全面战略伙伴关系15周年为契机，正在深化双边合作。最近这几天全世界都在关注李克强总理对欧洲的访问，成果远远超出预期。中国和欧盟之间释放出维护世界多边主义，进一步推动多极化的决心。

第四，周边外交实现了新的突破。周边外交令人瞩目的是印度总理莫迪来武汉进行非正式对话。2017年闹得非常厉害的洞朗对峙这一页翻过去了。中印是两个新兴发展中大国，合作是唯一的出路。半岛局势发生了很大的突破，这方面中方发挥了建设性的作用。中日关系，历经钓鱼岛事件几年的风波，重回了正规发展道路。应该说在钓鱼岛问题上，我们有相当大的建树，其中很重要的一点就是通过针锋相对的斗争，打破了日本过去长期以来占据的实际控制的地位，未来的发展，时和势都在中方。这是一个历史性的成就。在其他各个方面，周边外交都有很多重要的突破，特别是中国和菲律宾的关系，有了很大的新发展。从2013年到2016年的3年，中菲关系跌到了建交以来的最低谷，就是因为南海仲裁案。杜特尔特总统上任之后，两国开始新的合作历程。

第五，南南合作迈上新台阶。2018年可谓是中国外交的"南南合作年"，中拉（美）合作论坛、中阿（拉伯）合作论坛、中非合作论坛三大合作论坛，相继召开，实现了中国同发展中国家集体对话机制的全覆盖。全球治理体现新担当，在逆全球化民粹主义暗流涌动的背景下，我们旗帜鲜明地推动国际治理变革，维护多边主义，扮演了中流砥柱的角色。在促进和平方面，我们也做出了许多新贡献。

总之，2018年作为贯彻十九大精神和新时代中国特色大国外交的开局之年，成就都是看得见摸得着的。2019年，我们将继续按照习近平外交思想，努力推动构建大国的新型关系，推动构建人类命运共同体。今年最重要的主场外交是第二届"一带一路"国际合作高峰论坛。在此背景下，北理工成立"一带一路"研究院，恰逢其时。我们将持续推进全球伙伴关系，坚定维护世界和平稳定，同时要

深入参与和引领全球治理变革。这是 2019 年中国特色大国外交的神圣使命。

（本文系 2019 年 4 月 12 日北京理工大学"百家大讲堂"文字转录节选）

主讲人简介

黄惠康，男，汉族，1955 年 9 月 25 日出生，浙江杭州人，毕业于黑龙江大学，国际法专业，法学博士。曾任中华人民共和国驻马来西亚特命全权大使。

境外追逃的国际法问题

孙　昂

各位老师、同学：

大家好！"境外追逃"是近年比较重要的一项工作，我有多年时间一直参与这项工作。今天，想结合案例，特别是"美洲人权法院黄海勇引渡案"，和大家探讨其中的国际法问题。具体谈八个方面：

一、前期案情；

二、是否出庭；

三、由谁出庭；

四、本案涉及的死刑问题；

五、本案涉及的酷刑问题；

六、本案涉及的程序问题；

七、中方团队的庭审表现；

八、判决结果和后续工作。

一、"美洲人权法院黄海勇引渡案"的前期情况

从案名即可知悉，这是一起国际性法院的案件。这是中华人民共和国成立以来，中国实质性参与国际性法院诉讼的第一起案件。如果追溯得更远，在中华民国期间，中国也没有真正参与过国际性法院的诉讼，因此，这也是中国历史上的第一起国际性法院诉讼的案例。

我先讲一下前期案情。中国公民黄海勇涉嫌走私普通货物罪，偷逃税款 7 亿余元。黄海勇于 1998 年 8 月外逃出境，长期栖身美国，并通过婚姻关系取得美国永久居民身份（"绿卡"）。2001 年，中国政府通过国际刑警组织对黄海勇发布红色通缉令（也称"红色通报"）。2008 年 10 月 27 日，黄海勇赴秘鲁探视其弟，在利马机场入境时触发红色通缉令，被秘鲁警方逮捕。当日，警方将黄海勇案移交秘鲁某刑事法院。次日，黄海勇由其律师陪同出庭，"以被遣返回国可能适用死刑"为由，请求在秘鲁审判此案。同年 11 月，中国政府根据《中秘引渡条约》启动引渡程序，请秘鲁引渡黄海勇。《中秘引渡条约》是 2000 年谈判签订的，我是中方谈判代表团的一员。

黄海勇引渡案首先经历了秘鲁国内法律程序。秘鲁引渡程序采取"行政初审—司法复核—行政决定"模式。行政初审的决定由国家检察长办公室和外交部等组成的政府引渡委员会作出。在司法复核阶段，案件经一审法院审理后交最高法院复核。如果最高法院拒绝引渡的判决有法律约束力，引渡不得进行；如果最高法院同意引渡的判决无法律约束力，由授权政府决定是否同意引渡。政府接到最高法院同意引渡的判决后，以最高行政决议的形式作出是否同意引渡的行政决定。

在秘鲁引渡的司法程序中，秘鲁最高法院对黄海勇案可能涉及的死刑问题提出了一些疑问。中方作了解释：虽然黄海勇涉案金额巨大，并且中国刑法当时对于走私普通货物罪还保留死刑，但是，根据以往同类案件的审理结果，中方推断黄海勇应该不会判处死刑。特别是黄海勇的同案犯，已经被判处有期徒刑 15 年。我认为这个推论是有说服力的。但秘鲁最高法院没有接受中方的推断性结论，而是将案件发还重审，并要求中方就不判黄海勇死刑作出正式承诺。在秘鲁最高法院的第二轮审判时，中方作出了不判黄海勇死刑的承诺。秘鲁最高法院接受了这一承诺。2010 年 1 月 27 日，秘鲁最高法院就黄海勇引渡案作出第二次判决，表示中方不判死刑的承诺表明，"即使被请求引渡人在请求引渡国被判死刑或类似刑罚，也不存在（被执行死刑）的任何实质性风险"，并判决同意引渡。

黄海勇的律师又为引渡设置了第二道"法律障碍"：提起人身保护令之诉。人身保护令制度适用于任何形式的羁押，依引渡请求实施逮捕后，如被请求引渡人申请人身保护令并获准，将重获人身自由，从而在事实上终止引渡程序。秘鲁法律体系中的人身保护令之诉经普通法院一审和二审后，可以通过"违宪之诉"的形式上诉至秘鲁宪法法院。

　　黄海勇的律师先后3次提起人身保护令之诉。这3次人身保护令之诉的一审和二审，法院都判我方胜诉，因为中方依《中秘引渡条约》向秘鲁提出引渡请求，是剥夺黄海勇人身自由的合法、有效的法律依据。在第3次人身保护令之诉二审败诉后，黄海勇的律师将该案提交秘鲁宪法法院审理。2011年5月24日，秘鲁宪法法院认为中方承诺不足以保证不对黄海勇执行死刑，判决"秘鲁政府放弃将黄海勇引渡回中华人民共和国"。

　　其间，黄海勇的律师已于2009年向美洲人权委员会提起申诉。美洲人权委员会依《美洲人权公约》设立，公约授权委员会审议个人来文。调查案件后，委员会可在有关各方间进行调解，以达成和解。如无法和解，委员会可以提出报告（无法律约束力），并将案件提交美洲人权法院，请法院作出有法律约束力的判决。

　　2013年7月18日，美洲人权委员会就黄海勇案提出报告，认定秘鲁政府侵犯了黄海勇根据《美洲人权公约》享有的生命权和人身完整权等，要求秘鲁政府严格履行秘鲁宪法法院2011年5月24日关于不得引渡的判决，尽快终止引渡程序。美洲人权委员会提到的"生命权"涉及死刑问题，"人身完整权"接近于中国法律上的"刑讯逼供"问题，换言之，美洲人权委员会认为黄海勇回到中国后，将面临死刑及刑讯逼供，因此不得引渡。

　　秘鲁政府没有接受美洲人权委员会报告中的上述建议。美洲人权委员会遂于2013年10月30日将"黄海勇诉秘鲁共和国案"提交美洲人权法院，请求法院根据委员会报告所述，认定秘鲁政府侵犯黄海勇多项权利，判令秘鲁政府履行报告各项建议，并承担相应的国际责任。

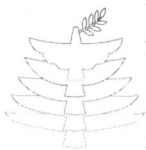

刚才李院长曾介绍，2013 年 10 月，我还在联合国安理会担任反恐事务法律专家。2013 年年底，我从安理会辞职回国，不久后被任命为"外交部境外追逃和国际执法合作特别协调员"，职责是协调外交部以及中国各驻外使领馆的境外追逃追赃工作。我以这一身份接到黄海勇引渡案后，首先梳理了一遍该案涉及的主要法律和诉讼实务问题，第一个问题就是出庭与否。

二、是否出庭

这是一个相当难回答的问题，为什么？首先，中国几乎不接受任何国际性法院的管辖，截至当时也没有参与过国际性法院的任何诉讼。关心国际时事和国际法的同学可能知道，冈比亚近期以缅甸违反《消除一切形式种族歧视国际公约》为由，将缅甸诉至国际法院。为什么国际法院会就这一案件启动诉讼程序？因为缅甸在批准《消除一切形式种族歧视国际公约》时，同意将公约适用和解释中的争议交由国际法院审判。中国几乎没有接受过国际公约中的类似规定，中国更没有与美洲人权法院发生过诉讼上的关系。

其结果，就是中国对美洲人权法院所知甚少。不过恰好我有一位校友，他的博士论文研究的就是美洲人权法院，这给中方团队提供了非常有用的基础知识。但仅有这篇论文还不够，因为要了解一个法院，不仅要了解它的条约、规则和成案，还要了解法院具体运作的各项流程。所以我和中方团队的其他成员专程去了一趟美洲人权法院，以掌握更多的一手信息。

美洲人权法院很谨慎。因为我们实际上是代表黄海勇引渡案中的一方，所以法官们在庭审外不能接触我们，书记官长也没有见我们，最后由两位年轻的女士，可能是实习生，来接待中方团队。好在她们对法院的情况了解得相当清楚，讲解得也很清楚。美洲人权法院还有一座很好的图书馆，收集了法院的所有判例和学者关于这个法院的著述。其中，美洲人权法院自身出版的书籍都可以购买，法院收藏的他人著述也可以复印，不过，在语言上有一些障碍。虽然美洲人权法院的官方语言包括英语、西班牙语、葡萄牙语、法语，但实际上资料多用西班牙语写成。英文版的资料，能买的我们都买了，重要的西班牙语资料，我们也买了一些，回国后请人翻译。这样，此前对美洲人权法院所知甚少就不再构成出庭的障碍。是否出庭，更多的是诉讼策略上的考量。

今天是讲座，并不是向领导报告工作，因此，我就讲一讲我个人当时的想法。我接到美洲人权法院黄海勇引渡案的时间是 2014 年年初，正是菲律宾提起的南海仲裁案开始不久。2013 年 1 月南海仲裁案出现后，中方在案件初期的政策选择是"不应诉、不参与"，在案件后期的政策选择是"不承认、不执行"。在这"四不"上热搜的背景下，对于美洲人权法院黄海勇引渡案，中方可否选择"应诉、参与、承认、执行"？

我个人的建议是出庭参与诉讼。这一建议主要依据的是中国改革开放以来的历史经验。虽然截至当时我们尚未参与过国际性法院的诉讼，但我们已有在外国法院出庭应诉的经验。我掌握的这方面经验主要有两项。

一是"湖广铁路债券案"的经验和教训。"湖广铁路债券案"是中华人民共和国在外国法院出庭应诉的最早的一起涉及国际法的重大案件。1979 年 11 月 13 日，杰克逊等 9 名美国公民向美国亚拉巴马州北区联邦地区法院起诉中华人民共和国，要求中国偿付清政府 1911 年发行的湖广铁路债券。在中方未应诉的情况下，1982 年，法院对案件作出缺席判决，判令中国向美国原告赔偿 41313038 美元及案件诉讼费用。1983 年 8 月 12 日，中国政府聘请美国律师出庭，向美国法院提交动议，以"中华人民共和国"作为外国主权者对美国法院的管辖权享有豁免等理由要求撤销缺席判决。1984 年 10 月 26 日，同一法院对"湖广铁路债券案"再次作出一审判决，认为中国在此案中享有主权豁免，美国法院没有管辖权，驳回原告起诉，判中方胜诉。"湖广铁路债券案"过程很漫长，逻辑很简单：中方不应诉时败诉了，应诉后胜诉了。

二是 2003 年至 2007 年期间，我在中国驻美国大使馆主管中国和美国之间的各种诉讼。从我参与的各项诉讼看，在美国法院出庭和不出庭是有区别的。如果出庭，我方有机会直接、正面地向主审法官阐述立场。为什么要强调"直接阐述"我方立场的重要性？正如我现在演讲的内容在网上基本能搜索到，但今天听了讲座，再加上问答环节，在座各位会对此案有更加深刻的印象。"直接阐述"的重要性还在于它提供了互动式的交流机会，即不仅仅是我方讲，主审法官还可以随时提问。有些情况，我方可能认为已经讲得很清楚了，但法官可能觉得没有完全了解，更没有完全理解中方的立场。有了当场提问的机会，就可以使我方能够及时向法官提供必要的补充信息，进一步帮助法官了解、理解乃至认同我方立场。从此意义上，我认为出庭是向法院阐述我方立场最为简明、最为有效的途径。

当然，不出庭也是诉讼策略的一个选项。粗略统计一下，我在驻美国大使馆工作时参与处理的案件，由于种种原因，特别是政治上的考量，有 70～80% 的案件，中方没有出庭。在没有出庭的情况下，我方依然要设法向主审法官阐述立场，同时希望主审法官能够客观公正地审理案件。要做到这一点并不容易。美国法院有一项制度叫"法庭之友"，即虽然一方没有直接参与诉讼，但可作为"法庭之友"向法院阐述其观点。在美国司法实践中，一些重大案件往往会有多达数十个、甚至上百个"法律之友"向法院提交法律意见书。"法律之友"多了，就不容易引起法官的重视。另外，美国政府以"法律之友"身份行事时可以出庭，其他"法律之友"只能提交书面材料，通常不能出庭，没有面对面向法官阐述观点的机会。

基于上述原因，针对美洲人权法院黄海勇引渡案，我当时建议中方出庭。令人高兴的是，这个建议得到了各级领导的批准。

三、由谁出庭

既然决定出庭，接下来的问题就是由谁出庭？这主要是实务问题。当时，我自告奋勇承担出庭任务。这样做，不是我"好揽事"，而是我认为自己适合承担这项工作，理由有三。

第一，我在美国工作了将近10年，先在中国驻美国大使馆担任法律参赞，后来又在联合国总部担任法律专家。在此期间，我花了很多精力观察、研究美国司法制度，只要有时间，我就去美国法院旁听诉讼。我还在这个领域写过一些书和文章。应该承认，美国不仅在科技方面有其领先之处，它的司法制度在国际上也有一定影响。从理论上讲，国际性法院的制度应是中性的，吸收了各国的、不同法系的法律智慧，但实际上并非完全如此。美国作为当今世界唯一的超级大国，其司法制度的影响力也最为强势，国际性法院的制度受美国影响多于受其他国家影响。因此，虽然我不熟悉美洲人权法院的制度，但基于对美国司法制度的深入了解，我对美洲人权法院相关制度的理解会比较容易一些，或者说，对于黄海勇引渡案的程序问题，我会上手得更快一些。

第二，"美洲人权法院黄海勇引渡案"涉及的实体问题，即死刑和酷刑问题，均可归入"人权"与"引渡"的关系。我有很长时间在外交部条约法律司工作，在去美国工作之前，担任过处长，这个处称"国际私法处"。我是从武汉大学法学院"国际私法专业"毕业的，一到外交部，就顺理成章地在"国际私法处"工作。我很快发现，这个处除了"国际私法"，还有两项重要业务：一是"国际刑事司法协助"，也就是"引渡"和"司法协助"，二是"国际人权法"。国际人权法是一个很大的领域，我当处长时从事过其中的许多工作，包括参加国际人权公约谈判、撰写中国履行国际人权公约报告等。这三项业务逻辑上联系并不密切，并且各自的业务量都很大。所以，在我离职时，这个处被拆分。拆分后，"引渡"和"国际人权法"由两个处分别负责。其结果是在我以后，外交部条约法律司没有处长会同时负责"引渡"和"国际人权法"这两项工作。而在美洲人权法院这样一个国际性人权机构参与引渡案件的诉讼，我曾经有过同时负责"引渡"和"国际人权法"这两项工作的经历，会有相当的帮助。即不仅能够将"引渡"作为打击犯罪的一项"国际司法合作"，而且能够更好地

理解和处理"国际人权法"在"引渡"案件中的具体适用。

第三，我曾经两次在联合国工作。这两次从事的工作，在一定意义上讲，都是"国际人权"工作。第一次是1994年至1997年在缅甸。目前有大规模的"罗兴亚人"难民危机，有70余万罗兴亚人从缅甸逃到孟加拉国避难。罗兴亚人是生活在缅甸境内、邻近孟加拉国边境地区的穆斯林，他们自称"罗兴亚人"，但缅甸政府不这么称呼他们。20世纪90年代中期也有过一次较大规模的"罗兴亚人"难民危机，约有30万罗兴亚人从缅甸逃到孟加拉国避难。那时，我是联合国派到缅甸罗兴亚人聚居区救助他们的第一个国际组织官员。在那里，我的主要工作之一就是保护罗兴亚人的人权。我们在大学学习国际人权法时，可能会觉得国际人权法比较虚，多是不接地气地高谈阔论国际人权公约、国际人权法判例等，并不真正介入现实生活中的人权问题。但我那时在缅甸的工作情况却并非如此。我和联合国的其他同事们住在邻近孟加拉国的一座缅甸县城里，每天都到各个村寨去察看罗兴亚人的生存、生活状况，解决他们实际遇到的人权问题。这是我从事过的第一段国际人权保护工作。

第二次是从2008年到2013年我在联合国安理会担任反恐专家。安理会有各个方面的反恐专家，比如军事情报方面的专家。国际法专家在安理会反恐机构中的作用相当独特。军事情报专家可能知道恐怖分子人在哪里、资金在哪里、武器从哪来，等等。而我作为国际法专家，并没有这些方面的知识。我的主要职责是确保联合国安理会对恐怖分子、恐怖组织的制裁符合"法律的正当程序"，而"法律的正当程序"正是国际人权法的重要组成部分。

我以联合国法律专家身份在缅甸和安理会从事的这两次国际人权工作，使我对于国际人权法有了更多的了解和理解，对如何在出庭时与国际人权法院有效沟通有了更多的自信。在此背景下，我自告奋勇去美洲人权法院就黄海勇引渡案出庭。很高兴，这一建议也得到了各级领导的批准。

四、本案涉及的死刑问题

出庭及出庭人选基本确定后，我就着手研究案件争讼的问题。如上所述，其中之一是死刑问题。

中国《刑法》有死刑这一刑罚。其他国家有的已经废除了死刑。我在这里着重谈一个数据，即保留死刑的国家和废除死刑的国家之间的数量比，借此说明死刑问题在"美洲人权法院黄海勇引渡案"中的严峻性。

历史地看，国际上废除死刑的运动已经持续了相当长的时间，但在2000年之前，保留死刑的国家仍占多数。1999年，意大利外交官当选联合国大会主席，而意大利法学家贝卡利亚正是废除死刑的首倡者。在这一背景下，在1999年的联合国大会上，一些国家提出了一项决议草案，倡导各国废除死刑。那年，我作为中国代表团的一员，分管这个决议的相关工作。我从北京到纽约时，这项决议草案已经提出来一段时间了，一些保留死刑国家的外交官向我通报情况，认为形势非常严峻，因为这项决议草案已经得到了72个国家的联署。联合国共有190多个会员国，其中一部分会员国因为没有交足会费而暂时没有投票权，还有一些国家不太关注死刑问题，不参加投票。所以，70多票基本上可以在票决时胜出。

面对这一严峻的情势，保留死刑各国的外交官（包括我）全力以赴阻止这项决议草案的通过，因为我们坚持认为，是否保留死刑是一国依其主权自行决定的内政。我们每天都在一起互通信息、研判形势，主要是看联署决议草案的国家有没有增加，再看反对决议草案的国家有多少，并研究如何争取更多国家支持我方。我刚到纽约时，只有30多个国家表示反对这项决议草案。这30多个国家是保留死刑态度比较坚决的国家，大体可分成三类：第一类是受儒家思想影响的国家，特别是中国、日本、韩国、新加坡等东亚国家。从思想史角度讲，保留死刑与其说是儒家思想，不如说是存在于受儒家思想影响的各个国家的民间正义："杀人偿命，欠债还钱"。第二类是伊斯兰国家，《古兰

经》中提及死刑，伊斯兰国家目前多保留死刑。第三类国家只有一个，就是美国。它属于西方文明，但与废除死刑的欧洲国家不一样，美国保留了死刑，并且态度相当坚决。除了这 30 多个国家，还有一些态度游离的国家，其中许多国家刑法中仍有死刑，但已多年未执行死刑。经过争取，部分这类国家同意支持我方。当时我方的支持票每天都有所增加，最终增加到了 74 票，而对方也增加了 1 票，达到 73 票。我方以 1 票的优势领先。此时，对方通知联合国大会主席，撤回死刑问题决议草案，因为他们知道票决时会输。由于这项决议草案没有交付表决，因此，在联合国的正式记录中很难找到相关信息。但这是一件有意义的事，不应该让它随着时间的流逝而被淡忘。它的意义何在？这是保留死刑的国家最后一次在数量上胜出。在此之后，联合国大会每次就死刑问题决议草案进行表决，都是废除死刑的国家以多数票胜出，并且优势逐步扩大。例如，2018 年 11 月 13 日，60 多个国家在联合国大会第三委员会共同提出《暂停使用死刑》决议草案。委员会随后以 123 票赞成、36 票反对、30 票弃权表决通过了经过修正的决议草案。

可以说，在联合国等国际舞台，废除死刑的国家在数量上已占绝对优势，这难免影响"美洲人权法院对黄海勇引渡案"所涉死刑问题的看法。

国际引渡合作中的死刑问题，在黄海勇引渡案前已经存在了一段时间，包括前些年的赖昌星案。赖昌星是厦门远华案主犯。当时我在赖昌星专案组参与其遣返（变相引渡）工作。赖昌星藏身于加拿大，我们请加拿大遣返。加拿大政府表示，要谈遣返，中国政府必须先承诺不判赖昌星死刑，否则，一切都无从谈起。可当中国政府领导人向加拿大政府表示可以不判赖昌星死刑时，加拿大政府却又说判死刑是中国法院的职权，中国政府怎么能约束法院如何量刑呢？这话有一定道理。我国《宪法》第一百三十一条规定："人民法院依照法律规定独立行使审判权，不受行政机关、社会团体和个人的干涉。"

如何解决这个问题？当时有一个契机，2000 年中国制定《引渡法》，我参与了这项工作。针对死刑问题，《引渡法》增加了一项专门条款，即第五十条，规定："被请求国就准予引渡附加条件的，对于不损害中华人民共和国主权、国家利益、公共利益的，可以由外交部代表中华人民共和国政府向被请求国作出承诺。对于限制追诉的承诺，由最高人民检察院决定；对于量刑的承诺，由最高人民法院决定。在对被引渡人追究刑事责任时，司法机关应当受所作出的承诺的约束。"

这一条在各国引渡法中是独一无二的。其他国家在引渡中承诺不判死刑，是如何操作的呢？其他国家通常也是由政府对外作出不判处死刑或不执行死刑的承诺。政府的承诺如何能够约束法院？外国，特别是美国通常有两种做法。一是通过检察院。美国的检察院属于行政机关，政府对外作出的承诺可以交检察院办理。检察官在刑事诉讼中表示不要求判处被告人死刑，法官通常会尊重检察官的意见。而中国《宪法》第一百三十六条规定："人民检察院依照法律规定独立行使检察权，不受行政机关、社会团体和个人的干涉。"换言之，在中国法律体系中，不能由政府部门对外承诺不判死刑、然后交检察院办理。

外国的第二种做法是特赦。仍以美国为例，法院判死刑后，总统、州长都有权赦免罪犯的死刑。中国也有特赦制度，《宪法》第八十条规定："中华人民共和国主席根据全国人民代表大会的决定和全国人民代表大会常务委员会的决定……发布特赦令。"但从实践看，中国未出现过赦免某一名罪犯死刑的特赦令。因此，外国的这项制度也不太可能照搬到中国。我们必须创制出独特的路径，这就是上述《引渡法》第五十条。

中国这一独特的制度为什么没有被其他国家仿效？因为这里有一个需要进一步研究的法理问题：法院还没有审理案件，如何能够就量刑问题先行作出决定？当然，对《引渡法》第五十条所涉法理问题的进一步研究，纯属中国法律界的内部事务，对外不存在任何问题。因为这一条明确规定："司法机关应当受所作出的承诺的约束。"换言之，这类承诺能够约束中国司法机关。法律中有了明确规定，外交部门对外国政府作出承诺时就有底气，外方也是服气的。

比如，在赖昌星案中，最高人民法院决定不判死刑，在此基础上，外交部拟定了致加拿大政府的外交照会稿，并由中国驻加拿大使馆照会加拿大政府，承诺不判死刑。赖昌星最终被遣返回中国，判了无期徒刑。

中国相关法律及其在赖昌星案中的成功运用，为我们办理黄海勇案提供了指引。2009 年 12 月 11 日，中方照会秘鲁最高法院，表示"中华人民共和国最高人民法院已经作出如下决定：如果将黄海勇从秘鲁引渡回中国，并且法院通过审理判定有罪，即便其罪行已经构成死刑，法院也不会对其判处死刑"。如上所述，秘鲁最高法院认可了中方的承诺，使得黄海勇案的死刑问题有望顺利解决。

但此时出现一个复杂因素，并在一定程度上影响了秘鲁宪法法院。2011 年 5 月 1 日，《中华人民共和国刑法修正案（八）》（以下简称《刑法修正案（八）》）生效，走私普通货物罪的死刑被取消。中方于 2011 年 4 月 6 日通过外交照会将该修正案即将生效的情况告知了正在审理黄海勇人身保护令之诉的秘鲁宪法法院。2011 年 5 月 24 日，秘鲁宪法法院作出判决，认为中方的承诺不足以保证不对黄海勇执行死刑；中方文件没有说明《刑法修正案（八）》对走私普通货物罪规定的较轻刑罚有无追溯效力。

秘鲁宪法法院这一判决是错误的，中方的承诺原本就足以保证不对黄海勇执行死刑，而《刑法修正案（八）》对走私普通货物罪规定的较轻刑罚，使得对判处黄海勇死刑更无可能。

但另一方面，中方提交的法律文件确实没有充分说明《刑法修正案（八）》对走私普通货物罪规定的较轻刑罚有无追溯效力。《刑法修正案（八）》本身没有规定其时间效力，最高人民法院随后公布的《关于〈中华人民共和国刑法修正案（八）〉时间效力问题的解释》也没有涉及这一修正案是否适用于此前的黄海勇案这类问题。也许我国立法机关和司法机关均认为我国《刑法》中的"从旧兼从轻原则"是不言自明的。但秘鲁政府和法院并不了解中国的法律制度，对秘方来说，没有一项中国的法律原则是不言自明的，所以秘方要求中方予以解释也不无道理。根据中方的解释，黄海勇案应适用于《刑法修正案（八）》，即不适用于死刑。但中方的解释没有完全消除秘方的疑问，美洲人权委员会也拒绝接受中方的解释，使黄海勇案的死刑问题一时成为悬案。

我接手黄海勇案后，经研究认为，在黄海勇引渡案死刑问题上，需向有关各方，包括秘鲁政府、最高法院、宪法法院以及美洲人权法院做两件事：一是重申对黄海勇不判死刑的承诺；二是要进一步说明《刑法修正案（八）》适用于其颁布实施前发生的黄海勇涉嫌走私普通货物罪一案。

这两项工作的逻辑关系也需要进一步澄清。既然依《刑法修正案（八）》已不可能判处黄海勇死刑，为什么还要重申不判黄海勇死刑的承诺？对此，我的理解是，这是为了增加"保险系数"。就像一位杂技演员，如果动作的风险特别大，尽管已经训练了无数次，且从未失手，他（她）依然会系保险绳，以确保万无一失。黄海勇案影响巨大，不仅涉案金额高达7亿多人民币，更重要的是，如果美洲人权法院判我方败诉，那么不仅不能引渡黄海勇，而且今后藏身于美洲的任何中国籍逃犯，都可以在美洲人权法院通过简单地引用黄海勇案判决书来与我们对抗，逃避缉捕。同时，藏身在其他国家的中国籍逃犯，如果在当地难以立足，就可以选择再逃往美洲，甚至国内的犯罪嫌疑人也可以通过逃往美洲，来逃避刑事追诉。果真出现这一幕的话，目前中国各主管部门在全球缉捕贪腐逃犯的"天网行动"就会出现大漏洞，失去"天网恢恢、疏而不漏"的震慑效果。从这个意义上讲，办理黄海勇引渡案，就像杂技演员表演风险特别大的动作，需要"双保险"，既重申不判死刑承诺，又解释《刑法修正案（八）》的时间效力，双管齐下，确保万无一失。

在操作层面上，虽然我多年从事跨国追逃工作，对中国《刑法》包括《刑法修正案（八）》的适用相当了解，并且"从旧兼从轻原则"也不是很复杂的刑法问题，任何一位中国法律专家都可以讲得很清楚，但我认为，这个问题由更权威的中国刑法专家向美洲人权法院陈述效

果会更好。所以，我们请赵秉志教授出庭陈述这个问题。赵秉志教授不仅是中国刑法学研究会会长，也是国际刑法学协会副主席，他的身份就是说服力。非常高兴，赵秉志教授同意出庭。

五、本案涉及的酷刑问题

黄海勇引渡案涉及的第二个实体问题是"人身完整权"即"酷刑"问题。与死刑问题相比，酷刑问题在法理上更难解释。酷刑不仅是国际法禁止的，也是中国法律禁止的。《禁止酷刑和其他残忍、不人道或有辱人格的待遇或处罚公约》（以下简称《禁止酷刑公约》）规定："每一缔约国应采取有效的立法、行政、司法或其他措施，防止在其管辖的任何领土内出现施行酷刑的行为。"中国《刑法》禁止刑讯逼供和体罚、虐待被监管人员，对因刑讯逼供、暴力取证、体罚虐待被监管人员而致人伤残、死亡的，可以判处死刑、无期徒刑或十年以上有期徒刑。然而，在国际法和国内法均明令禁止的情况下，酷刑现象在中国并未绝迹。例如，根据向联合国禁止酷刑委员会递交的《中华人民共和国执行〈禁止酷刑和其他残忍、不人道或有辱人格的待遇或处罚公约〉情况的第六次报告》提供的信息，在报告所涵盖的2007—2011年，因刑讯逼供被人民法院判有罪的有269人，因暴力取证被判有罪的有66人，因虐待被监管人被判有罪的有322人。

在黄海勇案中妥善处理酷刑问题的更大困难在于，当时国际上对中国酷刑问题存在着一些"道听途说的消息，甚至无稽之谈"和"不客观、不公正"的看法。

中国人权事业的进步，包括在反对酷刑领域的进步有目共睹，但国际上有一些人出于种种目的，并不这么认为。以联合国禁止酷刑委员会为例，2008年，禁止酷刑委员会针对中国履行《禁止酷刑公约》的情况发布了报告。对于禁止酷刑委员会的这一份报告，中国外交部发言人表示：中方对报告中的不实指责、诬蔑攻击和无理要求表示不满和反对。发言人说，我们认为这样一个报告总体上不客观、不公正。个别委员对中国的偏见根深蒂固，无视中国政府在保护人权、反对酷刑领域所作出的努力和取得的积极进展，将道听途说的消息，甚至无稽之谈加入报告中。对于这样一份报告，我们当然不能接受。

在美洲人权法院开庭审理黄海勇案时，联合国禁止酷刑委员会这份"总体上不客观、不公正"的报告仍然是其针对中国的最新报告。根据美洲人权法院的黄海勇案判决词，法院在该案审理过程中确实参考了禁止酷刑委员会的这份报告。

除了禁止酷刑委员会的报告，包括美洲人权法院在内的国际性人权法院在涉及酷刑问题的案件中，还往往参考美国国务院针对各国发布的"国别人权报告"以及大赦国际、人权观察等非政府组织提供的材料。联合国禁止酷刑委员会的上述报告尚且"总体上不客观、不公正"，美国国务院、大赦国际、人权观察的材料在法庭审理中的负面作用更是可想而知。

我方如何在美洲人权法院应对酷刑问题？基本路径是中国政府通过外交途径针对黄海勇引渡案作出承诺："作为《禁止酷刑和其他残忍、不人道或有辱人格的待遇或处罚公约》的缔约国，中国政府确保黄海勇不会受到酷刑或其他残忍、不人道或有辱人格的待遇和处罚。中方将遵守这一承诺。"

这一承诺明确而坚定，但与上述不判死刑的承诺相比较，如何在法理上理解禁止酷刑承诺，仍需要进一步研究。

在国内法上，不同于《引渡法》第五十条授权外交部门对外承诺不判死刑，没有一部中国法律授权外交部门作出禁止酷刑承诺。为什么没有这样的授权？因为我们已经立法禁止了酷刑，再立法授权承诺禁止酷刑，似乎不太符合逻辑。

在国际法上，禁止酷刑承诺的法律效力不可能高于《禁止酷刑公约》。在中国，这项公约是国家主席根据全国人大常委会的决定予以批准的，外交承诺怎么可能有更高的效力？

但这项承诺仍有其独特的法律意义。批准《禁止酷刑公约》和立法禁止酷刑，表明在法律规范层面禁止了酷刑。考虑到这一现象尚未绝迹，禁止酷刑承诺表明中国将在黄海勇这一个案上，确保不发生

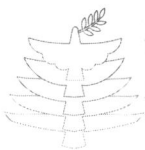

酷刑。

其他国家也有作出禁止酷刑承诺的实践。对于这种做法，国际上存在争议，主要观点可分成两大阵营，分别以联合国禁止酷刑委员会和欧洲人权法院为代表。

禁止酷刑委员会成立后，高度关注存在酷刑危险时的引渡问题，委员会成立后制定的第一号"一般性意见"就是关于这一问题的。但1997年制定的这项"一般性意见"未涉及禁止酷刑承诺，因为当时这类承诺还很少见。2001年"9·11"恐怖袭击事件后，美国等西方国家向中东国家遣返恐怖嫌犯时多次使用禁止酷刑承诺，这才引起了国际社会的广泛关注。

禁止酷刑委员会曾明确表示反对禁止酷刑的外交承诺。2014年，禁止酷刑委员会开始修订其第一号"一般性意见"，2017年春形成的一读草案增设了全新的第四部分："外交承诺"。禁止酷刑委员会认为，"如有充分理由相信他/她（指被引渡/遣返人员）将有遭受酷刑的危险，将要接收被遣返人员的公约缔约国签发外交承诺，就违反了公约第三条规定的'不推回'原则，它们（指外交承诺）不应被用作损害这一原则的法律漏洞。"

禁止酷刑委员会的观点在联合国体系内获得了一些支持，例如，联合国人权事务高级专员办公室曾与其他机构合作发表题为《防止酷刑：给各国人权机构的实用指南》的长文，表示："在近年的实践中，明知有关人员被遣返后将有遭受酷刑或虐待的危险，一些国家仍寻求外交承诺，这损害了（上述原则）。这一做法被用于所谓的反恐战争，遣送国寻求接收国承诺：所涉人员不会遭受酷刑或其他形式的虐待。这违反了不推回原则，是不能允许的。"

与上述形成对比的是，欧洲人权法院等国际机构在一定程度上和一定条件下接受禁止酷刑承诺。2012年1月17日，欧洲人权法院对其受理的首个涉及禁止酷刑承诺的案件"乌斯满诉英国案"（Uthman vs United Kingdom）作出判决，认为约旦的外交承诺足以保证乌斯满免遭酷刑，英国在向约旦引渡乌斯满时可以寻求并依赖约旦提供的承诺。

欧洲人权法院这一观点得到了联合国难民署等机构的支持。难民署曾发布"联合国难民署关于外交承诺与国际难民保护的照会",表示:"接收国针对特定人员作出外交承诺……构成决策时的评估因素之一。现在已经明确的是,只有此种承诺有效地消除了所涉人员受保障的权利被侵犯的危险,遣送国才算履行了其国际义务。"

上述两个阵营发布不同观点的时间顺序显示,禁止酷刑委员会的上述一读草案是在欧洲人权法院"乌斯满诉英国案"之后提出的,在一定意义上,是意图在国际法上否定欧洲人权法院的观点。而在联合国禁止酷刑委员会内部,根据当时的中国籍委员、厦门大学的张克宁教授披露,在讨论上述一读草案时,全体 10 名委员中,只有中国籍委员、墨西哥籍委员和法国籍委员反对这项草案,其余 7 名委员都表示支持。可以说,在各国际机构中,反对禁止酷刑承诺的观点当时略占上风。

美洲人权法院在黄海勇引渡案中会对禁止酷刑承诺持何立场?我们当时无从得知。因为黄海勇引渡案是美洲人权法院成立后第一次审理涉及禁止酷刑承诺的案件,甚至是该法院审理的第一起引渡案件。这一不确定性对我们确保胜诉的目标构成很大障碍。要克服这一障碍,必须设计出有效的诉讼策略。为此,中方团队设计并打出了一套"组合拳"。

中方首先由柳华文教授通过书面证词对中国人权事业特别是反对酷刑的进步做总体阐述,其目的之一是应对一些国际机构(如联合国禁止酷刑委员会)所持的拒绝禁止酷刑承诺的法理逻辑。如上所述,联合国禁止酷刑委员会拒绝禁止酷刑承诺的法理前提是:如有充分理由相信他/她(指被引渡/遣返人员)将有遭受酷刑的危险。柳华文教授的证词就是要争取让不带成见/偏见的人相信:尽管中国的人权状况未臻尽善尽美,酷刑现象也未绝迹,但没有"充分理由相信"黄海勇在中国"有遭受酷刑的危险"。

中方随后打出"组合拳"的另一个重要组成部分:参照欧洲人权法院认可的约旦对英国的外交承诺,也参照在赖昌星遣返案中被加拿

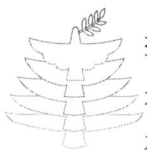

大法院认可的中方外交承诺，就黄海勇案起草能让美洲人权法院采信的禁止酷刑承诺。

中方这项外交承诺最终成功化解了诉讼对方提出的"酷刑"抗辩。为什么这么说？种种迹象表明，黄海勇的律师和美洲人权委员会的法律专家当时的诉讼策略是利用联合国禁止酷刑委员会 2008 年对中国"总体上不客观、不公正"的报告，企图使美洲人权法院相信中国在禁止酷刑方面存在很大的问题，黄海勇回中国后，将有遭受酷刑的重大危险。

而我方采取的是"防守反击"策略：对于中国禁止酷刑的整体形势，通过柳华文教授的报告予以阐述，但不与对方缠斗，以防对方拿联合国禁止酷刑委员会上述对中方不利的报告大做文章，而将重点放在针对黄海勇个人的禁止酷刑承诺上。就像在足球比赛中，以部分球员组成稳固的后防线，待对方全力进攻、后场空虚时，及时传球给游弋在对方半场的本方球员，瞬间在对手半场取得人数上的优势，给对手以致命一击。

中方出庭团队从 2014 年春天开始全力准备这项禁止酷刑承诺。8 月 19 日，承诺以外交照会形式递交秘鲁政府。9 月 3 日美洲人权法院开庭时，秘鲁政府当庭将中方这一外交照会的副本提交法院。

这项承诺在酷刑问题上将诉讼的争议重点从中国禁止酷刑的整体形势转向中国对黄海勇引渡后不会遭受酷刑是否提供了有效承诺，它改变了诉讼的整体走向。针对中方的禁止酷刑承诺，在法理上，如果对方要有效反驳，有两条途径：一是向法院证明中方的禁止酷刑承诺不足以保证黄海勇回到中国后免遭酷刑，二是证明中国在以往实践中没有信守类似承诺。但对方没有能够证明这两点中的任何一点，因为他们当时持有的主要是关于中国禁止酷刑整体形势存在"问题"的所谓材料。

黄海勇的律师看出诉讼走向改变后对他们不利，所以他当即要求法院拒绝接受中方照会副本。对此，法官们没有当庭作出决定。从判决书看，法院实际上接受了中方这一承诺。

六、本案涉及的程序问题

在"美洲人权法院黄海勇引渡案"中，有两大程序问题值得关注：一是用尽地方救济原则的适用，二是国际性人权法院对引渡案件死刑问题的管辖权。

秘鲁政府在法庭审理中以"未用尽地方救济"抗辩美洲人权法院的管辖权，认为2009年黄海勇的律师将案件提交美洲人权委员会时，秘鲁法院正在审理此案，尚未用尽地方救济，美洲人权法院无权受理这起案件。

我个人觉得这不是一项有力的抗辩，但不妨一试。为什么？因为用尽地方救济有时间性和阶段性。2009年时，确实没有用尽地方救济，但到2013年美洲人权法院受理这起案件，特别是到2014年开庭审理时，秘鲁国内司法程序已经终结。当然，美洲人权委员会受理此案时尚未用尽地方救济，可据此引申认为美洲人权法院在美洲人权委员会相关程序基础上受理黄海勇案也有程序瑕疵。尽管这不是一项有力的抗辩，但在法庭上提出来，干扰一下对方也有益无害。

在程序事项上，更值得关注的争议点在于美洲人权法院对引渡案件死刑问题的管辖权。《禁止酷刑公约》第三条规定面临酷刑危险时不得引渡。那么，针对引渡案件的死刑问题，国际人权法上有无类似规定？没有。无论是一般国际法，全球性人权公约，还是美洲人权公约，都没有规定"面临死刑危险时不得引渡"。《旨在废除死刑的〈公民权利和政治权利国际公约〉第二任择议定书》只规定了"在本议定书缔约国管辖范围内，任何人不得被处死刑"，以及"每一缔约国应采取一切必要措施在其管辖范围内废除死刑"。因此，我方有理由说，根据国际人权法，包括美洲区域性人权法，美洲人权法院对黄海勇案的死刑问题均无管辖权。

但是，我们也应看到，一些国际司法机构，甚至仲裁机构，都在扩大自身管辖权，审理一些未获明确授权的案件，甚至认为这是国际法的"逐渐发展"。在这一问题上与法官较量，未必有好的效果。另

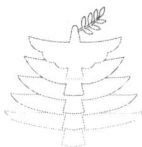

外，即使我方在死刑的管辖权问题上胜出，依然不能确保在全案上胜出，因为即使不能管辖死刑问题，美洲人权法院仍可管辖酷刑问题。

进而言之，即使在所有问题上我们都成功证明美洲人权法院对黄海勇引渡案没有管辖权，我方还是不能实现黄海勇的引渡，因为秘鲁宪法法院此前判决不得引渡黄海勇的问题依然没有解决。我个人认为，本案的理想路径是不抗辩美洲人权法院管辖权，而是推动美洲人权法院作出对我方有利的判决，再通过这一判决，推动秘鲁宪法法院同意引渡黄海勇。

不抗辩美洲人权法院对死刑问题的管辖权，是否会构成先例？死刑的存废是实体问题，国际性人权法院对死刑不引渡的管辖权是程序问题。在先例一事上，程序问题和实体问题有所区别。对于管辖权，即使在一起案件中没有提出抗辩，在此后的其他类似案件中依然有权提出抗辩。在诉讼策略上，我方选择在不足以影响全局的一个程序性问题上稍作让步，以退为进，争取全案的完整解决。

七、中方团队的庭审表现

对于上述法律问题，中方团队在出庭前都做了慎重研究和反复推演，应该说，准备得还是充分的。但在出庭实务方面，现在回头看，当时还可以准备得更充分一些。即使如上所述，中方出庭团队曾专程去美洲人权法院实地了解情况，也有许多收获，但对庭审的一些细节，还没有完全掌握。

现举一例。美国人权法院是"巡回法院"，在法院管辖的各国巡回开庭。黄海勇引渡案在巴拉圭开庭。巴拉圭离中国非常远，需先从中国飞行 13 小时到美国，从美国飞行 10 个小时到巴西，再从巴西飞到巴拉圭。经过长途旅行并考虑到时差，中方出庭团队在开庭前两天抵达巴拉圭，以便稍作休息和调整。但这两天其实还需要进一步准备材料。出庭的材料全部准备完毕，已是开庭前一日的晚上 9 时许，而开庭时间是次日上午 9 时。在理想状态下，那天晚上最终准备完毕的数十页材料，我应该能够背诵，但我没有将时间花在背诵上，因为这个晚上我需要抓紧休息，以便次日在法庭上有充沛的精力。结果，次日开庭轮到我作证时，问的第一个问题，正好我准备了材料，我就拿着材料照稿念。黄海勇的律师立刻打断了我的作证，并要求法院取消我的作证资格。他强调我是在念事先准备好的稿子，不是在法庭上现问现答。当时，法官们停下来了。对此，我很紧张。中方团队准备了这么久，如果因为这样一个细节被取消作证资格，将使我方陷入不利境地。还好，法官们商量后表示：暂不就黄海勇律师的反对意见作出结论，允许中方证人继续作证。我赶紧把所有事先准备好的稿子从证人席上撤走，余下的问题全凭记忆回答，部分证词可能与事先准备的原稿稍有出入，但因为这些原稿是我自己撰写并反复修改的，出入不大，基本上准确地反映了中方立场。当然，对方律师及法官还提出了一些我方事先没有想到的问题，我都根据自己平时的工作和研究心得做了回答。

回头看，我个人认为事先应该对法院的程序问题特别是其中的细节做更深入的调研，包括去旁听各种审判，无论其所涉实体法律问题是否与我方有关，以便积累经验。这个细节也从一个侧面反映出中国国际法界对国际性法院的诉讼缺乏经验。亲历往往是学习的最佳途径。

在准备工作总体充分、细节略有不足的情况下，中方出庭团队在法庭上正面、详尽地回答律师和法官的所有问题，包括一些比较尖锐的问题。比如，黄海勇的律师发问时首先就问："孙昂先生，你在自我介绍中说，你参与办理了中国近年来几乎所有的引渡案件？"

我说："是的。"

"那你能不能告诉我，中国这些年来引渡过多少维吾尔族和藏族的人员？"这是挑衅性的问题。

再如，对方问："你说中方的外交承诺是有法律效力的。那么，如果发生争议，能不能提交国际法院审理？"从国际法以及中国与国际法院的关系角度讲，这也是相当尖锐的问题。

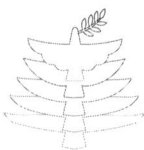

法官的提问，有的也比较尖锐。合议庭有一名巴西籍法官。巴西

官方语言是葡萄牙语，葡萄牙语也是美洲人权法院的官方语言之一。但这次庭审，事先商定用西班牙语。中国外交部派了最好的西班牙语翻译随中方团队出庭。这位巴西籍法官在法庭上讲葡萄牙语，发问时，由他的翻译先译成西班牙语，然后由中方团队的西班牙语翻译再译成中文。很麻烦，但也可以交流。这位法官发问时一开始就说："孙昂先生，你能和我讲一下中国的在押人员有没有义务？"我当时觉得自己没有听明白，什么叫"有没有义务"？这到底问的是什么？对法官的提问，按理我应该回答"yes or no"。但我当时怀疑经过两道转译后，我听到的并非这位法官的本意，因此，我很坦诚地说："我没有听懂您的问题，能不能请您澄清一下，你是问中国的在押人员有没有权利？"

我说完，翻译又依这个复杂的过程转译。我耐心等了一会儿，听到了法官回应的中文译文："不是权利，我问的就是中国在押人员有没有义务。我可以说得更明确一点：他们有没有劳动的义务？"

这下我明白了，不仅明白了他的问题，而且明白了这个问题的走向，或者说潜在的"陷阱"：从劳动义务引向强迫劳动，从强迫劳动引向实施酷刑。我回答道："关于中国的在押人员有没有劳动义务这个问题，请允许我多说几句。我从事的工作使我有机会参访过很多国家的监狱。以是否劳动为界，各国的监狱可分两类：劳动的和不劳动的。就我亲身目睹的情况看，在不劳动的监狱，在押人员的状况往往不好。几个人蹲在一个小小的监舍里，不劳动，可能看看电视，可能啥也不干，10 年、20 年过去了，人就废了。而在劳动的监狱，在押人员的状况就要好一些。因为劳动是人的正常生活状态，在押人员失去了自由，但劳动使他们保留了一些正常的生活状态。同时，他们在劳动中学到的技能，刑满释放后还可用以谋生。"

"如果有在押人员不劳动怎么办？"

"如果有在押人员不劳动，他需要有特殊理由，比如身体不适。如果没有特殊理由，就需要履行劳动的义务。"

"如果他没有特殊理由，但坚持不劳动，会怎么样？"

"如果没有特殊理由，仍坚持不劳动，那就违反监规。"

"如果违反了监规，会有什么后果？"

"违反监规肯定有后果的。监规涉及很多方面，比如按时就寝。如果在押人员不按时就寝，并大声喧闹，就违反了监规，并会有相应的后果。他今后要申请减刑或假释，就会受到影响。没有特殊理由，但坚持不劳动，也是同样。"

与这位法官的问答到此结束。由此可以看出，在人权法院出庭作证，问答有时相当尖锐。无论事先是否做了准备，在回答时都不能说错一句话，否则，就可能被对方抓住把柄，并影响审判结果。

对于整个作证过程，中方出庭团队的表现是令人满意的。在庭审过程中，每一位法官、每一位律师都问了他们事先准备和当庭想到的每一个问题。而中方出庭团队则真诚、坦率地逐一回答了所有的问题，详细阐释了中国相关法律和实践，没有任何回避。法官和旁听人员庭审后的反应也从不同侧面肯定了中方出庭团队的表现。

"美洲人权法院黄海勇案"合议庭庭长谢拉法官在庭审结束时对中方证人讲了这样一句话："您所讲的与我们原来所了解的有很大不同，我们将认真研究。"法官的这一评语，表明中方团队在法庭上表现出了应有的专业水平，有助于法官们进一步了解案件事实和相关领域的中国法律和实践，起到了出庭的预期效果。换言之，中方团队在法庭上的表现，对案件的审理 made a difference。

关于旁听人员的反应。"美洲人权法院黄海勇"引渡案引起了美洲法律界的广泛兴趣。该案在巴拉圭巡回开庭时，美洲人权法院借用了巴拉圭最高法院的审判大厅，旁听席满座，1 楼门厅也安排了电视实况转播，并由巴拉圭国家电视台对全国电视实况转播。审判大厅的几百个旁听席上主要是巴拉圭哥伦比亚大学法学院师生。巴拉圭哥伦比亚大学法学院据说是这个国家最好的法学院。庭审结束时，这些师生纷纷要求和我及赵秉志教授合影，没有和黄海勇的律师合影。这是很少见的。在通常情况下，人权律师往往会以"为弱者请命"的态势示人，据以"吸粉"。但合影这一细节表明，旁听黄海勇引渡案的法学院

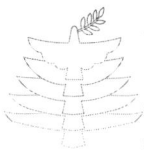

师生们更认同中方出庭团队的表现。

八、判决结果和后续工作

一年后，美洲人权法院公布了判决结果，对于酷刑和死刑问题，均判我方胜诉：黄海勇"不会依法判处死刑，并且也未表明引渡会使当事人面临真实的、可预见的受到有悖于人身完整待遇（指酷刑）的个人风险，因此，如果引渡黄海勇先生，国家（指秘鲁）不必因为违反确保其生命权和人身完整权的义务而承担责任，也不必为没有根据《美洲预防和惩治酷刑公约》第十三条第四款规定的不推回义务而承担责任"。

合议庭的 6 位法官，在两个问题上都是 5∶1。在这里解释一个技术性问题。美洲人权法院共有 7 位法官，为什么是 6 票？因为有一位法官是秘鲁籍，回避了。在 6 位法官组成合议庭的情况下，如果是 3∶3，庭长支持哪一方，该方就胜诉。在上述 5∶1 的结果中，庭长在两个问题上都支持我方，相当于我方以 6∶1 胜诉。可以说，是我方大胜。考虑到这是中华人民共和国第一次在国际性人权法院出庭，争议的主要问题又是"人权"问题，本案胜得相当不易，也胜得相当漂亮。我作为中方出庭团队牵头人，也可以欣慰地说：圆满完成了出庭任务。

我方在美洲人权法院胜诉后，黄海勇引渡案在秘鲁国内法中还有一个过程。因为美洲人权法院的判决是允许秘鲁向中国引渡黄海勇，并未判决秘鲁必须引渡。此时，引渡还有一个障碍，就是秘鲁宪法法院此前作出的不引渡判决。

美洲人权法院和秘鲁宪法法院在本案中的法理关系可以这样概括。如果秘鲁宪法法院判决可以引渡，而美洲人权法院判决不得引渡，美洲人权法院的判决就否定了秘鲁宪法法院的判决。反之，如果美洲人权法院判决可以引渡，秘鲁宪法法院依然可以判决不能引渡。

实际情况是，美洲人权法院判决生效后，秘鲁宪法法院对黄海勇案进行了再审，并推翻了原判结论，认为可以向中方引渡黄海勇。秘鲁宪法法院再审并推翻原判结论的原因有许多，其中包括美洲人权法院的判决所产生的心理压力。这一心理压力包括两个方面：一是美洲人权法院是美洲地区人权领域的最高司法权威，尽管秘鲁宪法法院此时没有法律义务再审并推翻原判结论，但毕竟美洲人权法院以更高的权威对完全相同的争议问题作出了完全不同的判决；二是引渡涉及人权，但也是惩治犯罪的国际合作。如果没有人权等方面的障碍而拒绝引渡，将使逃犯逍遥法外，助长犯罪气焰。如果本案仅涉及非法移民，美洲人权法院判可以遣返，秘鲁宪法法院另判允许该非法移民在秘鲁居留，就没有什么心理压力。

秘鲁宪法法院再审并推翻原判结论后，黄海勇引渡案的实质性障碍全部消除。黄海勇于 2016 年夏被引渡回中国，接受人民法院的审判。

黄海勇是中国从美洲国家引渡的第一名逃犯。成功引渡黄海勇是多种因素合力的结果。除了上述法律领域的工作，还有许多政治因素。中国人权、法治的长足进步，中国和秘鲁双边关系良好，秘鲁是第一个与中国缔结引渡条约的美洲国家。在黄海勇引渡案启动后，中方通过多种途径做秘方工作，特别是先后几任中国驻秘鲁大使和大使馆其他外交官接力做工作，前后八年，推动秘鲁政府在本案最困难、最关键的时刻毫不动摇地与中方全力合作，最终为这起引渡案画上圆满的句号。

关于这起案件，我就介绍这些，就形式而言，更像是"漫谈"，而不是讲座。但"漫谈"的形式也有其便利之处，可以穿插谈一些背后的考虑。今后有机会，还可以再介绍一些境外追逃的其他案件，并和大家一起探讨其中的国际法问题。

（本文系 2019 年 12 月 30 日北京理工大学"百家大讲堂"文字转录节选）

主讲人简介

　　孙昂，毕业于武汉大学，是长期奋斗在外交战线的一位资深的年轻专家。2008 年经外交部推荐，由时任联合国秘书长潘基文任命，赴纽约联合国总部担任联合国反恐法律事务专家，他是中华人民共和国成立以来第一位到联合国总部工作的中国法律专员。

创新引领

创新研究三部曲

唐本忠

老师们、同学们：

大家好。我今天跟大家分享的主题是"创新研究三部曲"，怎么去做创新性的研究。我们国家的科学研究，已经不落后了，已经领先了，特别是我们的化学和材料做得已经非常好了，但是整体的发展还不是太平衡，所以我们还要继续努力。在科学研究方面，创新非常重要，现在国家也非常重视这块。现在国家提的口号不仅要创新，并且还要原始创新、源头创新。所以我今天就跟大家分享一下我做研究的一些经历和体会。

首先我想问三个大的问题：为什么要做研究？做什么研究？怎么去做研究？这三个问题实际上都是很大很大的问题，我今天就讲讲我的答案。

为什么要做研究？这实际上是好奇心的问题，科学研究就是这个概念，我觉得最初的驱动力就是好奇心。但是好奇心来得快，去得也快，所以要成就大事业，还必须有强烈的事业心。

做什么研究？要发现有学术意义和应用价值的自然现象，产生颠覆性的观念，提出新的概念，建立新的模型，能够开拓或者引领一个崭新的科技产业或者领域。

怎么去做研究？首先做研究一定要有热情，其次一定要进入科学

161

研究的状态，要投入科学研究中。

回答了上面三个问题，下面我将着重介绍"创新研究三部曲"。

第一部曲：发掘新现象，发现新的问题。

2015 年是爱因斯坦相对论提出 100 周年，联合国将这一年命名为国际光年。《自然材料》发表过一篇社论，指出很多改变我们生活的技术革新都来自关于光和物质的相互作用的基础研究。下面我会讲一下发光的原理。一般的分子是在基态，当把它激发到激发态，它会从激发态回到基态。回来有两种途径：一种是发光，另一种就是不发光。当能量以光子的形式回到基态，就会发出荧光；如果作为热把能量在激发态散发掉，耗散掉，它就不发光。还有一个可能是从单重态到三重态，三重态回来发光就是所谓的磷光，当然它也可以作为热耗损掉。

这有一个问题，叫作浓度猝灭效应，这个效应是一个非常有名的德国科学家福斯特于 1954 年发现的。浓度猝灭效应就是分子在浓度高的时候，会把荧光猝灭掉。原因是浓度高了之后，分子会靠近，靠近之后就聚在一块，所以浓度猝灭效应叫 Aggregation – Caused Quenching，简称 ACQ，就是聚集导致的荧光猝灭效应。这个效应非常常见，很多发光东西浓度越高，发光就减弱了，甚至是完全猝灭掉。这个领域的人一谈到浓度猝灭效应，大家都讨厌。大家在理论上已经知道是怎么回事，但是实际应用中非常有害。给大家举几个例子。第一个，大家的手机如果用的是 OLED 屏幕，那么它的主要成分就是基于有机发光材料的固体薄膜。作为发光体的薄膜是在固态的时候使用的，固态的时候浓度肯定是最高的，浓度猝灭效应也最大，所以要想很多办法去克服 ACQ 的问题。另外一个例子是在生命科学，我们的细胞是看不清楚的，但是可以直接染，染了之后就可以看得清清楚楚。但我们的身体里面是没有有机溶剂的，我们的身体里面的液体介质是水。然而很多发光体主要是有机化合物，那基本上就是亲油的，亲油的物质是不喜欢水的。比如把油扔到水里面，油自己就会聚在一块，所以要去看生物的结构，也必须要克服 ACQ 问题。以前克服 ACQ 问题的思路是不让聚集发生，但是浓度高了之后，分子聚集在一起是一个自然的现象。

所以以前解决问题的方法实际上给自己制造了一个对手，它想聚集，你不让它聚集，所以你很难去彻底地克服 ACQ 问题。

有时候你要从盒子里面跳出去思考问题，你很有可能就发现一片新的天地，这实际上要求要有新的思路去解决问题。我们现在回过来问，以前大家很讨厌聚集，那是不是所有聚集的东西都不好，或者说有没有什么好的聚集体？什么叫好的聚集体？聚集之后它还可以闪闪发光，或者说它越聚集越亮。如果说这些答案是 Yes，那就很好了，那就不需要去反对它去聚集，而去利用它聚集。

我们偶然发现一个现象，有一种分子很奇怪，溶解的时候单个分子不亮，加水它就聚集，这个时候激发它就亮了，加水越多越亮，这个现象就很反常了。以前是越聚越不好，这个是越聚越好，所以我们有时候碰到一些怪现象的时候，一定要仔细地想一想。这个事情让我们找到了很多的科学问题，后来也找到了很多非常有名的一些技术应用。当我意识到这个现象很怪，我就去做科学研究。这就是我为什么讲，老师让你做的，你跟老师想得一模一样，这是好的研究，但不是最好的。科学研究实际上就是标新立异，这个怪现象就是一个标新立异的东西。我们当时发表了一篇小文章，没想到美国化学会的编辑喜欢这篇文章，他认为这个现象挺奇特。

上面我就讲了第一部曲，就是我们看到一个很怪的新的现象，发现新的问题。接下来就是第二部曲：要提新的概念，要建新的模型。

前面那个现象，因为我们搞不清楚在分子层次它的工作机制，所以就提了一个新的概念，是什么概念呢？因为这个东西作为分子不亮，它的聚集体很亮，它发光是因为聚集而诱导的，所以我们把它叫作聚集诱导发光，Aggregation – Induced Emission，简称 AIE。这个概念提出来，但是一个光概念还是比较空的，必须告诉大家它的工作机理。机理就是分子在激发态时能量高，能量高不稳定，一定要回到基态。从激发态回到基态，有两条路可以走，一条是辐射跃迁，另一条叫非辐射跃迁，基本上就这两个途径竞争。如果非辐射跃迁占主导的话，它就不发光了，因为这个地方的光能作为其他形式的能量，有耗损，你看不见；但是如果你把非辐射跃迁给堵住，那么它就闪闪发光。

现在看看我们的分子。这个分子叫作四苯基乙烯（TPE），这个分子现在是这个领域的明星分子。刚开始发现这个分子的时候，没有特别兴奋，因为当时六苯基噻咯（HPS）发光太亮了，TPE发光没有HPS那么亮，但没想到最后TPE脱颖而出。原因很简单，因为HPS是很漂亮的结构，但很难做，而TPE谁都做得出来，非常容易。这个TPE分子，如果我们画成某一种结构，是可以自由旋转的。你将这个东西打到激发态之后，双键是打开的，分子就拼命乱转了，分子运动一定消耗能量。这种运动一定跟溶剂分子摩擦生热，热从哪来的？从光能，所以这个运动就把光能都变成热能耗散掉，这就说明非辐射跃迁非常有效，所以它的单个分子就不亮。

可是，它们一旦聚在一块之后，就没有运动的空间了，就是分子挤在一块不好动，所以我们把它叫作分子内的旋转受限，等于把非辐射跃迁给堵住了。当然还有另外一些分子不是那么好转动，它是振动的，详细我不讲了。转动、振动都会消耗能量，所以这种东西在单个分子不亮，但是聚在一块之后运动受限，就会变亮。我们就叫作分子的运动受限，这就是我们的工作机制。

我们想了很多办法去证明这个问题。第一个是黏度。因为分子运动一定受介质的黏度影响。大家知道布朗运动吧，把花粉扔到水面，花粉是动的，如果把花粉扔到稀饭上面，它会不会动？稀饭和水的区别是什么？就是黏度，稀饭的黏度大。所以如果把介质的黏度增大，分子不好动，不好动它就应该亮了，所以机理是对的。我就让学生找点黏度很大的液体介质，学生找了甘油，甘油黏度很高，我们就加上甘油，加得越多，它就越亮。大家可能觉得这个地方变化不是很大，实际上已经是10倍的变化了。

第二个是温度。大家如果学物理、化学的，就知道，温度越低，分子越不好动，所以在相对较低的室温23℃，一点荧光信号都没有。当温度冷下去，越冷越亮，因为越冷，分子越不好动，绝对零度的时候所有的分子运动都停止了。当然我们还做了很多外部控制，比方说

我们也可以加压力，压力越大就越亮。下面讲内部控制。所谓内部控制，就是对分子结构进行控制。为什么我们要了解工作机制？一旦你懂得它怎么工作，你就可以去设计分子结构了。分子的运动受限机制，翻译成简单的话就是任何分子，只要是活蹦乱跳的，溶液下就可能会猝灭荧光，就是要么转动，要么振动。我的学生们就给我设计合成了几百种分子，这些分子都是活蹦乱跳的，要么振动，要么转动，这些分子全部都是 AIE 的。这就证明了两件事情：一个是我们的机理是对的，并且有指导意义，这就是为什么现在这么多人都愿意做 AIE；另外一个就是很简单的设计原理，科研工作者可以根据机理非常容易地设计出新的 AIE 分子。传统的东西在水里面形成纳米粒子是不亮的，但我们制备的悬浮在水中的 AIE 纳米粒子闪闪发光，非常特别。这就表明可以在生命科学的应用案例很多。往老鼠身上一打，一聚集就亮，特别是跑到癌细胞那边聚集，癌细胞就亮。另外一个，AIE 材料固态非常亮，传统的 ACQ 东西在固态发光很弱，甚至不发光，但我们这个闪闪发光。这个好处可以用手机的应用为例，在固态就不需要克服 ACQ，反而越聚集越亮。科学研究从某种意义上来讲越做越有意思，因为它总是有新的挑战出现。

下面问大家一个问题：有很多发光的东西都是芳香分子的化合物，如果说一个分子一个苯环都没有，大家觉得这种分子会发光吗？大家看这个例子，马来酸酐聚合物一个苯环都没有，然后我的学生做出来它发光，换一个同学去做，也是发光，表示这个现象是对的。这个东西说老实话更难理解，不清楚它为什么发光。所以我们后来花了很长时间去理解这个事情，因为我做研究有一个特点，一定要搞清楚怎么回事，只有这样，你才会从必然王国走向自由王国。后来我们理论上计算了一下，这是马来酸酐的一个聚合物，计算后发现氧原子和氧原子之间的距离非常近，只有 3.1Å（埃米，距离单位）。氢键的距离是 3.5Å，相互作用已经很强了。3.1Å 表示这两个氧原子靠得非常近。氧原子螺旋转动，靠得非常近。根据这个计算，我们就提出了一个机理。氧元素的特点是，它在元素周期表的右边，电负性比较大，有固定电子，但是这些氧原子分散的时候是不发光的。也许发光，但是我们看不见，因为它发光的话，波长一定很短，不在可见发光范围，并且我相信它发光也会很弱。可是当它靠近之后，它就形成一些簇聚集体，一旦形成簇之后，就会产生空间的相互作用，氧原子之间就开始相互作用了。这种相互作用，一方面有利于氧上边孤对电子的离域，形成发色团；另一方面会让簇变得很刚硬，刚硬之后就不好动了，就回到了分子的运动受限的机理。这个叫作簇发光，并且非常有意思的是这种簇的尺寸大小不一样，发光的颜色也不一样。我觉得纳米科学是从量子开始的，量子点尺寸越大，发光越红。簇就是尺寸越大，发光越红。我今天举例是氧原子，但实际上它也可以是氮原子，也可以是磷原子，也可以是硫原子。这些原子是自然界，特别是我们身体里面很常见的所谓的杂原子。大家可以想一想蛋白，蛋白除了碳和氢，剩下的就是什么？就是氧，就是氮，还有硫。DNA除了碳和氢，有氧，有氮，还有磷，根据我们簇聚集发光的机理，蛋白应该发光，DNA也应该发光，甚至纤维素都应该发光。我给大家举个例子，纤维素是自然界最常见的生物材料，花、草、树、棉花，很多植物都是纤维素，这种东西一个芳香环都没有。因为是来自自然，所以没什么毒性，它对环境很友好，放到自然界很容易就分解了。海里面有很多生物都是发光的，到深海，好多东西都发光。为什么这些东西发光？我觉得好像大家还没有特别了解，所以这个机理就有可能会回答生物发光的来源在什么地方。纤维素、淀粉等，这种东西在溶液态的时候，你去激发它，它不发光，但是它聚在一块都会亮。所以也是 AIE，因为溶解的时候不亮，聚在一块的时候就亮。这个发光可以给我们指明一条非常非常宽广的道路，可以做的应用太多太多了。

第二部曲我已经讲完了。我们提了一个新的概念，叫作 AIE；我们提了新的模型，叫作 RIM 分子内运动受限。

第三部曲是开发新的应用区域，开拓新的领域。实际上 AIE 有太多应用可以做。我现在提的口号，叫作 "United，we survive，divided，we fall"。这句话是《伊索寓言》里面的，讲的一匹狼要吃一群羊。那

些羊说如果我们分散，这匹狼就把我们一个一个地吃掉了。叫作"divided，we fall"。但是假如我们抱成团，去跟那匹狼拼，也许我们可以把它给赶走，叫作"United，we survive"。所以把它翻译成汉语叫作团结就是力量。所以聚集就是 united，就是 together，所以我们可以做很多事情。我们可以做出一个聪明材料，只要你给它刺激，它就会发生变化；我们可以做发光的液晶、发光二极管、太阳能电池、光子计算机，做化学检测等，在生命科学领域也有很多应用。

因为时间关系，随便举几个例子。第一个例子，AIDF 聚集诱导延迟荧光，延迟荧光我们国家已经做得很好了，但是有一个问题，这些在三重态的分子靠得很近还是会猝灭，这个叫 TTA。我们这个东西不会有这个问题，因为我们的分子即使相互靠得很近发生 TTA 的概率也非常小。AIE 这个东西，溶解的时候不亮，聚集闪闪发光，亮度是 10 万。10 万是什么概念呢？就是指在一平方米的面积里面，放 10 万根蜡烛的亮度，那是跟探照灯一样亮，闪闪发光，而且稳定性非常非常好。所谓的聪明材料，是对不同的刺激有响应。分子的时候是结晶，结晶发黄色的光。因为 AIE 结晶非常容易破坏，给它加个力，它就变成红光了；再加热，结晶性又回来了，又可以发黄光，所以重复性非常好。我们跟天津大学的老师合作，他就用这个做机械铸件应力的检测。因为力的变化，很多是你看不见摸不着的，比方说导弹要打出去的时候，受力的情况是非常重要的，但检测受力非常难。而这个 AIE 根据受力的情况，颜色会不一样，就可以研究看见受力的情况分布。还有温度就更重要了。实际上力和温度也是相关的。AIE 有各种各样的刺激，温度、pH、极性、湿度等，都可以检测。再有力致发光。一个学生把 AIE 材料夹在两个玻璃片中间，用力按就亮了，没有光去照的，它就是两个玻璃。这个就可以应用在人体内，比方说关节，一受力就亮了，就可以用来检测关节炎的受力情况。

实际上还有一个非常重要的问题。我刚才讲的叫荧光，还有一个非常重要的发光现象叫磷光。磷光我给大家举个例子，夜光表发出来的光就是磷光。早期所发现的磷光发射体很多时候都是一些石头，都是一些无机的东西。现在有人做有机晶体，教科书上说纯的有机晶体是不可能有磷光的，但我的一个学生，歪打正着，发现了一种极其普遍、便宜的材料，它的溶液，在光照射时它是不亮的，可是温度一低，就亮起来。因为温度低，分子运动受限，分子就不好动了，不好动就亮了。实际上，把这个东西翻译一下，就是在室温下有没有什么办法让它不好动，只要在室温下不好动，它就应该亮。一个很简单的方法就是结晶。因为结晶之后，分子之间有很多相互作用让它不好动，光照就亮，并且它的寿命有 5 毫秒。荧光的寿命通常是纳秒，这个是毫秒。毫秒是纳秒的 100 万倍，显然表示这个东西不是荧光，而是磷光，然而这个是纯的有机晶体。我刚才告诉大家教科书上面讲纯的有机晶体，不可能产生有效的室温磷光的。然后我就跟我这个学生讲，这个东西至少应该可以发 JACS。因为这个就是告诉别人，纯的有机晶体，可以做室温磷光，叫 RTP。这才是属于开创领域的工作。我们于 2010 年将文章发表在 JPC，结果没想到第二年美国一个组发了 Nature Chemistry，跟我们的东西一样，他还不引用我们的工作，我想如果他引用，他肯定也发不了，因为我们提前发的比他早一年。实际上我们好多开拓性的工作都不是很牛的样子，像 AIE、RTP，所以说大家都挤破头去发所谓的好文章，但实际上有时候挺亏的，不如早发表文章。

现在做 RTP 的人很多，再讲一个我们自己的例子。这个分子，单个分子它可以发白光，不需要混合。现在做白光，一般是 RGB 三个东西混在一块，但这个很困难。最好的方法就是一个分子结构发白光。为什么可以发白光呢？因为它有两个磷光，一个是黄光，还有一个是蓝光，蓝光和黄光混在一块，就是白光。蓝光从高的三线态 Tn 回来，从理论上来讲是非常重要的。因为有一个非常有名的卡莎规则，卡莎规则是不管激发到多高，最后都是要么从 S_1 回来，要么从 T_1 回来，从 T_n 回来的很少。所以从理论上讲它非常有意义。我们做了很多其他东西，都有两个发光。

下面举另外一个例子，气体的检测。这里要讲一个小故事。二氧

化碳是酸性的，如果把我们的 AIE 溶在碱性的溶剂里，就可以检测二

氧化碳。刚开始溶在碱性的溶剂里是不亮的，二氧化碳和碱放在一块就会成盐，盐的特点是黏度非常大，黏度大，分子不好动，另外盐的极性非常大，极性大就会聚集，所以二氧化碳越多越亮。我当时也说这个东西肯定可以发 JACS，结果文章投出去，送审三个人，一个人说这个工作超好，绝对可以发表，另外两个人不同意，这两个人提的意见是一模一样的。两个人的意见是除非你可以告诉我们，这个东西可以检测大气里面的二氧化碳浓度的变化，要不然这个是没有什么用处。JACS 一般有一个人说不行的话，肯定就被拒绝了。这次是两个人说不行，编辑居然让我们修改，也算是运气很好。这个同学就拼命去检测大气的二氧化碳，但是检测不出来，因为灵敏度不够。放一点点二氧化碳的话，黏度的变化不足以让分子不好动，就没法检测。这个同学非常努力，我说你去休息几天，休息几天之后回来我跟你讨论。我说实际上你不需要做任何新的思维，我们有点被他牵着鼻子走，他要我们检测大气中的二氧化碳，我们就检测大气中的二氧化碳，大气里面二氧化碳的浓度，现在是 300 ~ 400 个 PPM，以前是 200 多个 PPM，都太低了。实际上他要我们检测的二氧化碳，是想问你这个东西有没有什么用处，你就告诉他有用就行了，没必要非得检测大气的二氧化碳。低浓度不灵敏，但是我们可以解决高浓度的。高浓度的二氧化碳其实很少有人做。实际上无非就是告诉他高浓度检测有多么重要，你能说服他的话，他肯定就让你通过了。

　　实际上你想想，很多时候都是高浓度的。我们中国的煤矿经常出事，大家知道是因为什么吗？因为通风不好。岩石里面有一种成分叫作碳酸盐，在石头里面。挖煤矿之后这些碳酸盐会分解，要么产生一氧化碳，要么产生二氧化碳。一氧化碳有毒，二氧化碳可以让人窒息，所以必须通风，要不然就会出事故。一旦通风不好，这些煤矿工人就上不来了。以前中国东北的老百姓家里都有菜窖，朋友来了要煮火锅，说拿点白菜上来，一跳到菜窖里就上不来了。因为蔬菜瓜果呼吸会消耗氧气，产生二氧化碳，二氧化碳密度也比空气大，会在地窖中不断累积，浓度高会使人窒息死亡。还有一个比如说潜艇，因为你是呼出二氧化碳，如果潜艇排气不好，那些士兵也都死掉了。

这篇文章是 2010 年发的，那一年欧洲火山爆发，冰岛火山爆发，整个欧洲飞机禁飞。因为火山爆发有很多纳米颗粒悬浮在高空，对飞机的发动机非常不利，所以不让飞机飞。那个时候全世界在讨论怎么去预测火山的爆发，但事实上火山爆发是地下的熔浆往上面涌，大家想想它涌到半山的话，它已经融化很多石头了。我刚才讲石头里面有很多碳酸盐，熔化之后一定是一氧化碳、二氧化碳气体。大家知道火山灰里面的二氧化碳浓度是多少？最高可以高达 40%。这就是为什么火山爆发之后，很多牛、马会死掉，不是烧死的，是窒息而死的。因为人知道往特定的方向跑，这些动物绕圈跑就躺下去了。我们把这个东西放在火山口上面，去检测、去模拟，去检测二氧化碳浓度的变化，潜在可以预告火山的爆发，那不是可以拯救整个人类吗？我说你不需要做任何事情，我们就把摘要改一改就行了。我们改完之后就投回去，投回去又送到那两个人手上去了，那两个人说"非常优秀"，结果就发表了。

下面讲蛋白的纤维化。我们的身体除骨头之外，其他东西都是很软的。比方说肝，肝变硬就是肝硬化。大脑很软，大脑变硬的话就是阿兹海默症。阿兹海默症的模型就是因为大脑的纤维化。而我们这个 AIE 刚好可以检测蛋白的纤维化，因为很软的时候蛋白就可以动，变硬就不好动了。接下来我们去找个蛋白——胰岛素。天然的胰岛素很难提取，胰岛素蛋白非常容易聚集，非常容易纤维化，一旦形成纤维之后，就会闪闪发光。

下面讲长效追踪。对于癌症病人，得肿瘤的人，大家可能觉得肿瘤越来越大就把人撑死了，但不是的，没有撑死前就转移了。癌细胞如何转移是大家非常想知道的，但现在没什么好的手段可以去检测。我们这个 AIE 可以去检测癌细胞的转移。例如脑肿瘤，我们可以追踪三个星期。现在市场上最好的是量子点追踪，但也就追踪不到一个星期就没信号了。

AIE 的特点是光稳定性非常好。我们这个至少重复 40 多次，一点变化都没有。以线粒体举例，线粒体是细胞的动力工厂。用我们这个

AIE 看线粒体分辨率非常高。有一个学生说他的 AIE 分子，见到癌细胞表现一种样子，见到正常细胞表现另一种样子。我说这个太好了，有没有癌细胞一下子就知道。然后我当时觉得这个东西特别难理解，可现在仔细想一想，也蛮好理解的。大家知道肿瘤细胞，拼命吃，拼命长，永远都不死，所以它代谢超旺盛。代谢旺盛会发生什么事情呢？它的线粒体的膜电位负值非常大。我们只要设计一个东西，让它带正电荷就行了，它就可以拼命跑到癌细胞带负电的部位，一聚集它就亮。另外，癌细胞的线粒体的数目也比正常细胞要多，这就是为什么癌细胞闪闪发光，正常细胞就不怎么亮。这还有一个潜在的好处，就是它拼命地跑到癌细胞部位富集，最后就把癌细胞弄死了。所以它又可以做检测，又可以做药。有时候有些医生会说："我不想看所有的癌细胞，只想看某一种癌细胞。"我们结合抗体后也可以做这个事。我们再看市面上卖的染料分子。培养癌细胞时，只要把培养皿放在那，整个培养皿都闪闪发光，背景光非常强，就需要洗。洗可是个技术活，洗少了假阳性，洗多了好不容易染上把它洗掉了，就是假阴性，这是很难控制的一个过程，所以最好不要洗。我们只要把 AIE 做成水溶性的，它是不亮的，只是跑到癌细胞里面去聚集才亮。所以我们叫作 wash - free，免洗的。一般做生物检测，大家都想往长波那里走，因为波长越长，看得越深。

总结一下 AIE 和 ACQ 的区别。一个区别是 AIE 的浓度很高，浓度高的时候它就变成药了。还有一个区别 AIE 是免洗的，不需要洗的，这叫作点亮型，没有背景光的，分辨率就非常高，光物理性非常好，不会被漂白，可以做长效追踪。它只是跑癌细胞那边去，自己跑去了，不需要加什么东西。我们的纳米粒子是最好的，因为传统东西都是纳米粒子不亮，但它不一样，会亮，所以 AIE 的纳米粒子最好，纳米粒子会跑到肿瘤那个地方富集，它跑进去还不出来。我们曾经做过这种实验，把 AIE 往老鼠身上一打，刚开始整个老鼠身上都是闪闪发光的，过一天之后，其他地方都不亮了，只有肿瘤的地方发亮，因为这个地方有一个叫肿瘤 EPR 的效应，AIE 的纳米粒子会跑到那个地方富集。

最后总结一下，这个三部曲已经讲完了。第一个就是 ACQ 的问题，我们提的新的概念就是 AIE，模型就是 RIM，然后找到了很多应用，今天只是讲了其中的一小部分。然后下面就是能不能打开一个新的领域。

如果大家想了解这个领域，可以阅读我们在 2015 年年底发的一篇很长的综述，有 223 页，基本上就是一本小书。现在研究 AIE 的红旗插满全球，因为我觉得很简单，但简单不表示它不重要，这其中有很多重要的科学问题，然后也非常有用。今年已经有 1600 篇文章了，还有一个月我估计可能差不多 1700 篇。我们于 2001 年发的第一篇文章，当时基本上没人关注，到目前，今年还没结束，已经有 45000 次引用了，所以这个领域发展得非常迅速。2015 年，AIE 被列为材料和化学领域排名第二的研究热点。最近一篇综述文章把荧光这个领域的很重要的事情列了一下表，AIE 和非传统发光的东西都在其中，这就表示这个领域是非常重要的，这个是对基础科学的贡献。《自然》一篇深度分析文章将 AIE 列为支撑未来纳米光革命的四大纳米材料之一，且是其中唯一一个由我国科学家原创的新材料体系。现在很多搞教育的人对我们这个东西感兴趣，AIE 已被纳入国内外本科生的实验教学，并被认为是核心概念的重点实验。同时对于高中生来说，它也非常好，因为高中生非常喜欢这种颜色的变化。我的日本老师是一个富二代，他的老爸是大银行家，他最后为什么变成非常有名的化学家？他就是中学的时候，认为化学有这么多颜色的变化，很有意思，于是就去学了化学。所以这就是我们开拓的一个全新的领域。

最后我想感谢我的学生，我想我没做什么事，但是我的运气比较好，有一批非常优秀的学生，当然也感谢国家基金委和科技部给我们很多支持。谢谢大家。

（本文系 2018 年 11 月 26 日北京理工大学"百家大讲堂"文字转录节选）

主讲人简介

唐本忠，教授，中国科学院院士。1982 年于华南理工大学获学士学位，1985 年、1988 年先后获日本京都大学硕士、博士学位。主要从事高分子化学和先进功能材料研究，特别是在聚集诱导发光这一化学和材料前沿领域取得了原创性成果，是 AIE 概念的提出者和研究的引领者。

唐本忠先后获得多项荣誉及奖励：2002 年获得由国家自然科学基金授予的"杰出青年学者"（B 类，海外华裔科学家）称号；2007 年获国家自然科学二等奖、Croucher 基金会高级研究员奖、中国化学会王葆仁奖和 Elsevier 杂志社冯新德奖；2012 年获 Science China Chemistry 杰出贡献奖、美国化学学会高分子材料部科学与工程分会 Macro 2012 讲座奖等；2014 年获伊朗国家科技部科学技术研究组织颁发的 Khwarizmi 国际奖；2015 年获广州市荣誉市民；2014—2019 年连续当选全球材料和化学领域"高被引科学家"。2016 年，AIE 纳米粒子被《自然》列为支撑即将来临的纳米光革命的四大纳米材料之一，并是唯一一种由中国科学家原创的新材料；同年，美国 CNBC 电视台以"Year of Cancer"的主题，实况专访唐院士，向全球直播介绍 AIE 荧光探针在识别癌症细胞等领域的应用；荣获 2017 年度何梁何利基金科学与技术进步奖，以第一项目完成人身份凭"聚集诱导发光"项目获得 2017 年度国家自然科学一等奖，并获得科技盛典——CCTV2018 年度科技创新人物。

天道酬勤

——我的人生和科研感悟兼谈聚合物太阳电池最新研究进展

李永舫

老师们、同学们：

大家好。今天我想跟大家交流一下我的人生感悟，我用"天道酬勤"这个题目，是因为我最喜欢这个古训。与大家交流人生感悟后，我将简单介绍一下我所从事的聚合物太阳电池光伏材料方面的一些最新研究进展。

今年国科大开学典礼，他们请我去参加，并作为教师代表发言。我今年70岁，70岁的老师以教师代表的身份在开学典礼上发言，估计国内也不多。我的发言讲了四点，我今天跟大家分享。我认为，不管你做什么工作，你只要能做到这四点，就能把工作做好。

第一是热爱，第二是用心，第三是努力，第四是认真。

热爱，就是要快乐人生，快乐科研。我们做研究也是这样。如果你不喜欢研究工作，老师天天盯着你，你也不一定能做好。所以首先要喜欢。你要是喜欢了，你就会非常努力地去做，因为是自己喜欢的事情。如果你不喜欢，你就很难会主动把事情做好。霍金今年去世，他就很喜欢"即使我深陷果壳之中，仍自以为是无限宇宙之王"这句名言。就是要有这样一个胸怀，要有快乐人生、快乐科研的态度。我们常说热爱是最好的老师，你无论做什么工作，热爱是成功的先决条

件。不论你当领导、当老师、当学生，都是这样。作为学生，应该热爱自己所学的课程；作为研究生，你应该热爱自己的研究方向；作为老师，你应该热爱自己的教学和科研工作。我觉得热爱是先决条件，你不喜欢的事情绝对做不好。

我强调的第二点就是用心，要勤动脑筋，要用心做事。不管做什么事情，要有一个清晰的思路。在课程学习中，应该抓住知识要领，做到融会贯通，举一反三。在科研中，应该了解所研究领域的最新进展，分析存在的关键科学问题，根据自己的知识背景以及所在实验室的研究条件，确定自己要主攻和解决的关键科学问题，以及解决问题的途径。

第三点，我强调的是努力。今天我做报告的题目就是倡导努力，叫天道酬勤。我们需要把精力百分之百地用到学习、科研和教学上。在当今信息时代，少玩手机、不玩电子游戏、不看与学习和科研不相关的网络信息和手机微信。现在的时代跟我上学时候不一样，1977 级读大学的时候，大家读书非常非常努力，那时候没有网络，没有电话。我在上海读大学时，家在河南农村，离得很远，家里也没有电话，也没有打过电话，一个学期放假的时候才回家一次。现在可能交通方便了，像当时那个距离现在高铁也就 3 个小时，有的同学说不定到周末就回家了。现在网络也是一分为二，有它方便的一面，也有你必须控制的一面，比如现在有很多电子游戏需要控制。现在我在国科大也给学生上课，我感觉到学生能否把课程学习学好，控制好网络这一点非常重要，一旦沉迷到电子游戏里面去，再聪明的学生也学不好。所以我说人生最靠得住的是你自己，无须求人而通向成功之路的捷径就是努力。

我举几个例子。我在人生征途上通过努力抓住了几次重要机会。首先，我抓住了高考这个重要机会。我是 1966 届高中生，"文革"中回乡当了农民。1977 年高考是上天突然给了一个机会，如果没有抓住，可能在农村就待一辈子了。我于 1977 年在睢县参加高考。1977年 10 月中央决定恢复高考，正式通知应该在 10 月 20 号左右，河南省是 12 月份考试，前后也就不到两个月的复习时间。当时我在工厂里当工人，工厂的领导不愿意让我走，因为我是工厂的一个小技术员，他不许我请假复习，所以我只能利用上班之前的早起、下班之后的晚上复习。周末还要回家去干农活，在往返的路上我骑着自行车，脑子里回想数学公式，这样子抓紧时间来复习备考。

那年高考满分是 400 分，我有幸考了 350 多分。能考出这样的成绩，一方面得益于复习迎考阶段的努力，另一方面是因为我中学学习的基础比较扎实。我报考的第一志愿是华东化工学院抗菌素专业（"文革"期间华东化工学院改名为上海化工学院，后来改回华东化工学院，现在的名称是华东理工大学）。这个学校在河南招收年轻考生的分数线是 250 分左右，对老三届的大龄考生要求分数线要比年轻考生高出 100 分，我正好高出了 100 多分，所以我有幸被第一志愿录取。后来我上大学一年半，于 1979 年就考了研究生，因为我进大学的入学成绩比年轻同学高出一大截（年轻同学基础差是由于"文革"期间不重视教育的缘故），学习非常轻松，进度可以往前赶。但是我们班的年轻同学并不笨，又加上 77 级同学学习都非常努力，他们入学之后进步非常快。

大家知道，我们国家"文革"后恢复招收研究生是 1978 年，1979 年是第二批。当时允许在校大学生可以提前考研究生是因为，1978 年、1979 年考研究生的考生，一部分比我年龄还要大五六岁（"文革"之前的大学生），还有一部分是"文革"期间招收的工农兵大学生，甚至还有人没有上过大学，靠自学考研究生。所以当时就开了个口子，由学校推荐在校大学生可以提前考研究生，我又抓住了这个机会。但是我要考自己所学的抗菌素专业还不行，因为大二时专业课还没学。考虑到自己数学和物理的基础比较好，所以我就报考了物理化学专业的研究生。那一年我在学校总共录取的 80 多名研究生中，成绩在前三名。值得一提的就是英语。我考大学时不考英语，我是初中学俄语，高中开始学英语的。但是 1966 年"文革"开始后一直到 1977 年年底，11 年半没有学过英语。进大学后就从 abc 开始学习英语。我上大学的时候，其他的课程比较轻松，主要的课余时间就是学英语。研究生入

学考试我英语考了80多分。其实77级、78级的同学学习都非常努力，学习努力的程度可以用"疯狂"这个词来形容，一分一秒也舍不得浪费，走路、排队买饭，都会拿出英文单词本来背。

我最近在网上看到一首诗，觉得写得很好，是赞颂77级大龄同学读书的热情的，叫《我还有一个名字叫知青》。现在很少提知青了，现在说知青就是那个年龄的，包括习近平总书记、李克强总理这个年龄，当时都是知青。"经过了10年的磨炼、10年的渴望，我终于又重新回到了课堂"。

我还有一个名字叫知青

......

我满怀着新的希望去拥抱知识的海洋

校园里、课堂上、灯光下、读书忙

我们承担着改变命运的重任

奋力要将失去的光阴补上

坎坷的经历是我们学习的动力

探寻真理是我们不变的理想

我们如此珍惜这来之不易的学习机会

那是因为我们知道

我们的幸运来自于千百万知青的梦想

我认为这首诗写得非常实在，非常好，确实说出了像我这个年龄的人的心声。

后来有人总结到，改革开放40年，也就是1978年年初77级同学入大学的40年。恢复高考后培养的人才对国家后来的发展起到了很重要的作用。

我强调的最后一点是认真。要认真为人，认真科研。在为人方面，要言必信、行必果，多替别人着想，要待人以诚。多替别人着想，就是要心胸宽不计较，这是赢得朋友、同事和领导尊重和重视的一个前提。我们能做的就是从自己做起，我们做老百姓的要多替领导着想，当领导的要多替手下的人着想，当老师的要多替学生着想，当学生的要多替老师着想，这样工作就会比较顺。在教学方面，我觉得就要认真备课、认真授课。

我现在在国科大也给本科生上课。社会上对中国科学院大学招本科生有很多的舆论，主要是认为原来没有上过课的老师去上课，能不能讲好？现在我也上了好几年课了，有亲身的体会。我觉得任何事情就看你用不用心，如果你用心去做，做了一辈子科研的人去上课也一定能上好。我在科研方面的体会比较深，在给学生讲课的时候，会把自己的研究成果结合到教学工作中，更有利于培养研究型人才。然而即使你教了一辈子书，如果不重视教学，你也不一定能教好。如果你重视，用心去做，可能你没有经验，但可以用认真去补充，需要多下点功夫。在学习方面要认真听课，认真做作业；科研方面要认真观察实验现象，认真做好实验记录，认真总结研究结果，认真撰写研究论文。

我听过唐本忠老师几次报告，他讲到创新三部曲。他的创新三部曲就是发现新现象、提出新理论、找到新应用。我们大部分研究都是从选题入手，在做研究的时候，一定要细心观察实验现象，有可能有一个很重要的现象，如果没有细心观察，就会错过。另外还要有洞察力，能意识到这个现象很重要，这样就能发现新现象。所以我觉得做研究，认真非常重要。

做老师的要认真地给学生改论文。我现在花得最多的时间是给学生改论文。学生做研究要认真观察实验过程，做好实验记录。有的时候你获得了有意义的实验结果，但没有记录下来，过几天如果你的结果重复不出来，再让你回忆当时实验的细节，你可能就想不了那么清楚了。如果当时记下来，再重复实验的时候就要容易得多。

我还有一个人生感悟就是要顺其自然。我提倡快乐人生、快乐科研，顺其自然跟这个也有密切关系。我信奉一分为二的辩证观，认为

任何事情都有好的一面，也有不好的一面。因此任何事情不必强求，应顺其自然。但是顺其自然不是没有追求，而是一种心态，有机会一定要抓住，机会总是青睐有准备的人。有实力才会有机会，而实力需要平时的努力来铸就。我自己的座右铭就是"顺其自然、抓住机会、致力科研、乐在其中"。我觉得下面这几句话写得挺好："虽然我们不能决定自己生命的长度，但可以拓宽它的宽度。虽然我们不能改变容貌，但可以展现笑容。虽然我们不能控制他人，但可以掌握自己。你自己要努力，别人是干涉不了的。虽然我们不能预知明天，但可以把握今天。虽然你不能样样顺利，但你可以事事尽力。我们缺少的不是机遇，而是对机遇的把握。"我今天讲人生感悟，总结为"成功之道"，就是我说的这四点，热爱＋用心＋努力＋认真，你就有机会获得成功。这是我今天讲的人生感悟。

下面我就讲我自己做的有机光伏方面的科研工作。在座的可能很多不是这个方向的，所以我会讲快一点，主要讲思路。我前面提到，做任何事情都要有一个清晰的思路，做研究也是一样。我今天介绍的太阳电池，也叫太阳能电池，英文名为 Solar Cell。

我今天主要讲二维共轭聚合物给体，以及这类光伏材料在非富勒烯聚合物太阳电池的应用。非富勒烯太阳电池热门的领域就是 N 型有机半导体受体光伏材料。有机光伏最近几年发展非常快，效率从原来的很难到 10%，现在已经能到 14%～15% 的效率，这个效率就到了可以向应用发展的阶段，要应用就要考虑高效率、低成本和高稳定性。

能源问题是最近一二十年来的热门话题，诺贝尔奖获得者 Richard Smalley 在 2004 年讲道，人类未来 50 年所面临的最重要的问题，一个是能源问题，一个是环境问题。实际上环境跟能源是密切相关的，现在很多的环境问题，就是因为化石能源引起的，尤其是煤。太阳能是利用清洁能源很重要的一个部分，太阳能是地球赖以生存的最基本的能源。在人类出现之前几十亿年，太阳能一直为地球在创造和累积能源，包括煤、石油，都是早期地球利用太阳能产生的。小学学自然的时候知道，植物埋在地下后，慢慢变成了煤，而植物是靠光合作用生长的。

太阳能利用有几种重要的形式。一个是太阳能热利用，例如太阳能热水器，我们国家用得非常好，不管城市还是农村，尤其是农村，太阳能热水器用得非常多。还有一种是太阳能光利用，比如太阳能光化学和光催化。前一段在上海有一个太阳能光化学光催化大会，一千多人参加，规模很大，做这个领域研究的人很多。再一个就是太阳能电池，是把太阳能直接转化成电能，我今天就重点讲太阳能电池。

利用太阳能最重要的反应，我认为是光合作用，这是化学反应的皇冠。光合作用的反应过程和机理、涉及的酶、它的结构和性能，如果在某一个方面能搞清楚，都有可能得诺贝尔奖。因为这个反应太重要了。

太阳电池，是把太阳能直接转化成电能的装置。现在商品化的太阳电池材料是单晶硅、多晶硅，被称为硅基太阳电池。我国目前最亮的名片是高铁，硅基太阳电池是我国的另外一张名片，虽然没有高铁那么亮，但也是非常亮的一张名片。我国太阳电池的产量，占全球产量的60%以上。过去大家说我们的硅太阳电池是两头在外——技术在外，产品也要卖到国外。其实现在中国人的硅太阳电池的生产技术已经达到了领先的程度，并且生产太阳电池的设备自动化程度很高，很多是国产的。过去硅太阳电池产品百分之九十几靠出口，现在我们国内市场能够消化掉一半以上的产品。硅太阳电池为什么发展这么好呢？因为它的价格降得很快，降到了可以取消补贴的程度。所以现在我们做太阳电池研究，我认为几乎没有其他技术可以取代硅，因为现在硅的价格已经降得很低，而且技术非常成熟。像砷化镓、铜铟镓硒这一类的无机半导体太阳电池，就是薄膜太阳电池，原来也是很热的方向，但最近几年因为硅太阳电池发展得太好了，这些薄膜太阳电池就没有竞争力了。这几种新型太阳电池中的染料敏化太阳电池，一开始效率是百分之七点几，2000年前后超过了百分之十，但是后来进展很慢，到现在最高也才百分之十三点几。后来出现了钙钛矿太阳电池，大部分原来研究染料敏化太阳电池的人员都转而研究钙钛矿太阳电池，因

为其效率较高。

　　我今天重点是讲有机聚合物太阳电池。刚才说硅太阳电池非常好，也做得很便宜，而有机太阳电池的效率没有硅太阳电池高，为什么还要研究有机太阳电池呢？这是因为有机太阳电池有突出的特点，就是可以做成柔性，可以做到低价容易制备，可以溶液加工，器件结构也很简单。有机聚合物的突出优点：一是重量轻，可以用塑料的基底，如果按照单位重量光电转换效率，比硅太阳电池还有优势；二是可以做成柔性和半透明器件。这两点是比硅太阳电池有突出优点的地方。要发展有机太阳电池，将来的应用必须走柔性和半透明的路线，如果做在玻璃上面，可能没法跟硅太阳电池竞争。柔性太阳电池有一些特殊应用，包括做帐篷，或者用于野外，或者可穿戴，各种各样的应用。有机聚合物太阳电池在弱光下的效率不减，硅太阳电池是光越强效率越高，所以有机太阳电池在室内也可以实现应用。

　　太阳电池的研究都必须测量它的电流随着电压变化的曲线，从这个曲线上可以读到它的开路电压、短路电流。在这个曲线上面选一个点，从电流电压乘积最大的点来算它的填充因子，它的效率就是开路电压乘短路电流再乘上填充因子，再除以输入光的光强。太阳能电池的器件性能好不好，往往看这条曲线，曲线往下沉就比较好，大致可以看出这个器件的性能或者它的器件制备的过程是不是达到最优化。

　　早期的有机太阳电池研究是一种基础研究，探索有机半导体共轭体系的光伏性能。现在到了可以向应用发展的阶段，这就要考虑以下几点。一是高效率，继续提高它的效率。二是高稳定性。现在研究的钙钛矿太阳电池也一样，虽然效率很高，但是能不能应用还没有定论，这取决于其稳定性问题能否解决。三是低成本，要实现商品化，成本是非常重要的。如果做得很便宜，即使效率低一点，也是有应用前途的。

　　我再讲讲有机半导体太阳电池的发展历史。这个领域在 1986 年之前，有人发现有机半导体有光伏效应，但是转换的效率非常低。1986年，柯达公司的邓青云博士开发研究了给体 – 受体（D – A）异质结的有机光伏电池，他把效率做到了 1% 左右。现在看 1% 很低，但那个时候是一个突破性的进展，比原来的效率有好几个数量级的提高。有机光伏如果将来发展得好，邓青云有希望得诺贝尔奖，因为这个工作是开创性的工作，提出了 D－A 异质结的概念。到了 1995 年，艾伦·J. 黑格（Alan J. Heeger，2000 年诺贝尔化学奖得主）的课题组，与伍德（Fred Wudl，一位很有名的有机化学家）合作，他们提出了把聚合物给体与碳 60 衍生物 PCBM 受体共混的本体异质结的概念，报道了《单结的聚合物：PCBM 共混活性层的太阳电池》。这篇论文提出的本体异质结概念是有机太阳电池活性层结构的重要创新。大家做研究的时候，一定要大胆地去设想，提出创新性思想。黑格他们为什么会提出这样一个概念？因为有机半导体有一个缺点，就是它吸光后形成的是激子（束缚的电子－空穴对），激子的扩散长度只有 10nm 左右。如果做成给体和受体的双层器件，厚度超过 10～20nm，吸光后产生的激子可能扩散不到给体或受体界面上就会复合发光，对光伏就没有贡献。但是如果给体和受体层做得很薄，吸光又不行。怎么解决这个问题呢？黑格他们就想到给体和受体共混，这样活性层就可以做厚，只要里面给体和受体聚集的尺寸控制在 10～20nm，整个活性层厚度可以达到100nm、200nm、300nm。因为在这种本体异质结构中激子很容易就扩散到给体受体界面上，在界面上电荷分离，分离的电荷再传输到电极上形成光电流和光电压。后来这个领域的发展基本上用的是给体受体共混的本体异质结概念。如果这个领域将来能得诺贝尔奖，我想邓青云 D－A 异质结的工作和黑格等的本体异质结的概念，都是诺贝尔奖的候选。你所做的工作是否重要，可以看看是否能够引领一个领域的发展。

　　1995 年到 2005 年之间，奥地利 Sariciftci 教授的课题组做的工作在引领这个领域，把效率逐步提高到了 3.3%～3.8%。

　　真正突破性进展是在 2005 年，是 UCLA 的杨阳教授课题组，他们把聚噻吩衍生物 P3HT 做给体、PCBM 做受体的有机聚合物太阳电池的效率做到了 4.3%。现在看 4.3% 并不高，但是那个时候是个很激动人

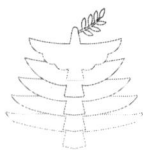

心的结果，超过了 4%。这个工作发表在《Nature Materials》上，这篇文章现在引用估计有几千次。从 2005 年以后，像杨阳教授这样原来很多做有机发光的研究者，都转到有机光伏领域，所以这个领域越来越热。

　　我是 2000 年进入有机光伏这个研究领域的。2000 年，我们参加一个叫"低价长寿命太阳能电池的研究"的"973"项目，其中包含有机光伏一个探索性的课题。当时化学所的科技处长是刘明华，刘明华一看有机太阳电池，就给我打电话，说"李老师你好像比较适合这个方向，你愿不愿意承担"？就这样，我就开始了有机光伏这个方向的研究。当时光伏效率非常低，"973"项目两年有一个中期评估会，中期评估时对研究项目会进行调整。我到两年调整的时候，效率 1% 都做不到。我就主动提出从这个项目里退出来了，但我仍坚持开展这方面的研究。后来这个领域越来越热。2010 年的时候，我的课题组报道了茚双加成富勒烯受体光伏材料，把 P3HT 的效率提高到了 6%～7%。2011 年到 2012 年华南理工大学曹镛院士的团队，使用 PFN 阴极修饰层材料把有机光伏的效率提高到 8%～9%，这是很有影响力的工作。2015 年以后，有机光伏进入非富勒烯时代，前面说的 PCBM，它的吸收只在短波长波段，当时 PCBM 做受体，都要设计窄带隙的聚合物给体，才能得到高效率。但窄带隙的聚合物给体的电子能级很难调。2015 年对非富勒烯受体贡献最大的是占肖卫，他的课题组合成了窄带隙的非富勒烯有机半导体的受体，代表性的有 ITIC 和 IDIC 等。2016 年以后，中科院化学所侯剑辉课题组通过给体和受体材料的优化，使有机聚合物太阳电池的效率逐步超过了 11%、13%、14%，最近已经超过了 15%。实际上超过 8% 的效率，有机光伏就能应用，可以做柔性的、半透明的有机光伏器件。

　　对于聚合物有机太阳电池，它的关键光伏材料是给体和受体。给体材料里边，最重要的是 p-型共轭高分子给体，其中 P3HT 是最有代表性的、结构简单和低成本的给体。受体材料包括 PCBM 等富勒烯受体和 ITIC 等非富勒烯受体。用 PCBM 做受体的时候，有代表性的窄带隙的聚合物给体材料为含苯并二噻吩（BDT）给体单元的 D – A 共聚物，这一类材料跟碳 60、碳 70 的 PCBM 共混，效率能超过 10%。也可以用平面型的有机小分子给体，这类材料跟 PCBM 共混也能获得超过 10% 的效率。最近全小分子有机太阳电池，就是使用小分子给体和小分子受体的器件，效率也能超过 10%。我的课题组也从事有机小分子给体的研究工作，这方面的工作今天就不讲了。

刚才我说到做任何工作要有一个清晰的思路。要做有机光伏研究，要设计光伏材料，首先要了解光伏材料需要什么性质。高效光伏材料需要具备下面这些最基本的性质。

太阳电池要把太阳能转换成电能，活性层需要在可见和近红外区有宽和强的吸收。我们早期的研究中，因为使用 PCBM 做受体，聚合物给体分子设计要强调窄带隙宽吸收；但现在用非富勒烯受体，非富勒烯是窄带隙的 N 型有机半导体材料，所以设计给体的时候就要考虑宽带隙，就是给体和受体要吸收互补，使整个活性层能够具有宽和强的吸收。

其次，电荷分离了以后要传输，如果传得慢，它还有机会相遇再复合，对光伏没有贡献。所以给体、受体都要有比较高的迁移率（给体需要有高的空穴迁移率，受体需要有高的电子迁移率），而且给体的空穴迁移率和受体的电子迁移率还要平衡。

再次，电子能级很重要。给体的 LUMO（最低空分子轨道）和HOMO（最高占用分子轨道），都要分别高于受体的 LUMO 和 HOMO，因为这个能级差是驱动激子电荷分离的驱动力，我们要求能级差要大于激子束缚能。如果能级差太小，激子电荷分离的效率就会下降。另外，器件的开路电压跟受体的 LUMO 和给体的 HOMO 之差成正比。如果受体的 LUMO 固定了，像 PCBM 基本上不能调，设计给体的时候，就要降低 HOMO，能级往下调，提高开路电压。P3HT 的缺点是 HOMO能级比较高，导致其有机太阳电池的开路电压较低，后来设计给体材料时都是想办法把其 HOMO 能级往下移，往下移以后就能提高开路电压，提高光伏性能。

还有溶解性。溶解性是加工成膜的一个前提。如果其他性质都很好，但是不溶也不行。

最后还有一点就是共混体系要形成纳米尺度相分离的互穿网络结构。活性层中的给体和受体必须有聚集，如果没有聚集其迁移率会很低，但是聚集尺寸又不能太大，它们聚集的尺寸要控制在 10 ~ 20nm。

2012 年我曾经应邀为 Acc. Chem. Res 写过一个综述——"高效给体光伏材料的分子设计策略"。那时候用的还是富勒烯受体，聚合物给体需要有宽吸收和比较低的 HOMO 能级，就是刚才我说的对给体材料性质的要求。分子设计上给体材料就用 D – A 共聚，这是一个普适的方法。可以设计不同的给体单元、不同的受体单元，只要改变这两种单元，就会改变得到的聚合物的吸收，也可以调整它的能级。所以在这个领域做研究，如果能设计出一个新的给体单元，大家都用你的给体单元得到高效的光伏材料，那么你在这个领域就会变成名人，就会有很大的影响力。同时给体单元也可以通过引入共轭侧链提高聚合物的迁移率，拓宽聚合物的吸收，所以通过引入共轭侧链，也可以改进聚合物给体的光伏性能。另外，使用吸电子基团取代可以使 HOMO 能级下移，可以提高器件的开路电压。同时主链还需要有比较好的平面性，来增强链间相互作用，提高迁移率。柔性侧链可以改善聚合物的溶解性，但是侧链不能太大，要有比较小的空间位阻，这是对聚合物给体材料的一些要求。

下面我讲一下带共轭侧链的共轭聚合物给体光伏材料，这是我的课题组一个有代表性的成果。我们开始做这个工作是 2004 年，侯剑辉是我这里开展这个方向研究的第一位硕博连读研究生，2001 年入学到 2006 年毕业，侯剑辉现在做得也非常好，是化学所的研究员、杰出青年基金获得者。当时我们研究的聚合物给体主要是聚噻吩体系。但是聚噻吩只在 600nm 左右有一个吸收峰，在短波上吸收也很差。当时我们就想怎么拓宽它的吸收，还要提高它的迁移率。共轭高分子主链是共轭体系，主链共轭体系上电荷传输是很快的，聚合物电荷传输主要受链间跳跃的限制。如果我们在它侧链上引入一个共轭侧链，就像搭桥一样，就可以提高迁移率。另外，因为吸收跟共轭程度有关系，加入共轭侧链，也可以拓展共轭程度，也可以拓展吸收。基于这种想法，我们就设计了这些带共轭侧链的聚噻吩衍生物。一开始设计的分子，发现在短波上会有个很强的吸收，但是原来聚噻吩主链的吸收就变得很弱，这是因为侧链太大会使主链发生扭曲，造成吸收变弱。后来我们就设计部分噻吩链段上带共轭侧链，还有一部分噻吩链段不带共轭侧链，来减弱扭曲，就得到这种宽吸收的聚噻吩衍生物。我们得到的最有影响的体系是带噻吩乙烯共轭侧链的聚噻吩衍生物，该聚噻吩衍生物具有宽的吸收和高的空穴迁移率。当时用这个材料做给体、PCBM受体，把聚合物太阳电池的效率做到了 3.18%。同样器件制备条件下 P3HT 的器件效率只有百分之二点几。虽然效率不高，但是跟 P3HT 对比的话，就有明显的提高。这个工作后来引起大家关注，共轭侧链的分子设计思想形成了一个比较大的影响。

但是如果这一共轭侧链的工作到聚噻吩为止，也不会有太大影响，因为它的效率还是受限制，吸收边界只有 650nm。后来侯剑辉和我的另一位学生霍利军到美国杨阳教授课题组做博士后，把共轭侧链这个思想引入了高效体系上。他们回到化学所工作后，合成了带噻吩共轭侧链的窄带隙的苯并二噻吩和并噻吩共聚物高效给体光伏材料，发现它的吸收能够进一步红移，迁移率有显著的提高，同时 HOMO 能级也有所下移，与不带共轭侧链的对应聚合物给体相比，基于带共轭侧链聚合物给体的光伏器件的开路电压有所提高，短路电流有显著提高，效率从 6.43% 提高到 7.59%。这是 2011 年发表的成果，百分之七点几是当时的最高效率之一。

2009 年的时候我们研究过聚噻吩上侧链的影响，引入烷氧基或者烷硫基侧链，这两个都是富电子基团，都会使吸收发生红移。但是一般富电子基团会使聚合物的 HOMO 能级往上移，烷氧基取代的聚噻吩 HOMO 能级比原来又往上移了 0.5 个 eV。然而烷硫基非常有趣，它会使聚合物的 HOMO 能级往下移，下移了以后器件的开路电压可以显著

地提高。

我们把这个现象用到了窄带隙高效体系上面，把噻吩共轭侧链上的烷氧基换成烷硫基，有同样的效果，就是使聚合物的吸收红移和HOMO能级下移，这进一步说明了噻吩共轭侧链跟聚合物主链形成了同一个共轭体系。使用烷硫基取代聚合物给体的光伏器件，与烷基取代的聚合物给体相比，开路电压从 0.78 V 增加到 0.84 V，效率从7.38% 提高到了 8.42%。现在烷硫基取代已成为调节给体光伏材料的HOMO能级和拓宽吸收的有效手段。报道这个工作的论文也入选了全国百篇最具影响的国际学术论文。

还有一个侧链工程是氟取代。氟是电负性最强的一个元素，氟与氢之间的氢键是最强的。苯并三氮唑是一个受体单元，该受体单元上氟取代以后能使其与苯并二噻吩给体单元的 D–A 共聚物的 HOMO 能级下移，从而提高基于该给体的聚合物太阳电池的开路电压。同时氟取代还会增强链间相互作用，因为存在氢键相互作用，这样可以提高迁移率。这个氟取代的 D–A 共聚物材料最近在非富勒烯太阳能电池里面作为给体，有很好的光伏性能。但对富勒烯体系，因为它吸收边不是很好，效率不是很高。

下面我讲一下非富勒烯体系。非富勒烯受体可以是 n–型共轭聚合物，也可以是 n–型有机半导体小分子受体。2007 年，我跟占肖卫合作，占肖卫合成了一种聚合物受体，使用我组的带共轭侧链的聚噻吩衍生物给体，制备的全聚合物太阳电池效率为 1% 左右，当时发表在JACS 上。到了 2015—2016 年的时候，我们较早提出了给体和受体吸收互补的概念。原来富勒烯体系，很少提吸收互补，因为富勒烯吸收就在短波长上，所以一直强调给体光伏材料设计窄带系宽吸收。我们使用窄带隙 N2200 聚合物受体、选择我们的宽带隙聚合物 J51 做给体，它们吸收互补并且能级匹配也非常好。用这两个材料做给体和受体的全聚合物太阳电池，开路电压达到 0.83V，效率达到 8.27%，这是当时全聚合物太阳电池的最高效率。这项成果发表在《Adv Mater》上，这篇论文也入选了全国百篇最具影响的国际学术论文。

但是这个基于 J51：N2200 的全聚合物太阳电池，对应受体 N2200 吸收的外量子效率明显较低。这主要是因为 N2200 聚合物受体的吸收强度比较低。后来我们考虑到现在的小分子受体都有很强的吸收，我们就提出了将小分子受体高分子化的策略，将小分子受体单元与噻吩单元进行共聚，得到了吸收比较强的窄带隙聚合物受体 PZ1。用 PZ1 做受体，全聚合物太阳能电池的效率进一步提高到了 9.19%。

刚才我说到的明星分子 ITIC，是占肖卫最早报道的。2015 年之前大家心目中受体就是富勒烯衍生物。所以如果你能开发出新的受体跟富勒烯性能接近，已经是很不错的了，实际上这个材料性能要比富勒烯衍生物好得多，但 2015 年发表 ITIC 的第一篇文章中没有把 ITIC 的优越性完全开发出来。原因是当时聚合物给体材料没选好，使用了窄带隙的给体，给体和受体的吸收都在长波长区域，所以电流就做不上去，电流比较低，效率只有 6.80%。这个工作于 2015 年发表在《Adv Mater》上，这也是一个非常有影响的工作，论文也入选了全国百篇最具影响的国际学术论文，现在总引用次数接近 800 次。我们注意到原来选的体系在 400~550nm 区域吸收很弱，我们选用刚才提到宽吸收 J51 给体材料，使基于 ITIC 受体的聚合物太阳电池的效率很容易就超过了 9%。如果一开始就选这个宽带隙材料做给体，这个工作应该是《Nature》《Science》水平。

后来我们又把烷硫基取代用到宽带隙 J-系列聚合物给体上面，使聚合物给体的 HOMO 能级降低，器件的开路电压提高到超过 0.9V。通过使用硅烷基进一步降低 HOMO 能级，进一步提高了开路电压，效率能超过 11%。这些文章都是高被引用，2016 年发表后已经被引用好几百次。我们在噻吩共轭侧链上用氟取代，也可以进一步降低 HOMO 能级，使器件开路电压接近 1V，效率达到 11.6%。

总结一下我们的测量工程。主链都是一样的，苯并二噻吩给体单元和苯并三氮唑受体单元的 D-A 交替共聚。通过在苯并二噻吩的噻吩共轭侧链上烷硫基取代、硅烷基取代，还有氟取代，使 HOMO 能级逐渐往下移，器件的开路电压逐步升高，效率也是逐步升高，这个规

律性是非常非常好的。我们做研究如果能发现规律性，那么会很高兴，越做越有劲。

我在苏州大学的团队做了一个工作，即给体聚合物 PM6 上引入了氟取代，受体 IT－4F 末端也引入了氟取代，基于 PM6：IT－4F 的聚合物太阳电池效率达到了 13.5%，这在论文发表时的 2018 年年初是最高效率之一。

我再简单讲一下最近开发的一种窄带隙有机半导体受体。通过在中心稠环单元和末端受体单元之间插入一个双键，我们可以使它的吸收拓宽，吸收边从 800 多 nm 拓宽到 900 多 nm。但是拓宽以后它的能级就比较难调，所以它的开路电压就有所下降，但短路电流会提高。我对这个工作还是挺欣赏的。

ITIC 的分子苯环的侧链上面对位上有一个柔性链，是为了提高材料的溶解性，但是对位柔性链会影响到分子的堆积结构。为了改进分子之间的堆积性能，我们考虑把这个柔性链换到苯环的间位上面，合成了 ITIC 的同分异构体 m－ITIC，发现柔性链换到间位之后的 m－IT-IC 的电子迁移率有明显提高。所以用同样的带烷硫基取代的 J61 做给体，效率从使用 ITIC 受体的 10.57% 提高到了使用 m－ITIC 受体的 11.77%。

我们也研究了硅烷基取代基长度、形状对聚合物给体光伏性能的影响，发现它对聚合物的 HOMO 能级有着明显的影响。有趣的是，其中一个材料的 HOMO 能级甚至低于受体的 HOMO 能级。按照原来的理论这是不合理的，因为受体上的激子电荷分离的时候，要将空穴转移到给体上，要求给体的 HOMO 能级要高于受体的 HOMO 能级。但是现在给体的 HOMO 能级比受体还要低，按原来的理论就不会有电荷分离，但是实验结果表明还是有一部分电荷分离。现在非富勒烯体系的激子电荷分离机理跟原来的富勒烯体系是有一些不一样的，所以非富勒烯体系的激子电荷分离机理是一个新的重要研究内容，需要把这个机理搞清楚，因为这对指导材料设计是非常重要的。

有机光伏现在发展到了可以向应用发展的阶段，要往应用走就要降低成本。现在报道的高效光伏材料，大多数结构都比较复杂，导致合成成本较高。比如刚才讲到的 PM6 和 J－系列聚合物给体都有噻吩侧链，噻吩侧链上还有不同的取代基来取代，结构相当复杂。我们使用的受体材料结构也很复杂，合成都要很多步骤，多的有七八步，少的有四五步。合成步骤越多，产量就越低，成本就越高。尽管聚噻吩衍生物 P3HT 材料结构比较简单，也能够大批量合成，但是它的光伏性能又受限制（性能较差）。为了降低材料的成本，我们最近设计了一个结构简单的高效给体光伏材料。我们合成了噻吩为给体（D）单元，氟取代喹喔啉为受体（A）单元的 D－A 共聚物 PTQ10，该聚合物只需两步合成，产率达到 87.4%。这个材料具有比较合适的 HOMO 能级。对于受体材料跟 ITIC 相比，IDIC 的结构要简单一点，其中心稠环上没有苯环侧链。基于 PTQ10：IDIC 共混的光伏器件开路电压能到 0.9694V，效率达到了 12.7%。这在 2018 年年初发表时也是最高效率之一。PTQ10 是相对低成本的材料，现在正在放大合成，争取将来能实现实际应用。这个材料还有一个优点是活性层的厚度在 100～300nm 变化，对光伏性能影响不大。强调这一点是因为有机光伏器件的最佳活性层厚度往往在 100nm 左右，实际应用中大面积制备很难做到活性层很均匀到 100nm 左右。如果在 100～300nm 性能变化不大的话，那么对大面积制备就很有好处。

迄今文献报道的效率超过 10% 的材料比较成本，以合成步骤而言，我们这个材料是两步合成，其他最少是四步，有的步骤很多。另外我们材料的产率 87.4%，跟这些材料相比，也有明显的优势。

最近我的一个做有机合成的学生，设计了一个新的合成路线，在受体 IDIC 上引入一个烷氧基，能把合作路线简化、产率提高。这个受体材料跟 PTQ10 给体材料共混的器件，效率能够达到 13.4%，所以 PTQ10 是一个低成本的高效的给体材料。

我们最近还把 PTQ10 材料用到了钙钛矿太阳电池上面，用作钙钛矿太阳电池的空穴传输材料。传统钙钛矿太阳电池的空穴传输层材料是掺杂的，稳定性存在问题。用这个材料后无须掺杂，就用 PTQ10 在

钙钛矿活性层上面做了一个空穴传输层，再用一个修饰层，器件效率也能达到 21.2%，并且器件的稳定性大大改善。这项工作刚发在 JACS 上面。我非常高兴这个材料能在钙钛矿太阳电池上面也有一个很好的应用。

还有一点就是有机太阳电池的稳定性，大家担心它在紫外光下的稳定性。因为有机材料存在双键，可能紫外光线能把双键体系破坏。为了解决紫外光下的稳定性问题，我在苏州大学的研究团队最近考虑将有机太阳电池跟无机钙钛矿太阳电池结合。全无机钙钛矿吸收边缘是到 500 多纳米，紫外光都被无机钙钛矿吸收。全无机钙钛矿太阳电池可以做成半透明器件，半透明器件效率能接近 6%。在全无机钙钛矿太阳电池上再叠上一个有机活性层制备成叠层太阳电池，全无机钙钛矿吸收了紫外光一直到蓝光，然后有机活性层吸收利用可见光到近红外光，现在这种叠层器件的效率能做到 14%，同时在紫外光下稳定性非常好。

简单总结一下，有机太阳能电池具有结构简单、成本低、重量轻，可以做成柔性半透明器件的突出优点，它有重要的应用前景。给体受体光伏材料的吸收互补和能级匹配，是实现高能量转换效率的关键。侧链工程（刚才我提到共轭侧链、氟取代和侧链异构化）是实现高效光伏材料的有效手段。聚合太阳电池已经到了可以向实际应用发展的阶段，降低光伏材料和器件制备的成本，研究和提高材料和器件的稳定性，是将来有机聚合物太阳电池能否实现实际应用的关键。PTQ10 是一个低价和高效的聚合给体光伏材料，有希望获得实际的应用。

最后感谢基金委、科技部、科学院的资助。

谢谢大家！

（本文系 2018 年 11 月 29 日北京理工大学"百家大讲堂"文字转录节选）

主讲人简介

李永舫，中国科学院院士，高分子化学、物理化学专家，目前是中科院化学所研究员和苏州大学材料与化工学部的教授。主要的研究领域是有机聚合物太阳能电池光伏材料和器件，以及钙钛矿太阳能电池。已发表学术论文 600 多篇，已做国际、国内学术会议大会特邀报告和邀请报告 120 多次，发表论文已被他人 35000 余次引用，1998 年获得"中国的中青年突出贡献专家"称号。1995 年"导电聚吡咯的研究"获得国家自然科学二等奖（第二完成人）。2005 年"导电聚合物电化学和聚合物发光电化学池的研究"获得北京市科学技术奖（第一完成人）。2018 年"带共轭侧链的聚合物给体和茚双加成富勒烯受体光伏材料"获国家自然科学二等奖（第一完成人）、"胶体量子点可控合成和高品质 LED 应用研究"获北京市科学技术二等奖（第一完成人）。2012 年获美国化学会授予的高分子学术报告奖等，入选柯瑞安（Clarivate Analytics）公司发布的 2014 年材料科学领域以及 2015 年至 2017 年化学和材料科学学科两个领域的高被引研究专家。

超滑研究进展

雒建斌

各位老师、各位同学：

大家好！北京理工大学可以说是人才辈出，有着很多国内外顶尖的学者，北理工在军工领域为国家做了巨大的贡献，可以说国家各种武器装备都与北理工有密切的关系。除此之外，北理工在学术界也非常有影响力，例如在机械领域几乎没有人不知道姜澜①教授。

我今天给大家介绍的是超滑研究。人类的能源，据统计大约 20% 多通过摩擦给消耗掉了，一次性能源接近 30% 是通过摩擦消耗掉的。如果统计摩擦磨损造成的损失，占到国家 GDP 的 2% ~ 7%。比如说以金融为主的国家，如英国，那么就占比较少，在 2% 左右；以制造业为主的国家就多，就到了 7% 左右。如果以平均 5% 计算的话，摩擦磨损在全球每年造成的损失有数万亿美元。仅在中国，2018 年大概要达到 4 万亿人民币的损失，还是非常巨大的。80% 的器件是通过磨损导致失效、报废的。芬兰的一位摩擦学家每年做汽车领域的摩擦学调研，他说如果把轿车发动机的摩擦系数降低 18%，每年全球可以节约 900 亿美金的燃油损失，同时又能减少 2.9 亿吨二氧化碳的排放。这也是一个非常大的数据。超滑不是把摩擦系数降低 18%，而是能够成数量

---

① 姜澜，北京理工大学机械与车辆学院院长。

级地降低，即 10 倍甚至 100 倍地降低，对工业的影响非常巨大。所以超滑的概念出来以后，全世界都非常关注。

2007 年，学术界给出了超滑的定义，认为摩擦系数 0.1 以上是正常摩擦，0.1～0.01 属于低摩擦，0.01 以下就算超滑。更小的话，当时认为很难测量，即测量值与噪声处于同一量级，非常难测。困难的地方就是我们所要研究的地方。

要研究超滑，首先要实现测量。怎么能把摩擦系数测得非常准确？特别是在超低摩擦出现的时候。我们有个基金委的重大仪器项目，其中有一部分工作是由钱林茂和江亮完成的，他们建立了原子力显微镜（AFM）的摩擦系数的分辨率和悬臂梁的几何尺寸和强度的关系，通过改变结构尺寸，就可以把摩擦系数的分辨率提高。既要求它承受压力大，在垂直方向要能承受更大的载荷，又在水平方向上能够分辨更小的力，这样才能得到一个比较好的结果。现在它可以实现摩擦系数的分辨率达到 4.6×10^{-7}，一个非常高的分辨率，比现在世界上所有的 AFM 的摩擦系数分辨率都高。

超滑主要分为两种，一种是固体超滑，另一种是液体超滑，当然我们最近几年又研究出第三种，就是固液耦合超滑。固体超滑的概念最早是由日本学者 Hirano 和 Shinjo 提出来的。他们认为石墨的两个表面，只要旋转一个小角，上下两个表面的原子间就形成非公度接触，滑移时摩擦力为零。什么是非公度表面？我们假设石墨的下表面原子间距是 3 个有效单位，而上表面的原子间距是 2 个有效单位，那么上下两个表面接触的时候，上表面原子就不会插入下表面原子间的谷中，因此，滑移时就不会有阻力，这就是非公度表面，即两个表面的原子间距没有公约数。如果上面原子的距离是 2 个单位，下面是 4 个单位，由于有公约数，两表面在接触滑移时，就会出现上表面原子插入下表面原子间的谷中，剪切运动的时候就会有阻力，这就是公度表面产生摩擦能耗。从理论上说，超滑可以实现摩擦能耗为零，就是可以实现无摩擦的运动。

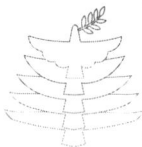

这个理论刚提出来的时候，日本学者就在一个世界物理学会议上

做了一个报告，受到多数物理学家的抨击。原因一是非公度的表面，在世界上是到处都有，就像木头和钢对摩，也没见超滑现象；原因二是他们当时做了一个实验，把石墨转了一个角度，摩擦力下降很大。由于他们是搞理论计算的，实验做得比较粗糙，仪器的分辨率低于测量值，因此遭到大家质疑。但是有一批研究固体摩擦的学者非常关心此事。1993 年 Martin 等人在超高真空条件下发现 MoS_2 涂层的摩擦系数可以降低至 10^{-3} 量级。第一个做出宏观固体超滑的是美国阿贡实验室的 Erdemir 等人，他们发现在 DLC 薄膜制备过程中加氢，摩擦系数会降低，氢含量越高，摩擦系数越低。当年我在读博士的时候，我们材料系一个同事也在做 DLC 膜的加氢实验，但他加到一定程度就不加了，摩擦系数可以降到 0.02，也很低了。我说为什么不再做得更低一点？他说再低就没用了，因为加氢过多，DLC 膜的强度下降得很大，应用价值就没有了，所以加氢到一定程度就不再加了。而阿贡实验室发现加氢后摩擦系数低了，就一直加，加到一定程度后，摩擦系数突然下降到千分位了，比正常的摩擦系数低了一个数量级，所以首次突现了宏观固体超滑，影响非常大。这就是以探索自然规律为目标与以应用为导向二者思维所造成的后果的巨大差别。

另外，清华大学的郑泉水小组，把石墨转了一个方向，然后借助外力使其移动，再放开，它就会自动弹回去。弹回去的摩擦力几乎为 0。这是一个非常明显的超滑例子，当然也有人怀疑是表面有静电效应的结果，即石墨两表面拖开后，相当于表面电荷间的吸引力把它又拉回去了。这件事可以明显地看出来，确实石墨片很容易地自动滑回去了，到底是什么机理，是不是由于超滑的原因，大家还在争论中。

我的学生刘淑娓在二氧化硅的球上镀了一层石墨烯，把石墨烯球粘在 AFM 的针尖上，并与石墨片或其他材料表面对摩，形成一个球盘摩擦副，即球和平面的接触。这样就比针尖接触更加接近实际情况了。好处就是它可以覆盖不同的材料，形成一个不同材料配对的一个摩擦配副。所以用这种办法可以做出来的石墨烯的厚度有七八层。标准的两个石墨烯表面对摩，它的摩擦系数确实比较低，而且不需要转角形成非公度表面。我们还做了不同的配对，有氧化硅对氧化硅的，石墨烯对石墨烯的，还有石墨烯对石墨等，后来摩擦系数最低到了千分之三，相当于比正常的摩擦系数降低了一个数量级，实现了超滑。其特点有二：第一，因为球是粗糙的，于是就有很多微凸点，局部压力达到了 GPa 量级，还能实现超滑；第二，它是一个宏观的非公度与公度混合体，所以有些地方是公度，有些地方是非公度。即在宏观尺度下，出现了大量的非公度的表面，所以实现了超滑。美国阿贡实验室做出来的 DLC 超滑必须在惰性气氛下才可以实现超滑，Martin 在真空下才获得超滑效果，而我们获得的超滑即使在湿度较高的大气环境下也可以实现，并与滑移角度无关，因为它是疏水性表面，可以把水分子挤到一边去，形成石墨烯对接，摩擦系数就很低。

近期，马天宝的学生刘艳敏又做了一个非常好的工作，把石墨烯包覆在 AFM 针尖上，直接对氮化硼做摩擦。摩擦系数可以降到万分之一左右，如果在真空中，摩擦系数可以降到十万分之二，基本上把摩擦降到国际上报道的最低数据，现在还没看到谁报这么低的摩擦系数。

当然石墨烯的应用还受到一定的限制。我的博士后陈新春，在 DLC 膜方面进一步挖掘，看低温下能不能实现超低的摩擦系数。在低温 -110℃、1.4 GPa 压力下，在宏观摩擦学实验机上摩擦系数基本上测不出来了（小于万分之一）。当加压到 2.2 GPa 时，就可以测出来了，仍然处于超滑状态。我们把这个视频给李克强总理做了展示：把一个硅片放到这边，轻轻摇动的时候，基本上不动，因为它是非常光滑的两个表面，它的摩擦系数相对还是比较大；当把它做成 DLC 超滑的表面以后，稍微一晃，它就会滑动，非常滑溜。这就是把 DLC 膜从原来阿贡实验室的摩擦系数 0.002，降低到了摩擦系数 0.0001 以下，而且还在低温下可以实现，耐磨性能好，磨 10 万圈左右也没问题，应用价值更大。

举个例子，在摩擦学领域，公元前 1800 年左右，埃及人搬一个非常巨大的雕塑，用了数百人拉着，然后加木棍，再加水润滑，实现了

搬迁。这是一个利用滚动摩擦和润滑取得成效的案例，完成了当时一项非常巨大的工程。当然我们如果实现万分之一的超滑状态的话，那么 60 吨重量的雕塑的拉力也就 6 千克，一个小孩就可以拉着它跑。所以将来超滑真正要应用，就会有很大的价值。

上面讲的是固体超滑，第二个就是液体超滑。什么是液体超滑？液体超滑的最早一个案例，不属于摩擦学领域，是搞物理的人发现的超流。超流实际上是液氦大概在 2.17 K 的时候，它的黏度几乎消失，测试黏度大概为 10^{-11}Pa·s，实际上测量准不准也不知道，因为它太低了，比水的黏度还小了一百多万分之一，它的内摩擦几乎消失了，物理学解释是处于宏观量子态，物体在其内运动时，无阻力，就是摩擦力几乎为零了。若把它放到一个管道里边，给一个轻微的震动，它几个月都停不下来，一直在里边转。虽然永动机不可能实现，但是这种摩擦几乎消失的情况下的较长时间的运动还是有可能实现的。研究超流的好几位物理学家获得了诺贝尔奖。

但对摩擦学来说它没用，降低摩擦系数就是为了降低能耗、减少磨损。然而，把系统温度降低到 2.17 K 的时候，就需要大量的能量，所以它对摩擦领域来说没什么价值。所以好多学者都从摩擦的角度或者润滑的角度来研究如何实现超滑。

原为牛津大学物理化学系主任，现为以色列威兹曼研究所的 Klein 教授团队，把分子相当于"长"在固体表面，靠表面电荷作用，形成一个极性表面，在该表面附近形成水合斥力。表面分子剪切的时候，水合斥力抵抗了一部分压力，摩擦系数就非常低，他获得了万分之几的摩擦系数。日本的 Adachi 小组，把陶瓷在水里磨，磨了两个多小时，突然摩擦系数降到很低，大概也能到千分之几，甚至万分之六都可以实现。上面两个小组都实现了超滑。

1996 年，我获得的第一个自然科学基金项目就是做超滑研究。当时是希望在两个固体表面加入电荷，形成同种电荷相斥的两表面作为摩擦副。当时北理工有一个教授做驻极体研究，做得不错，我还请教过他。我想两个带有同种电荷的表面接近时，它会诱导周围的分子，在摩擦副中形成一个斥力场，就有可能形成超滑。但没想到通过驻极体的方法获得的两个同种电荷的表面在接近时由于表面电荷的迁移，造成二者相互吸引，而不是相互排斥，这个实验以实现超滑为目的而言就是失败了。后来日本人在我们的实验的基础上改进了一下，刻了很多方槽，相当于每个小块之间绝缘了，表面电荷就无法迁移，也就能形成一定的斥力，但他们没去做超滑研究。

到了 2008 年，我们一个学生把酸奶带到实验室去了，刚好也没喝，到了晚上他一看酸奶的成分，觉得有些成分跟以色列一位教授发现的超滑海藻的成分有点接近，他就将酸奶加到多功能摩擦实验机（UMT）里面做实验。没过多久，发现摩擦系数突然降到 0.0015 了，出现了超滑现象。酸奶怎么出现超滑了？他赶快给我们做了汇报。我们就根据酸奶的成分分类，设置了 4 个小组，分别从乳酸菌、微量元素、蛋白质和乳酸研究酸奶的超滑机理。4 个小组整天研究，一会儿有超滑现象，一会儿没有，通过大量的实验，最后发现是测量仪器正反方向旋转累积误差造成的酸奶超滑的假现象，我们在超滑研究上又一次失败了！

我们当时给 2009 年在日本召开的第四届世界摩擦大会提交了四篇报告论文，其中三篇是关于酸奶超滑的，一份是关于酸奶成膜的。后来发现我们的实验机一直沿一个方向旋转，由于日以累计的摩擦力作用，正压力方向就有一点偏，我们估算了一下，偏角 1°，造成摩擦系数的误差达 0.02，对于超滑而言，这个影响就非常大，会将非超滑状态误认为超滑状态，结果反方向旋转，所测的酸奶摩擦系数为 0.06，超滑性能消失。我们只好给大会组委会说对不起，将三篇关于酸奶超滑的报告论文都撤了回来。但是。酸奶磨合一会儿出现摩擦系数下降是真的，对后来发现酸基超滑起到了很好的作用。后来我们获得了一个非常好的结果，将丙三醇与磺酸混合时，大概跑了 10 分钟左右，摩擦系数就会降到 0.0028，而且非常稳定，所以说是我们第一次非常稳定地实现了超滑。

另外有一件事，就是我有一次在杭州出差，在杭州吃莼菜汤，那

个汤里面的莼菜，拿筷子死活也夹不住，只能用勺子一勺一勺地吃。后来我想莼菜是否有可能出现超滑？回来就让博士生李津津做莼菜实验。李津津精心设计实验方案，成功地测量出莼菜的摩擦系数大概也是 0.005 左右，微观分析发现莼菜内部是层状结构，层间滑移可以实现超滑。它将来有可能在制药领域有应用前景，如果将它制作到药丸表面，咱们喝药的时候就没那么痛苦了，哧溜就下去了。到此，我们在生物体、酸与醇混合物两个方面发现了超滑现象。

真正做成功的一个案例是发现磷酸的超滑现象。大家都知道，磷酸是腐蚀剂，谁也没想到酸能润滑，还能实现超滑。我的博士生李津津在磷酸实验中做出超滑状态，为后续研究开拓了新的途径。因为磷酸的分子结构非常简单，这有利于超滑机理的揭示，机理一旦搞清楚了，那么就可能会复制，研制出多种材料，就有可能会发现一个新的超滑体系。

磷酸出现超滑的过程可以划分为三个阶段。在第一阶段，即刚开始运行的初始磨合阶段，摩擦系数比较高，随着磨合过程的进行，摩擦系数逐步下降到较低摩擦状态，摩擦系数为 0.03 左右。随着实验的进一步进行，进入第二阶段，摩擦系数逐步下降，润滑状态由低摩擦进入超低摩擦状态，摩擦系数下降到 0.004 左右，即进入超滑状态。第三阶段，即稳定的超滑状态，摩擦系数基本不再变化。研究这三个阶段到底发生了什么物理和化学变化，有利于我们对超滑机理的揭示。我们研制了一个在线的拉曼测量与相对光强膜厚测量的耦合测量系统，不但可以知道膜厚的变化，还可以知道其化学成分或结构发生的变化，从而可以观察磷酸摩擦系数变化过程中的物理化学变化。从三个阶段看，摩擦系数逐段变小，然后我们对应着看膜厚的变化。从干涉图像可以看出，随着时间的变化，膜厚不断增加，相当于流体效应增加，即等效于纯粹速度的增加。为什么在等速度运行时，流体效应会随时间而增加？这与常规的规律不符，需要了解其本质所在。大家都知道，有一种情况，就是黏度增加了，速度不变，也会出现流体效应增强。因此，磷酸的流体效应随时间而增加是否是因为磷酸的黏度发生了变化？后来就看了看拉曼光谱的变化，发现拉曼峰发生了偏移，这个偏移刚好给我们一个启迪，就是随运行时间的增加，磷酸中自由水分子在不断地减少，相当于磷酸原来含有的大量的水分子在摩擦过程中越来越少了，留下来的磷酸分子占比也就越来越多了，所以相当于磷酸的黏度增加了，于是流体效应增强，这就是第二阶段的主要特征。到了第三阶段，即超滑阶段，拉曼光谱基本上不再发生任何变化了。而且在稳定超滑阶段，它的磨损率也几乎接近于零，于是，我们获得了一个概念，就是流体效应导致了超滑的实现。

研究进入这个地步，我们就感觉非常悲哀！如果是仅仅靠流体效应就能实现超滑的话，那么超滑就没啥可以研究了，只要增加流体效应或控制流体效应即可。但是，到底磷酸实现超滑过程有没有化学变化和其他物理化学机制？这是至关重要的。所以我们当时很难往下深入研究。不过客观地讲，我当时还是坚持认为里面有化学作用。我认为如果只是流体效应变化的话，不可能大家一直没发现，而且也不可能就在磷酸中出现超滑，而在其他液体中没有做出来。

后来又做了很多摩擦磨痕区的探测，将表面清洗干净后，看看磨痕区是否有化学变化。然而从拉曼光谱上基本看不出来任何变化，因为清洗后的磨痕区还残留的东西很少，拉曼光谱的分辨率不够高，很难检测到任何磷酸分子。后来我们采用了合频光谱技术，只要残留一层分子，就能检测出来，发现在磨痕区确实有磷氧键的存在。这就给我们一个提示，起码还是跟化学变化有关系。后来我们继续用磷酸润滑，变换摩擦副材料，选用 PTFE（聚四氟乙烯）与蓝宝石对摩，结果一开始运行，就直接出现超滑，根本不需要任何磨合过程就实现了超滑，而且其摩擦系数几乎跟速度没关系，所以这就证明跟流体效应没什么关系的时候也可以实现超滑。

如果超滑的实现与流体效应没关系的话，就必须跟另外一个效应有关系，即存在另一种超滑机理！后来我们发现摩擦副用不同的酸跑合后都能实现超滑，而且 pH 值大于 4 以上的溶液跑合，基本上实现不了超滑，所以超滑与溶液的 pH 值有关。后来的实验进一步证明这与水

合作用的强弱有关系。水合作用越强，水合力越大，就越容易实现超滑。所以我们把水合离子按水合作用从弱到强做了系列实验，发现强水合离子，比如氢离子、钙离子等都可以实现超滑，而弱的水合离子就做不出来。这就说明水合作用的强弱对超滑实现非常重要。这就是实现超滑的另一个机制。

除了水合作用还有没有其他机理？因为水合力的作用范围很小，在 0.4 Å 左右。但是我们实现液体超滑时，润滑膜厚度经常在几十个纳米。这是否与双电层斥力有关？按此思路，我们查了双电层斥力与 pH 值的关系，发现在 pH 值小的区域，双电层斥力均比较大，当溶液接近中性区（pH 在 4 ~ 7 之间），双电层斥力均比较小，甚至接近于零，这与超滑出现的 pH 区间相吻合。然而，双电层斥力在碱性区域也比较强，但是当时我们在碱性区域很少观测到超滑现象。

为此，我们设计了一个有价值的实验，即对比磷酸二氢钠和磷酸氢二钠的实验。这两个溶液的分子成分非常接近，就差一个氢离子。当用酸磨合到低摩擦阶段后，更换为磷酸二氢钠溶液，摩擦系数基本没有什么大的变化。但是更换为磷酸氢二钠时，很快就出现超滑。这两个溶液的分子式就是多一个氢和少一个氢的差异，结果一个出现了超滑，另一个却没有出现超滑。这个差异就为我们提供了一个非常好的分析案例来研究超滑的机理。考察二者的 pH 值，磷酸二氢钠的 pH 值为 4.7，而磷酸氢二钠的 pH 值为 9.3。pH 值为 4.7 对应的双电层斥力接近于零的位置，没实现超滑。磷酸氢二钠的 pH 值 9.3 处刚好是双电层斥力比较大的地方，就出现了超滑状态。于是可知，双电层斥力也是实现超滑的一个重要原因。

这些仅仅是分析结果，如果能测量出二者双电层斥力的差异，就可以证实其对超滑的影响。我们把 AFM 中间磨成了扁平状，然后让它在磷酸二氢钠溶液中趋近下表面，结果两个表面间的作用力属于正常的范德华引力，即开始时为引力，当两个固体表面接触上以后，就变成斥力。而在磷酸氢二钠溶液中，两个固体表面间还距离 5 纳米左右就基本上呈斥力，且斥力大小随着两表面的逼近越来越大，其作用距离比水合力的作用距离长了十几倍，即证明了双电层斥力的存在，也确定其是实现超滑一个重要因素。于是，我们发现了实现超滑的第三个机制——双电层作用力。这样就可以通过调节 pH 值，想让它超滑，它就超滑，想让它不超滑，加一点酸（或碱）就变成非超滑状态，即可以实现超滑的控制。

随后，我们将液体超滑体系进一步扩展，把它又扩展到表面活性剂上，摩擦系数可以到 0.0007。后来在硅上又吸附一些分子，摩擦系数可到 0.0003。又用离子液体实现了超滑。到此为止，液体超滑的摩擦系数不仅又降了一个数量级，到了万分位，同时液体种类的范围又拓宽了，不同的酸、不同的碱、不同的酸和醇配合等都可以实现超滑的状态。

总结一下实现超滑的三种机理：一种是双电层作用力，一种是水合作用力，另外一种就是流体效应。这三种机理都可以实现超滑。

上面说的都是跟水有关的液体，那么能不能在油中实现超滑呢？对工业界来说，油应用前景就更大。我们做了很多次实验都没成功。后来我的博士生李津津用酸跑合后，再换成特定黏度的油，超滑状态出现了。我们的实验发现油基超滑与黏压系数、压力有关。

但是要在工业上应用，只有这么小的压力范围实现超滑，应用会受到很大限制。如何能够把抗压性能提高已成为超滑研究的一个重要方向。

这个阶段我们课题组做了两个工作，一个工作是把氧化石墨烯加到离子液体中，将超滑的抗压能力提高到 600 MPa，主要是靠接触区里面氧化石墨烯层间的超滑摩擦，既把摩擦系数降下来了，同时又把压力提高了。另外一个工作是把黑磷加到水里，其中用双氧水处理以后的黑磷，其磨斑非常小，比常规添加剂的磨斑小了很多，抗压能力达 1 GPa。这样就出现了另一个超滑体系，固液耦合超滑。

从国际上看，现在研究超滑的人越来越多了，我们课题组的论文在液体超滑领域占比目前比较大，为 60% 左右。目前世界上在该方面的主要研究团队有三个：一个是以色列的团队，主要是用水合作用来实现超滑；另一个是日本的团队，主要在纯水中实现超滑；再一个就

是我们团队。这三种超滑机制中的两个机制是我们团队提出的。

最后，咱们再回顾一下摩擦对人类到底有什么贡献。最早的贡献就是钻木取火，通过摩擦取火，人类从野蛮人走向了文明。第二大贡献就是轴承的发明，用滚动摩擦代替了滑动摩擦，催生了现代化的装备，否则没有轴承，没有滚动代替滑动，就不可能有高速车床、高速火车、高速汽车等。未来摩擦界最高的目标就是要实现近零摩擦和近零磨损，如果这个目标能实现，人类就真正地从摩擦中解放出来了。

另外，到现在为止，我们将固体摩擦系数已经降到了 10^{-5}，液体摩擦系数到了 10^{-4}，摩擦系数的测量分辨率到了 10^{-6}，与 2007 年结果对比，均有 1 到 2 个数量级的进步。

超滑研究关键是如何解决好一对矛盾。超滑需要低摩擦系数、低的剪切力，就需要分子间的作用力比较弱，液体的黏度就比较小。但是作为一个运动副，它必须能承受较高的压力。要是液体的分子间作用力太弱，一压就把它挤出接触区了，结果就相当于固体和固体干摩擦了，而干摩擦不仅摩擦系数很大，磨损也很大，所以只有较强的分子间作用力的液体才可能承受更大的压力。因此，这就是一对矛盾，即要用弱的分子作用力实现超滑，要用强的分子作用力来承受压力。那么如何解决好这个矛盾？那就是实现超滑的根本。就看谁能把这个矛盾解决好，既能耐压，又能把剪切作用力减弱。现在这几种机理都是为了解决这个矛盾，当然也希望以后可能还会有新的机理或方法出现，帮助人类解决这对矛盾。

总体而言，超滑的应用大门现在已经打开了，现在多种油、多种液体中均可以实现，压力也逐渐从原来的几十兆帕提高到几百兆帕，甚至 GPa 量级。现在国际上从事超滑研究的人也越来越多了，这个研究领域可以持续比较长的时间，因为超滑是摩擦界三大问题之一，也是将来能够真正解决人类困难的技术之一。

（本文系 2019 年 9 月 11 日北京理工大学"百家大讲堂"文字转录节选）

主讲人简介

雒建斌，陕西户县（今为鄠邑区）人，中国科学院院士、摩擦学专家。1982 年毕业于东北大学金属压力加工专业，1982—1985 年在西安电缆厂工作，1985—1988 年在西安建筑科技大学压力加工专业读硕士研究生，并获北京科技大学硕士学位，1988—1991 年在西安建筑科技大学工作，1994 年在清华大学机械设计及理论专业获博士学位，并留校工作。1999 年获杰出青年基金资助，2002 年被聘为长江学者特聘教授，2011 年当选中国科学院院士。

雒建斌院士现任清华大学机械工程学院院长；兼任国际摩擦学理事会执委，全球工学院长委员会（GEDC）执委，杂志《Friction》主编。曾任国际机构学与机器科学联合会（IFToMM）摩擦学技术委员会主席，中国机械工程学会摩擦学分会主任。

雒建斌院士长期从事纳米摩擦学研究和纳米制造研究，曾获国家科技奖 4 项，省部级科技奖 11 项；并作为首位中国人获得 2013 年美国润滑工程师学会（STLE）最高奖——国际奖和中国摩擦学最高成就奖（2013）。出版英文专著 1 部，发表论文 500 余篇，获发明专利授权 60 余项，在国际会议上（Plenary 和 Keynote）做大会报告 30 余次。

装备系统工程与决策科学化

孙宏才

各位老师、同学们好，今天很高兴和大家一起交流。

北京理工大学的前身在延安，当时叫自然科学院，后来更名为北京工业学院，现在叫北京理工大学。北理工是一所有着悠久传统的学校，"延安根、军工魂"一直影响着一代代人，在这种精神的影响下，咱们学校培养出大批的国家栋梁之材，非常荣幸能和这样一所著名大学的同学们交流。时代交织，其实我的母校也是和你们属于同一类型的学校，我是南航毕业的，南京航空航天大学，当时叫航空学院，现在和北理工一样，都隶属于工业和信息化部。同学们都是学工科的，和我有共同语言，因为我也是理工科学生，但是后来我从事了系统工程的相关工作，专业慢慢往这方面进行转变，研究生时攻读管理科学系统工程。今天我们从系统工程的概念、方法和在装备发展中的应用这三个方面，交流一下系统工程的相关知识。

一、系统工程的概念

系统工程的研究对象是系统，那么系统概念是如何发展的呢？系统概念来源于人类的长期实践活动和科学总结。"系统"这个词早在古希腊时期就已使用，亚里士多德关于整体性、目的性、组织性的观点，以及关于事物相互联系的思想，是古代关于系统的一种朴素概念。例如：亚里士多德的著名论断"整体不等于部分之和"就是一种系统概念。平时人们常说的"1+1>2"也是一种朴素的系统概念。

我国春秋末年的思想家老子用古代朴素的唯物主义哲学思想，阐明自然界的统一性和整体性。老子用"道"来说明宇宙万物的演变，他的"道生一、一生二、二生三、三生万物"观点就是最早的系统演化哲学思辨模式。

19世纪以来，自然科学取得伟大成就，例如：光、电、磁统一的麦克斯韦理论和达尔文的进化论，使人类对自然界的相互联系的认识有了很大提高。马克思、恩格斯的辩证唯物主义认为，物质世界是由无数相互联系、相互依赖、相互制约、相互作用的事物和过程所形成的统一整体。这就是系统概念的实质。

20世纪两次大战中，为了研究复杂的武器系统（如飞弹）而发展起来的系统工程，从实践中为系统观念的发展和传播作出了很大的努力，甚至说，这才是系统观念深入人心的真正开端。

钱学森指出："系统思想是进行分析和综合的辩证思维工具，它在辩证唯物主义那里取得了哲学的表达形式，在运筹学和其他系统科学那里取得了定量的表达形式，在系统工程那里获得了丰富的实践内容。"他还说："20世纪中期现代科学技术的成就，为系统思维提供了定量方法和计算工具，这就是系统思想如何从经验到哲学到科学，从思辨到定性到定量的大致发展情况。"

1. 系统的定义

系统是由两个或两个以上可以相互区别而又存在一定联系的元素（或称要素）组成的具有某种特定功能的集合体。系统包括自然系统和人造系统。自然系统包括银河系、太阳系、人体生命系统以及原子核结构系统等。人造系统是为实现某种目的，有组织、有计划建立的系统，包括交通系统、邮政系统和电子系统等。自然系统和人造系统组成一种复合系统，复合系统既有人为的组织和控制的一个方面，又有不以人的意志为转移的客观规律性。

系统工程的研究对象就是人造系统和复合系统。一般的自然系统不在系统工程的研究范围之内。系统的特征包括集合性、层次性、相关性、目的性、随机性和适应性。集合性是指两个或两个以上元素的集合体。层次性是指一个系统可以由几个层次构成而形成一种多级递阶的层次结构。相关性是系统元素或子系统之间有某种相互依赖的特定关系，构成一个有机整体。目的性是指系统具有某种功能，实现特定的目标。随机性是指系统中的参数在时间、空间和数量上是随机的。适应性是指系统要有适应环境变化的特殊功能，如自适应系统、自学习系统等。

2. 工程的概念

工程，简单来讲就是"造物"的工作。比如，机械工程是设计制造机械产品的工作，电气工程是设计制造电气产品的工作。那么系统工程就是设计制造系统的工作。系统工程学就是设计制造系统的理论和方法。

系统工程学是为了研究多个子系统构成的整体系统所具有的多种不同目标的相互协调，以期系统功能的最优化，最大限度地发挥系统组成部分的能力而发展起来的一门科学。它是一种设计、规划、建立一个最优化系统的科学方法，是一种有效地运用系统而采取的各种组织管理技术的总称。

3. 什么是系统工程

系统工程（SE）是关于组织管理的技术学科。它萌芽于20世纪40年代，50年代开始超出孕育它的纯工程技术范围进入社会领域，60年代初步形成了一门独立的学科。

1969年7月16日，美国（阿波罗工程历时11年、耗资255亿美元）"阿波罗11号"太空船登陆月球。这是人类第一次踏足月球，这也是人类由于运用系统工程取得的举世瞩目的成功，这也为系统工程赢得了巨大声誉。从此，学习、运用系统工程便风靡世界。20世纪80年代初，在钱学森、许国志等著名学者的倡导下，在全国范围迅速掀起了学习、运用系统工程的高潮。

系统工程是与航天分不开的。我国的航天事业是与钱学森分不开的。钱学森1911年12月11日出生于上海，1934年毕业于上海交大。1935年赴美留学，1938年在加利福尼亚理工学院著名专家冯·卡门指导下获博士学位。1943年，他与马林纳合作完成的研究报告《远程火箭的评论与初步分析》，为美国40年代成功研制地对地导弹和探空火箭奠定了理论基础。

其设计思想被用于"女兵下士"探空火箭和"二等兵A"导弹的实际设计中，所获经验直接导致了美国"中士"地对地导弹的研制成功，并成为后来美国采用复合推进剂火箭发动机的"北极星""民兵""海神"导弹和反弹道导弹的先驱。

此后，钱学森又在超高速及跨声速空气动力学、薄壳稳定理论方面对航空工程理论有许多开创性的贡献。他和卡门一起提出的高速声速流动理论，为飞行器克服声障和热障提供了依据，以他和卡门的名字命名的卡门－钱学森公式成为空气动力计算方面的权威公式，并被用于高亚声速飞机的气动设计。由于他对火箭技术理论卓有建树，并于1949年提出核火箭的功能设想，因而在当时被公认为火箭技术方面的权威学者。

1955年，钱学森冲破美国当局的层层阻挠回到了祖国，投身于创建中国航天事业当中。当时美国当局听到钱学森要回中国，曾进行了百般阻挠，美国海军次长说："钱学森无论到哪里，都能抵得上5个师。"钱学森长期担任航天研制的技术领导。在他的参与下，1960年11月我国第一枚仿制火箭成功发射，1964年6月29日我国第一枚自行设计的中近程火箭飞行试验取得成功。1965年钱学森建议制订人造卫星研制计划并列入国家任务，最终使我国第一颗卫星于1970年到太空遨游。由于钱学森在中国航天科技方面的卓越成就，1989年6月，国际理工研究所向他颁发了小罗克韦尔奖章；1991年10月，我国政府授予他"杰出贡献科学家"的称号。钱学森是系统工程中的顶尖级人物，他说："学好系统工程对国家的贡献是很大的！"

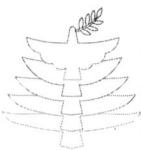

关于系统工程有很多版本的定义，钱学森对系统工程的定义是：系统工程是组织管理系统的规划、研究、设计、制造、试验和使用的科学方法，是一门组织管理的技术。

美国著名学者 H. 切斯纳（H. Chestnut）对系统工程的定义是：系统工程认为虽然每个系统都是由许多不同的特殊功能部分所组成，而这些功能部分之间又存在着相互关系，但是每一个系统都是完整的整体，每一个系统都要求有一个或若干个目标。系统工程则是按照各个目标进行权衡，全面求得最优解（或满意解）的方法，并使各组成部分能够最大限度地互相适应。

1975 年美国科学技术辞典对系统工程的定义论述为：系统工程是研究复杂系统设计的科学，该系统由许多密切联系的元素所组成。设计该复杂系统时，应有明确的预定功能及目标，并协调各个元素之间及元素和整体之间的有机联系，以使系统能从总体上达到最优目标。在设计系统时，要同时考虑到参与系统活动的人的因素及其作用。

日本工业标准（JIS）规定：系统工程是为了更好地达到系统目标，而对系统的构成要素、组织结构、信息流动和控制机制等进行分析与设计的技术。

日本学者三浦武雄对系统工程的定义是：系统工程与其他工程学的不同之处在于，它是跨越许多学科的科学，而且是填补这些学科边界空白的边缘科学。因为系统工程的目的是研究系统，而系统不仅涉及工程学的领域，还涉及社会、经济和政治等领域，为了圆满解决这些交叉领域的问题，除了需要某些纵向的专门技术，还要有一种技术从横向把它们组织起来，这种横向技术就是系统工程，也就是研究系统所需的思想、技术、方法和理论等体系化的总称。

综上所述，系统工程是以研究大规模复杂系统为对象的一门交叉学科。它是把自然科学和社会科学中的某些理论、方法、思想、策略和手段等，根据总体协调的需要有机地联系起来，把人们的生产、科研或经济活动有效地组织起来，应用定量与定性分析相结合的方法和计算机等技术工具，对系统的构成要素、组织结构、信息交换和反馈

209

控制等功能进行分析、设计、制造和服务，从而达到最优设计、最优控制和最优管理的目的，以便最充分地发挥人力、物力、财力的潜力，通过各种管理技术，使局部和整体之间的关系协调配合，以实现系统的综合最优化。

4. 系统工程的特点

系统工程的特点包括：系统工程研究的对象广泛；系统工程是一门跨学科的边缘学科；在处理复杂的大系统时，常采用定性分析和定量计算相结合的方法。

（1）系统工程研究的对象广泛，是说系统工程的对象不限定于某种特定的工程物质对象，任何一种物质系统都能成为它的研究对象，而且还不只限于物质系统，它可以包括自然系统、社会经济系统、管理系统、军事指挥系统等。由于系统工程处理的对象主要是信息，在国外有些学者认为系统工程是一门"软科学"（Soft Science）。

（2）系统工程是一门跨学科的边缘学科，意思是系统工程不仅要用到数、理、化、生物等自然科学，还要用到社会学、心理学、经济学、医学等与人的思想、行为、能力等有关的学科，是自然科学和社会科学的交叉。因此，系统工程形成了一套处理复杂问题的理论、方法和手段，使人们在处理问题时，有系统的整体的观点。

（3）在处理复杂的大系统时，常采用定性分析和定量计算相结合的方法，是指因为系统工程所研究的对象往往涉及人，这就涉及人的价值观、行为学、心理学、主观判断和理性推理，因而系统工程所研究的大系统比一般工程系统复杂得多，处理系统工程问题不仅要有科学性，而且要有艺术性和哲理性。

5. 系统工程为自然科学走向社会科学架起了桥梁

现代数学方法与计算机技术，通过系统工程，为社会科学研究增加了极为有用的定量分析方法、模拟实验方法、建立数学模型的方法和优化方法。系统工程为自然科学研究提供了定性分析方法和辩证思维方法以及深入剖析人与环境相互关系的方法。系统工程并为从事自

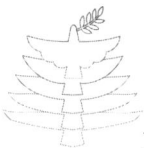

然科学的科学技术人员和从事社会科学的研究人员之间的相互合作开辟了广阔的道路。

钱学森提出，现代科学技术从应用实践到基础理论可以分为四个层次：工程技术、技术科学、基础科学以及通过进一步综合、提炼达到最高概括的哲学。

钱学森提出，系统科学的体系结构可以分为以下四类：系统工程的工程技术、系统工程的理论方法（像运筹学、大系统理论等一类技术科学）、系统工程的理论基础（即系统学所组成的一类新兴科学，如系统论、信息论、控制论）以及通过进一步综合、提炼达到最高概括的哲学。

6. 系统工程的应用技术理论基础

系统工程的应用技术理论基础是由一般系统论、大系统理论、经济控制论、运筹学等学科相互渗透、交叉发展而形成的。

（1）一般系统论是由美国理论生物学家贝塔朗菲创立，他把一般系统论分为狭义的和广义的两种，狭义的系统论是对系统及其构成要素的描述和分析的理论；而广义系统论则是与应用学科联系在一起的基础理论，控制论、信息论、系统工程与运筹学等是一般系统论应用的产物。他认为广义系统论可归结为一般系统科学。他还把这种广义系统论区分为"系统"的科学与数学系统论、系统技术、系统哲学三个方面。很显然，贝塔朗菲的广义系统论与我们说的系统科学相近似。

（2）经济控制论由维纳提出。经济控制论是用当代控制论的科学方法分析经济过程的学科。它为合理地控制经济过程提供了新的见解，并提供了一种有效地计划和管理国民经济及其各部分经济的新工具。从20世纪60年代初期，控制论开始被经济学家大量引进经济领域。经济系统是相互依存的一个整体，投入—产出模型是一种简单而有用的经济分析工具。

（3）运筹学是应用分析、试验、量化的方法，对经济管理系统中人、财、物等有限资源或实际工程系统中的各项指标进行统筹安排，为决策者提供有依据的最优方案，以实现最有效的管理。运筹学往往运用模型化的方法，将一个已确定研究范围的现实问题，按照规定的预期目标，把现实问题中的主要因素及各种限制条件之间的因果关系、逻辑关系建立数学模型，通过模型来求解以寻求最优方案。

运筹学主要包括以下分支：线性规划、动态规划、排队论、存储论等。

在各种管理工作中，经常要处理如何最有效地运用各种设备、材料、资金、信息、时间以及劳动力等资源，以便最经济地完成预定任务的问题。这一类统筹规划问题用数学语言表达出来，就是在一组约束条件下寻求一个目标函数的极值的问题。如果约束条件表达式为线性方程式，目标函数表示为线性函数时，就称为线性规划。

动态规划是将一个复杂的多段决策问题分解为若干相互关联的较易求解的子决策问题，以寻求最优决策序列的方法，如研究水力资源多级分配的优化问题。

排队论是研究排队现象的统计规律性，并用以指导服务系统的最优设计和最优经营策略，又称随机服务系统理论。在这种服务系统中，如铁路售票处、公共汽车，其服务对象何时到达和占用系统的时间长短都是随机的，事先无法知道，这是一种随机聚散现象。排队论通过研究个别的随机服务现象的统计规律，找出反映这些随机现象平均特性的规律，从而在保证较好经济效益的前提下，改进服务系统的工作能力。

在经营管理工作中，为了保证系统的有效运转，往往需要对原材料、元器件、设备、资金以及其他物质保障条件，保持必需的储备。存储论就是应用数学方法研究在什么时间，以多少数量，从什么供应渠道来补充这些储备，使得在保证生产正常运行的情况下，保持库存和补充采购的总费用最少。

7. 系统工程方法论

系统工程方法论（Methodology of Systems Engineering）就是解决系

统工程实践中的问题所应遵循的步骤、程序和方法。它是系统工程思考问题和处理问题的一般方法，是把分析对象作为整体系统来考虑，进行分析、设计、制造和使用时的基本思想方法和工作方法。系统工程具有自己独特的方法论，它的方法论体系的基础就是运用系统思想和各种数学方法、科学管理方法、经济学方法、控制论方法以及电子计算机等技术工具来实现系统的模型化和最优化，进行系统分析和系统设计。

20 世纪 60 年代，许多学者根据实践经验，总结系统工程方法论，其中美国学者 H. 霍尔（H. Hall）最先提出了"三维结构体系"，作为系统工程方法论的基础。三维结构体系是由时间维、逻辑维和知识维组成的一个立体的、跨学科的体系。

时间维包括规划阶段、拟定方案阶段、分析阶段、运筹阶段、系统实施阶段、运行阶段以及更新阶段；逻辑维包括摆明问题、系统设计、系统综合、系统分析、最优化、决策以及实施计划；知识维包括运筹学、控制论、社会科学、工程技术等。如图 1 所示。

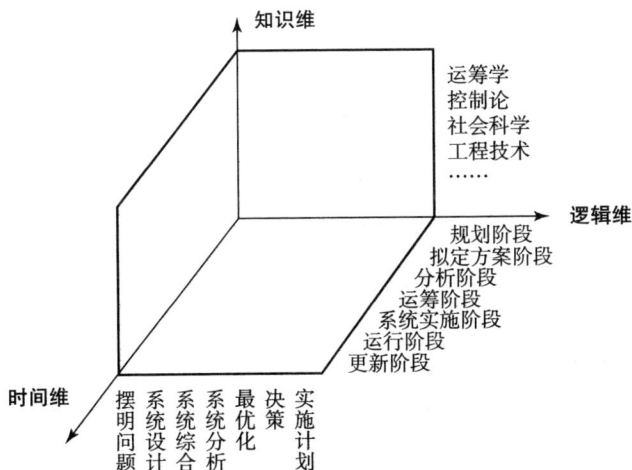

图 1　三维结构体系图

具体步骤如图 2 所示。

```
┌──────────┐      ┌─────────────────────────────────────┐
│ 弄清问题  │- - ->│ 弄清需要解决什么问题，弄清约束条件        │
└──────────┘      └─────────────────────────────────────┘
     │
┌──────────┐      ┌─────────────────────────────────────┐
│ 目标选择  │- - ->│ 将需求具体化，并选定衡量指标             │
└──────────┘      └─────────────────────────────────────┘
     │
┌──────────┐      ┌─────────────────────────────────────┐
│ 方案设计  │- - ->│ 设计为达到目标所可能采取的多种方案        │
└──────────┘      └─────────────────────────────────────┘
     │
┌──────────────┐  ┌─────────────────────────────────────┐
│ 建立数学模型  │- ->│ 根据目标，考虑约束条件，建立数学模型，用以分析 │
└──────────────┘  │ 各种设想方案                          │
     │            └─────────────────────────────────────┘
┌──────────┐      ┌─────────────────────────────────────┐
│ 最优化    │- - ->│ 选定方案的参数和变量，使之最好地满足目标    │
└──────────┘      └─────────────────────────────────────┘
     │
┌──────────┐      ┌─────────────────────────────────────┐
│ 决策      │- - ->│ 选择一种策略，作出决定                  │
└──────────┘      └─────────────────────────────────────┘
     │
┌──────────┐      ┌─────────────────────────────────────┐
│ 实施      │- - ->│ 付诸实施，并提供实际执行的信息反馈到以上各阶段 │
└──────────┘      └─────────────────────────────────────┘
```

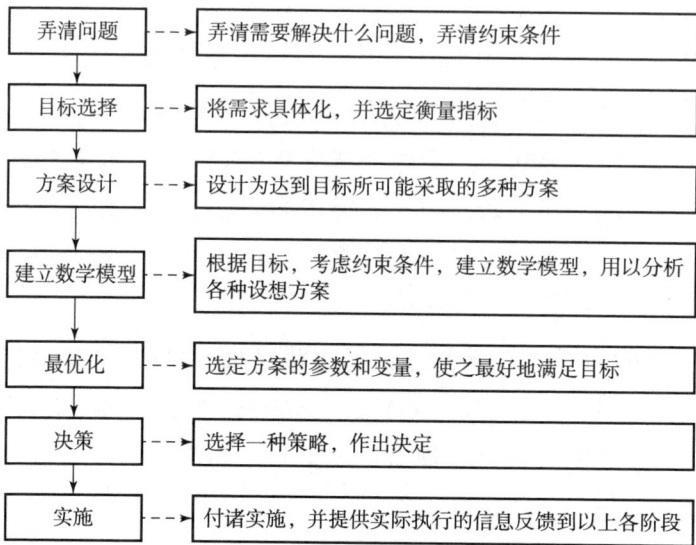

图 2   逻辑维的具体步骤

软科学系统工程方法论的主要内容如图 3 所示。

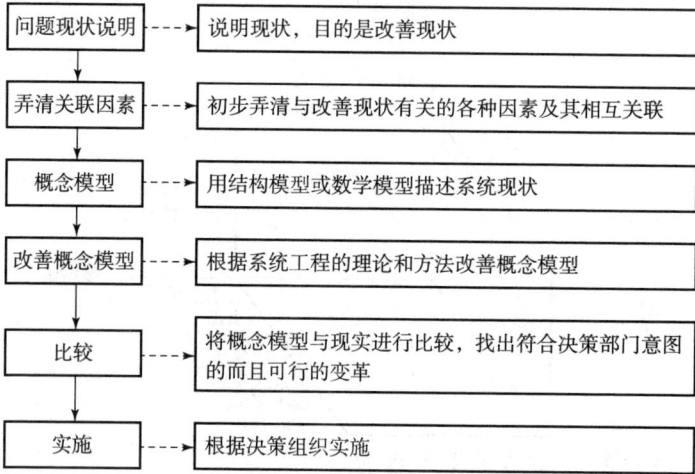

```
┌────────────┐    ┌─────────────────────────────────────┐
│ 问题现状说明 │- - ->│ 说明现状，目的是改善现状                │
└────────────┘    └─────────────────────────────────────┘
     │
┌────────────┐    ┌─────────────────────────────────────┐
│ 弄清关联因素 │- - ->│ 初步弄清与改善现状有关的各种因素及其相互关联 │
└────────────┘    └─────────────────────────────────────┘
     │
┌────────────┐    ┌─────────────────────────────────────┐
│ 概念模型    │- - ->│ 用结构模型或数学模型描述系统现状          │
└────────────┘    └─────────────────────────────────────┘
     │
┌────────────┐    ┌─────────────────────────────────────┐
│ 改善概念模型 │- - ->│ 根据系统工程的理论和方法改善概念模型       │
└────────────┘    └─────────────────────────────────────┘
     │
┌────────────┐    ┌─────────────────────────────────────┐
│ 比较       │- - ->│ 将概念模型与现实进行比较，找出符合决策部门意图 │
└────────────┘    │ 的而且可行的变革                      │
     │            └─────────────────────────────────────┘
┌────────────┐    ┌─────────────────────────────────────┐
│ 实施       │- - ->│ 根据决策组织实施                      │
└────────────┘    └─────────────────────────────────────┘
```

图 3   软科学系统工程方法论的主要内容

8. 系统工程发展的过程

系统工程发展主要包括以下四个过程：朴素的系统工程思想在我国古代的自发应用、系统工程的发展是现代科学技术迅速发展的需要、

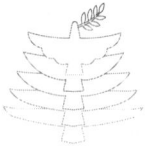

系统工程在我国的发展以及系统工程发展的展望。

（1）朴素的系统工程思想在我国古代的自发应用。系统工程作为一门科学技术虽然形成于 20 世纪中叶，但系统工程的思想方法和实际应用可追溯到远古时代。中华民族的祖先在了解和改造自然的辛勤实践和大量的社会活动中，早有许多朴素的系统概念和应用实例。如：《孙子兵法》十三篇、《孙膑兵法》中齐王与田忌赛马、李冰父子主持修建的都江堰工程等。

在《孙子兵法》十三篇中，有关于战争中的战略和策略问题，如进攻与防御、速决和持久、分散和集中等之间的相互依存和相互制约的关系，并依此筹划战争的对策，以取得战争的胜利。其著名论点，"知己知彼，百战不殆""以我之长，攻敌之短"等，不仅在古代，而且在当代的战争中都有指导意义，在当今激烈的国际市场竞争和社会经济各个领域的发展中，这些论断也有现实意义。

著名军事家孙膑继承和发展了孙武的学说，著有《孙膑兵法》。在齐王与田忌赛马中，孙膑提出的以下、上、中，对上、中、下对策，使处于劣势的田忌战胜齐王。这是从总体出发制定对抗策略的一个著名事例。

李冰父子主持修建的都江堰工程，巧妙地将分洪、给水和排沙结合起来，使各部分组成一个整体，实现了防洪、灌溉、行舟、漂木等多种功能，至今，该工程仍在发挥着重大的经济效益，是我国古代水利建设的一大杰出成就。

在建设施工方面，北宋真宗年间，皇城失火，宫殿烧毁，大臣丁谓主持了皇宫修复工程。他采用了一套综合施工方案，先在需要重建的通衢大道上就近取土烧砖，在取土后的通衢深沟中引入汴水，形成人工河，再由此水路运输建筑材料，从而加快了工程进度。皇宫修复后，又将碎砖废土填入沟中，重修通衢大道。烧砖、运输建筑材料和处理废墟这三项繁重工程任务得以协调起来，在总体上得到了最佳解决，一举三得，节省了大量劳力、费用和时间。

（2）系统工程的发展是现代科学技术迅速发展的需要。近代科学技术的发展，特别是计算机的出现和广泛使用，使系统工程在世界范围内迅速发展起来，许多国家有不少成功的重大研究成果。比如，美国贝尔电话公司排队论、F. W. Taylor 泰勒系统、英国雷达报警系统和飞机降落排队系统等。

第一次提出"系统工程"这一名词的是 1940 年在美国贝尔电话公司试验室工作的 E. C. 莫利纳（E. C. Molina）和在丹麦哥本哈根电话公司工作的 A. K. 厄朗（A. K. Erlang），他们在研制电话自动交换机时，意识到不能只注意电话机和交换台设备技术的研究，还要从通信网络的总体上进行研究。他们把研制工作分为规划、研究、开发、应用和通用工程等五个阶段，以后又提出了排队论原理，并应用到电话通信网络系统中，推动了电话事业的飞速发展。

系统工程的萌芽时期可追溯到 20 世纪初的 F. W. 泰勒（F. W. Taylor）系统。为了提高工效，泰勒研究了合理工序和工人活动的关系，探索了管理的规律，1911 年他的《科学管理的原理》一书问世后，工业界出现了"泰勒系统"。

在第二次世界大战时期，一些科学工作者以大规模军事行动为对象，提出了解决战争问题的一些决策和对策的方法和工程手段，出现了运筹学。当时英国为防御德国的突然空袭，研究了雷达报警系统和飞机降落排队系统，取得了很多战果。在这一时期，英、美等国在反潜、反空袭、商船护航、布置水雷等项军事行动中，应用了系统工程方法，取得了良好的效果。

美国制造原子弹的"曼哈顿"计划也是其中一个重要的研究成果。科研为社会服务、纳入社会大工程方面早期闻名于世界的系统工程，就是所谓的"曼哈顿"计划。1940 年，爱因斯坦等科学家提出研制原子弹的建议，当时美国总统罗斯福采纳了此项建议，并请理论物理学家奥本海默来组织领导这项军事科研工程。奥本海默等人首先在纽约市中心曼哈顿对课题用系统的观点进行了研究和分解，提出六七个方案，讨论了两个月后，制定了多方案试行的研制原子弹巨型工程计划，后来便称为"曼哈顿"计划。此项工程动员了 15000 位科学家和工程

技术人员，花费达几十亿美元；多领域、多部门合作，财、物、信息交叉纵横，与希特勒掌握的德国展开了一场你死我活的研制竞争。在这样的庞大工程面前，任务又是如此急迫的情况下，只是凭以往古典经验的艺术领导方法显然是心有余而力不足了。搞"曼哈顿"计划的人们在以往经验和科学的基础上，定性、定量方法并用，形成了一整套系统工程方法，终于在竞争中取得了胜利，首先研制成功了原子弹，在战争中起到了重要的作用。

美国兰德智囊团也是成果之一。1940年至1945年，美国制造原子弹的"曼哈顿"计划，由于应用了系统工程方法进行协调，在较短的时间内取得了成功。1945年，美国建立了兰德公司（Rand Corporation），应用运筹学等理论方法研制出了多种应用系统，在美国国家发展战略、国防系统开发、宇宙空间技术以及经济建设领域的重大决策中，发挥了重要作用，"兰德"又被誉为"思想库"和"智囊团"。

美国阿波罗登月计划是最有影响的范例。20世纪50年代后期和60年代中期，美国为改变空间技术落后于苏联的局面，先后制定和执行了北极星导弹核潜艇计划和阿波罗登月计划，这些都是系统工程在国防科研中取得成果的著名范例。阿波罗登月计划是一项巨大的工程，从1961年开始，持续11年。该工程有300多万个部件，耗资255亿美元，参加者有2万多个企业和120个大学与研究机构。整个工程在计划进度、质量检验、可靠性评价和管理过程等方面都采用了系统工程方法，并创造了"计划评审技术（PERT）"和"随机网络技术"［又称"图解评审技术（GERT）"］，实现了时间进度、质量技术与经费管理三者的统一。在实施该工程的过程中及时向各层决策机构提供信息和方案，供各层决策者使用，保证了各个领域的相互平衡，如期完成了总体目标。

美国火星探测计划也应用了系统工程。美国"勇气"号火星车、"机遇"号火星车已经踏上火星找寻水和生命存在踪迹的漫漫旅途。

20世纪70年代以来，随着微型计算机的发展，出现了分级分布控制系统和分散信号处理系统，扩展了系统工程理论方法的应用范围。

近年来，社会、经济与环境综合性的大系统问题日益增多，如环境污染、人口增长、交通事故、军备竞赛等。许多技术性问题也带有政治、经济的因素，如北欧跨国电网的供电问题。这个电网有水、火、核等多种能源形式，规模庞大，电网调度本身在技术上已相当复杂，而且还要受到各国经济利益冲突、地理条件限制、环境保护政策制约和人口迁移状况的影响，因此，负荷调度的目标和最佳运行方式的评价标准十分复杂，涉及多个国家社会经济因素。该电网的系统分析者要综合这些因素，对4500万千瓦的电力做出合理的并能被接受的调度方案，提交各国讨论、协调和决策。这是一个典型的系统工程问题。

（3）系统工程在我国的发展也十分广泛。我国近代的系统工程研究可追溯到20世纪50年代。1956年，中国科学院在钱学森、许国志教授的倡导下，建立了第一个运筹学小组；60年代，著名数学家华罗庚大力推广了统筹法、优选法；与此同时，在钱学森领导下，系统工程在导弹等现代化武器的总体设计组织方面，取得了丰富经验，国防尖端科研的"总体设计部"取得显著成效。1977年以来，系统工程的推广和应用出现了新局面，1980年成立了中国系统工程学会，与国际系统工程界进行了广泛的学术交流。近年来，系统工程在各个领域都取得了许多成果。

2003年中国宣布，在近20年内，将实施名为"嫦娥工程"的月球探测计划。它分三个阶段实施：第一阶段（2002—2005年或稍后）为环月探测；第二阶段（2005—2010年）为月面软着陆探测与月面巡视勘察；第三阶段（2010—2020年）为月面巡视勘察与采样返回。

（4）系统工程发展的展望。系统工程作为一门交叉学科，日益向多种学科渗透、交叉发展，自然科学与社会科学的相互渗透，日益深化。为了使科学技术和经济、社会得到协调发展，需要系统科学与社会学、经济学、管理科学、数学、计算机技术、控制技术、人工智能技术等众多学科综合加以应用。

要考虑的不确定的因素越来越多。由于社会经济系统的规律日益扩大，现代管理科学日益发达，影响决策的因素日益复杂，在决策过程中有许多不确定的因素要综合考虑。

系统工程作为一门软科学日益受到人们的重视。从20世纪70年代以来，社会上出现了一种从重视硬技术转向重视软科学的变化。人们从研究"物理"，扩展到研究"事理"，后来又开始探讨"人理"。对系统的研究也从研究"硬件"，扩展到研究"软件"。

系统工程不仅考虑"硬环境"，还要考虑"软环境"，如公共关系、领导艺术、谈判技巧等。为了对这些因素进行定量，发展了层次分析法（AHP）和网络层次分析法（ANP）。

9. 系统工程的应用

系统工程的应用几乎遍及工程技术和社会经济的各个方面，包括：

（1）社会系统工程，研究对象是整个社会，是一个巨系统；

（2）宏观经济系统工程，研究宏观经济系统的问题，如国家的经济发展战略，综合发展规划；

（3）区域规划系统工程，研究区域发展战略、区域综合发展规划；

（4）环境生态系统工程，研究大气生态系统、大地生态系统、流域生态系统、城市生态系统；

（5）能源系统工程，研究能源合理结构、能源需求预测；

（6）水资源系统工程，研究河流综合利用规划、城市供水系统优化模型、水运规划、防洪规划；

（7）交通运输系统工程，研究铁路、公路、航运、航空综合运输规划及其发展战略、运输效益分析；

（8）农业系统工程，研究农业发展战略、立体农业战略规划；

（9）工业及企业系统工程，研究工业动态模型、市场预测、新产品开发、生产管理系统；

（10）工程项目管理系统工程，研究工程项目的总体设计、可行性分析工程进度管理、工程质量管理；

（11）科技管理系统工程，研究科学技术发展战略、科学技术预测、科技人才规划、科技管理系统；

（12）智力开发系统工程，研究人才需求预测、人才规划模型、教育规划模型、教育政策分析；

（13）人口系统工程，研究人口总目标、人口指数、人口指标体系、人口参数辨识、人口系统仿真；

（14）装备系统工程，研究武器装备系统的发展规划、系统论证和系统评价。

二、系统工程方法

系统工程方法包括系统分析、系统建模与仿真以及决策分析三个方面。

1．系统分析的意义

（1）系统的外部条件要求。在当今科学技术高度发达的现代化社会里，事物间的联系日趋复杂，出现了形式多样的各种大系统。这类大系统通常都是开发系统，它们与所处的环境即更大的系统发生着物质、能量和信息等的交换关系，从而构成环境约束。系统同环境的任何不适应即违反环境约束状态或行为都将对系统的存在产生不利的影响，这是系统的外部条件要求。

（2）系统的内部条件要求。从系统内部看，它们通常由许多层次的分系统组成。系统与分系统之间有着复杂的关系，如纵向的上下关系，横向的平行关系，以及纵横交叉的相互关系等。但是不管这些关系如何复杂，有一条基本原则是不变的，那就是下层系统以达成上层系统的目标为任务，横向各系统必须用系统总目标协调行动，各附属分系统要为实现系统整体目的而存在。因此，任何分系统的不适应都将对系统整体的功能目标产生不利的影响，这是系统内部的要求。

系统分析是进行有效决策的一种方法。在若干选定的目标和准则下，分析构成各项事物的许多系统的功能及其相互之间的关系，利用定量方法提供允许和可用的数据，借以制定可行的方案，并推断可能产生的效果，以期寻求对系统整体效益最大的策略。

所以系统分析对于整体问题的目标设定、方法的选择、有限资源的最佳调配以及行动策略的决定，都是有效的工具。

系统分析从对系统或事物的观察开始，经过思考、了解、判断，针对系统的输入、输出及转换过程作出某种假设。为了对假设求证，通常都借助于各种模型以及模拟试验，求得最佳的设计方案，使对系统整体有利。

系统分析，以系统整体效益为目标，以寻求解决特定问题的最优策略为重点，运用定性和定量分析方法，给予决策者以价值判断，以求得有利的决策。它具有以下特点：

（1）以整体为目标。系统中的分系统只有相互分工协作，才能达到系统的整体目标。系统分析必须考虑以发挥系统整体的最大效益为准，不可局限于个别分系统。

（2）以特定问题为对象。系统分析是一种处理问题的方法，有很强的针对性，其目的在于寻求解决特定问题的最优方案。

（3）运用定性和定量方法。解决问题，不应是单纯凭主观臆断、经验和直觉，在许多情况下，必须运用各种科学的计量方法。

（4）凭借价值判断。从事系统分析时，必须对某事物作某种程度的预测。在进行评价时，需凭借价值判断、综合权衡，以判断由系统分析提供的各种不同策略可能产生的效益的优劣，以便选择最优方案。

系统分析包括以下 6 要素：

（1）目标。目标是系统目的具体化，它应当是一个总体性的东西，总结系统目标要给出具体的定义。

（2）替代方案。替代方案是选优的前提，没有足够数量的方案就没有优化。只有在性能、费用、效益、时间等指标上互有长短并能进行对比的，才称得上是替代方案。

（3）指标。指标是对替代方案进行分析的出发点，是衡量总体目标的具体标志——技术性能和技术适应性、费用与效益、时间等。

（4）模型。根据目标要求，用若干参数或因素体现出系统本质方面的描述，以分析的客观性、推理的一贯性和可能的有限定量化为基础。

（5）标准。标准是评价方案优劣的尺度。标准必须具有明确性、可计量性和敏感性。

（6）决策。不同标准下的方案的优先顺序之决策。

有了不同标准下的方案的优先顺序之后，决策者还要根据分析结果的不同侧面，个人的经验判断，以及各种决策原则进行综合的整体的考虑，最后作出选优决策。系统分析的决策原则包括：

（1）当前与长远利益相结合：只顾当前不考虑长远利益的方案，是不可取的；对当前不利但对长远有利，也是不理想的；对当前和长远都有利的方案是最理想的。

（2）局部和整体利益相结合：局部有利益而全局无效益甚至有损失的方案是不可取的，局部效益低而全局利益高的方案是可取的，决策必须追求整体最优化。

（3）内部和外部条件相结合：在决策时必须考虑到各种替代方案的内外条件的局限性，内部的技术、生产、经济条件的可行性，必须与外部的环境、协作、运输等条件综合起来考虑。

（4）定量和定性相结合：方案的优劣以定量分析为基础，但不能忽视定性因素，最优的方案应是定量与定性分析的结合。

系统分析的步骤如图4所示。

（1）系统分析的步骤——时间维，包括7个阶段。①规划阶段：制定系统工程活动的规划和战略对策；②制定方案：提出具体的计划方案；③研制阶段：实现系统的研制方案，制订生产计划；④生产阶段：制造出零部件和整体系统，并提出系统安装计划；⑤安装阶段：将系统安装起来，进行调试，并制订系统的运行计划；⑥运行阶段：

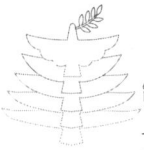

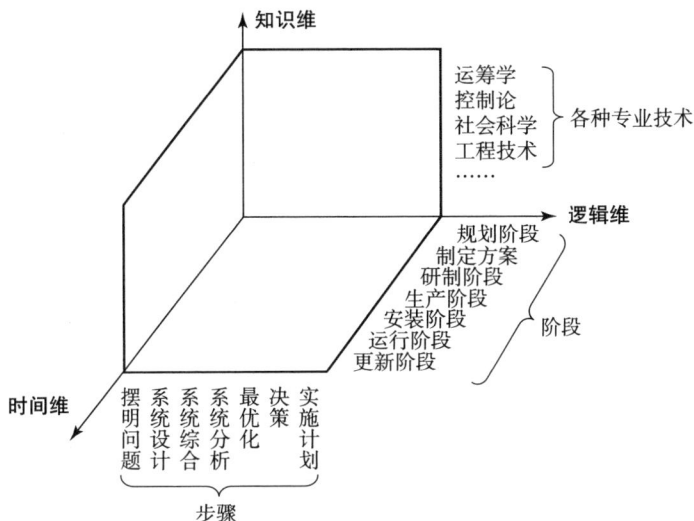

图 4　系统分析的步骤

管理系统按预期目标运行以实现其功能；⑦更新阶段：改进原系统，或用新系统代替原系统，使其更有效地工作。

下面以美国贝尔电话公司研制 TD – 无线电接力系统的例子来描述系统分析在时间维的步骤。①规划阶段：1940 年调研开始，调研内容包括了解市场需求情况和技术上的可能性；②制定方案：1941 年对系统作进一步理论论证，提出了一些初步设想，并用简单模型初步探讨系统应具有的一些功能，建立评价系统的指标，并讨论其可行性；③研制阶段：1945 年着手建立了一个实验系统，1946 年开始试制阶段；④生产阶段：1947 年进行生产；⑤安装阶段：1949 年进入安装阶段；⑥运行阶段：1950 年 TD – 2 系统正式投入运行；⑦更新阶段：在运行后数月内，使用专门设备检查系统运行情况，寻找薄弱环节，提出了不少改进意见。

（2）系统分析的步骤——逻辑维，包括 7 个阶段。①问题定义：通过全面地搜集有关资料和数据，说明类似问题的历史、现状和未来发展趋势，弄清现在面临的实质，从而为解决问题提供可靠的依据；②评价系统设计：弄清并提出解决问题所要达到的目标，并制定评价系统功能是否达到目的要求的标准，以用于比较可供选择的系统方案；③系统综合：拟定一组可以实现预期目标的系统方案，构成系统的概念，方案要说明系统的结构、相应的参数、所需条件；④系统分析：通过建立模型等途径，按照达到目标、解决的问题和满足需求的情况，说明方案与系统性能、特点间的相互关系，对各备选方案进行分析比较；⑤最优化：改进方案并选择出以评价标准衡量为最好的方案；⑥决策：由领导根据更全面的要求，决定一个或几个方案试行；⑦计划实施：将最后选定的方案付诸实施。

下面以美国空军的装备系统开发阶段划分的例子来描述系统分析在逻辑维的步骤。研制计划方案的四个阶段如图5所示。

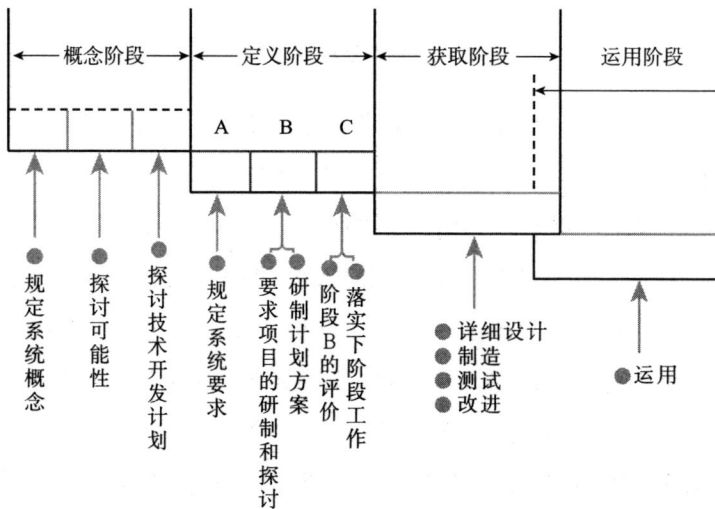

图5　研制计划方案的四个阶段

美国空军将装备系统开发的整个过程分为探索、规划、设计、实施、测试和运用等阶段，称为系统寿命周期（System Life Cycle）。①概念阶段：通过对各种条件进行分析，明确系统目标和满足目标要求的条件，并从性能、成本和调度等方面规定可实行的系统的概念；②定义阶段：首先由订货人提出系统特性和设计条件，然后由制造厂家提出系统的性能、系统要素的性能和设计与研制方案；最后由订货人对

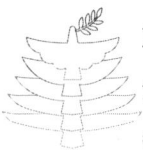

厂家的方案进行评价，根据系统的特性、成本、调度及其他约束条件选定最优的系统并与制造厂家签订合同；③获取阶段：由制造厂根据合同规定的条件，在预算范围内对系统进行设计、制造，并通过严格检查保证如期交货；④运用阶段：用户根据订货合同验收系统，通过安装测试等过程进入正常运行阶段。

批量生产的工程系统研制程序的系统分析的步骤：

（1）目标选择阶段：工程系统研制的最高决策机构根据工程系统整体规划、内部和外部条件进行"定向"研究后，对系统开发目标进行选择，作出有关研制方向、基本政策、方针和原则等方面的重大决策。

（2）指标论证阶段：根据目标选择的指令，经过初步可行性研究，提出技术指标、经济指标、质量指标和计划指标，并对这些指标选择的合理性、实现的可能性及程度进行充分论证，进一步把目标选择的结论具体化。

（3）方案阶段：根据选定的指标指令，经过可行性研究，选择技术途径，拟制工程系统总体设计方案，编制系统总体对分系统的技术要求，开展关键技术的攻关研究。

（4）初样阶段：进行系统总体设计和初样研制，确定系统总体和分系统的基本参数，在各分系统的技术问题基本过关的条件下研制出系统总体模型样机。

（5）试样阶段：进行系统的综合试验，对整个工程系统的精度、可靠性和功能进行全面考核，以确定其功能、指标是否满足设计要求。

（6）定型阶段：对工程系统组织实施全面鉴定。

（7）批量生产与使用阶段：组织批量生产，提供用户使用，并为用户提供维护性技术服务，直到用户停止使用。

系统分析的步骤蕴含着全过程管理思想：系统寿命周期不同阶段工作的协调，关系到系统开发与运用的成败及其程度。此处可以看到，由于各阶段工作之间不协调导致系统开发中出现严重失误，甚至失败，不但造成人力、物力、财力和时间上的浪费，也常常因此贻误工作，给事业带来损害。

全过程管理思想要点包括：①面向用户的观点；②全面的系统质量（性能）观点；③寿命费用观点；④严格划分工作阶段；⑤注意各阶段工作的协调和自然过渡；⑥建立全过程协调组织。

2. 系统建模与仿真

我主要从以下四个方面介绍：系统模型、模型的构造、系统工程中的常用模型、系统仿真。

（1）系统模型。模型在系统工程中占有很重要的地位。了解什么是模型、模型的作用，以及模型的分类，对于构造和使用模型是十分重要的。那么模型的定义是什么呢？模型是实际系统的代替物。模型应反映出系统的主要组成部分和各部分的相互作用。根据模型用较少的风险、时间和费用来对实际系统做研究和实验，更好地洞察系统的行为。开发一个模型是科学和艺术的很好结合。

模型有三个特征：它是现实世界一部分的抽象或模仿；它是由那些与分析的问题有关的因素构成；它表明了有关因素间的相互关系。

模型是描述现实世界的一个抽象。由于描述现实世界，因此必须反映实际；由于它的抽象特征，又应高于实际。在构造模型时，要兼顾到它的现实性和易处理性。考虑到现实性，模型必须包括现实系统中的主要因素。考虑到易处理性，模型要采取一些理想化的办法，即去掉一些外在的影响并对一些过程做合理的简化。一个好的模型是兼顾到现实性和易处理性，如果偏重哪一方面，都不是一个好的模型。

模型的作用：通过模型对系统进行了解、观察、计量、变换及试验，研究其中的重要因素及其相互关系，从而作出有关的决策。没有一个好模型是不可能作出正确决策的。当被研究的系统十分复杂且难于接近时，模型就显得更为重要。

模型可以分为概念、符号、形象、类比、仿真模型。其中概念模型可以分为：思维模型，通常不好定义且不容易交流；字句模型，可

以定义但难传送；描述模型，表达了高度的概念化且可以传送。符号模型用符号来代表系统的各种因素和它们间的相互关系，它们通常用图示或数学形式。数学模型使用数学表达式的形式，其优点是准确、简洁和易于操作。形象模型是把现实东西的尺寸进行改变后的表示。它通常包括：物理模型，是以具体的、明确的材料构成；图像模型，是客体的图像。类比模型和实际系统的作用相同，这种模型利用一组参数来表示实际系统的另一组参数。仿真模型是用计算机对系统进行仿真时所用的模型。

（2）模型的构造。构造模型在系统工程是一个很重要的步骤。构造模型不正确，必然会导致系统工程的失败。构造模型是一种艺术，是一种创造性的劳动。

构造模型有以下4个原则：①建立方框图：简化对系统内部相互作用的说明，用一个方框代表一个子系统；②考虑信息相关性：模型中只包括系统中与研究目的有关的那些信息；③考虑准确性：构造模型时，对所收集的用以构造模型的信息应考虑其准确性；④考虑结集性：构造模型时需要进一步考虑的因素是把一些个别的实体组成更大实体的程度。

构造模型的基本步骤是：①明确构模的目的和要求，以便使模型满足实际需要，不致产生太大的偏差；②对系统进行一般语言描述，因为系统的语言描述是进一步确定模型结构的基础；③弄清系统中的主要因素及其相互关系，以便使模型准确表达现实系统；④确定模型的结构性，这一步决定了模型定量方面的内容；⑤估计模型中的参数，用数量来表示系统中的因果关系；⑥实验研究，对模型进行实验研究；⑦必要修改，根据实验结果，对模型做必要的修改。

（3）系统工程中的常用模型。如图6所示。

①结构模型。系统是由很多相互作用的要素组成的。研究一个系统，首先要知道系统中各要素间的相互关系，也就是要知道系统的结构或建立系统的结构模型。结构模型是表明系统各要素间相互关系的宏观模型。

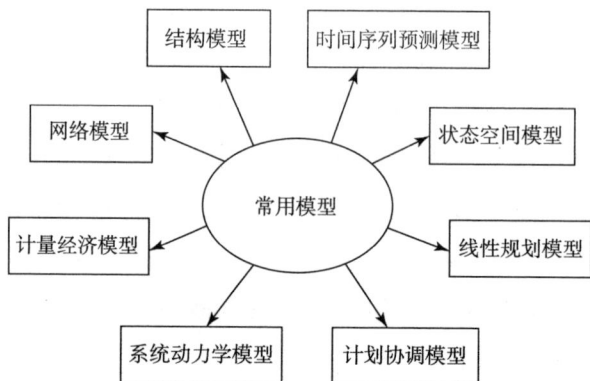

图6 系统工程中的常用模型

②时间序列预测模型。大家熟悉的天气预报、股票预测都是时间序列预测模型的结果。预测是对事物的发展方向、进程和可能导致的结果进行推断和测算。预测技术是在调查研究事物历史和现状的基础上，通过各种主观和客观的途径及其相应的方法，预测事物未来的一种系统工程方法。

时间序列预测模型是利用按时间顺序排列的数据所建立的数学模型对未来进行预测的一种趋势法。常用的模型有：趋势直线预测模型、二次趋势曲线预测模型、多次趋势曲线预测模型、指数趋势曲线预测模型。

③网络模型。网络模型在系统工程中应用很广。很多实际问题常可以归结为一定的网络模型，然后，根据网络模型的解法来求得问题的解。常用的网络模型有：最短路、最大流、最小费用流和随机网络模型等。

④计量经济模型。计量经济学是经济学的一个分支。它涉及经济关系的经验估计。计量经济学利用经济理论、数据和统计理论以计量和检验经济变量间的某种关系。计量经济学研究中最有用的形式是模型，特别是计量经济学模型。

计量经济学研究有三个主要目的：结构分析、预测和政策评估。228 结构分析是应用估计后的计量经济模型来定量计量经济关系。预测是

应用估计后的模型预测某些变量的定量数值。政策评估是应用估计后的模型从各种不同的政策间加以评价和选择。

⑤系统动力学模型。系统动力学（System Dynamics，SD）是美国麻省理工学院（MIT）教授 J. W. 福雷斯特提出来的一种计算机仿真技术。系统动力学综合应用控制论、信息论、决策论等有关理论和方法，建立 SD 模型，并以计算机为工具进行仿真试验，以便获得所需信息来分析和研究系统的结构和动态行为，为正确进行科学决策提供可靠的依据。

系统动力学的研究对象主要是社会系统，如人口系统、环境系统、资源系统、教育系统、交通系统、经营管理系统等。社会系统的核心是由个人或集团形成的组织，而组织的基本特征是具有明确的目的。

系统动力学的模型包括两个部分：流程图和结构方程式。流程图是根据因果关系的反馈回路，应用专门设计的描述各种变量的符号绘制而成的。结构方程式是专门用来进行定量分析的数学模型，它用专门的 DYNAMO 语言建立的。

⑥线性规划模型。在生产活动中，人们总希望在一定的人力、物力条件下，能创造出最多的产值，或在生产一定时，希望能消耗最少的人力、物力。在这个领域内，所研究的问题，"因""果"呈线性关系。例如，用 1 吨的 A 原料生产 0.6 吨的 B 产品，用 2 吨的 A 原料生产 1.2 吨的 B 产品，也就是说"因"和"果"之间存在着线性关系。而且应该强调指出，我们所研究的不是如何执行和实施计划，而是如何制订计划，即如何"规划"，所以研究这类问题的学问叫线性规划（Linear Programming，LP）。

线性规划所研究的问题包括：a. 给定了一定数量的人力、物力资源，如何应用这些资源，以期取得最大的经济效益；b. 给定一项任务，如何统筹安排，以最小的消耗完成这项任务。

（4）系统仿真。系统仿真是设计系统的计算机模型，并利用它进行实验以了解系统的行为或评估系统运用的各种策略的过程。仿真是建立在模型基础上的。由于计算机的发展，仿真已成功地应用到工程、管理、社会经济等领域，解决了以前不能解决的问题。

如果构成模型的关系相当简单，则可以用一般的数学方法，如代数、微积分或概率论等求得问题的准确解，这称为解析解。但是，很多现实世界的系统非常复杂，不可能用解析方法来进行研究，因此，必须借助于仿真。在仿真中，应用计算在一定时间范围内从数值上来评估模型，并收集数据以估计模型的真实特性。

仿真用于对设计方案的评估，可减少研制费用，提高设计水平。仿真用于模拟训练，可改善训练条件，减少训练费用，提高训练水平。以空间工业为例，单次飞行的费用为 1 万 ~ 1 亿美元，采用仿真只需其 1/10 ~ 1/5 的费用，而且设备可重复使用。此外，对于直接试验十分危险的系统，如核电站控制等，利用仿真可保证安全，仿真就显得特别方便。

系统仿真总共有 5 个步骤。①定义问题：分析系统每个组成部分及其与系统中其他组成部分的相互作用。②制定仿真模型：决定仿真目标、状态变量，选择模型的时间移动方法，描述运用行为，准备过程发生器。③证实模型：模型在技术上是否正确？有无任何差错？是否给出合适的结论？④设计仿真实验：建立置信限，决定采样大小，选择合适的试验（采样分布）等。⑤仿真运行并分析数据：根据实验设计，运行仿真模型，分析其结果。

3. 决策分析

这部分内容我们将从以下两个方面介绍：决策分析的类型及决策分析过程、评价技术。

（1）决策分析总共有 3 种类型：①确定型决策分析；②风险型决策分析或统计型决策分析；③不确定型决策分析。

决策分析不是选择方案的瞬间行动而是一个过程。决策分析包括 4 个过程。①信息活动：为决策分析提供足够的、准确的信息。这是保证决策能够正确、顺利进行的基本前提。②设计活动：选择决策目标，设计可供决策的行动方案。③抉择活动：对各种行动方案进行分析、

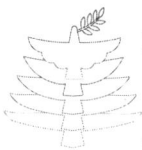

计算和评价，用以最后选出一个最优方案的活动过程。④实施活动：对决策方案的实施、跟踪和学习等活动。

风险型决策分析过程的基本步骤有 7 个。①确定决策模型结构：决策模型大多数采用决策树形式来建立。②估计各行动方案的益损值：通过有关经济统计和预测信息来估算。③确定主观概率：收集和估算各种自然状态未来可能出现的概率值。④评价行动方案：计算各行动方案的益损期望值。⑤灵敏度分析：改变决策树的有关参数，找出各参数的允许变动范围。⑥再次收集信息：进一步收集有关信息加以慎重研究。⑦方案选择：选择方案，并准备组织实施。

（2）评价技术。所谓评价，是指为了特定的目的，利用明确的标准对对象属性的价值作出判断。在我们日常生活、工作、学习中，时时处处都在进行着评价。如对一个人的评头品足，或对其学习、工作成绩的考核，对一部小说的评论，对一件事情的议论，买东西时挑挑拣拣，对决策方案的可行性、最优性分析评估，等等，其主要内容都是评价。

评价工作有 5 个基本要素：①评价者与评价对象，两者组成评价系统；②评价目的；③评价标准（指标）；④评价策略，即关系何时、如何利用评价标准对评价对象的属性进行判定的方法、程度与模型；⑤评价活动，这是评价策略的实施，以得出评价结果为目的的实践活动。

评价包括 3 种类型。①事前评价：主要是对决策方案的评价，分析其目标的正确性、可行性、先进性、明确性，实现目标的策略的允许性、可行性与最优性。②中间评价：决策方案实施当中对前面工作的实际进展情况与预期效果比较，并对未来进行预估，以发现问题、调整或修正目标与策略。③事后评价：对已完成的工作进行绩效考核，检验原决策目标实现的程度和原决策方案的实际执行情况，或者对现时或过去的人、事、物进行评定。

系统工程方法论对评价工作予以特别重视，认为科学的评价工作是决策科学化、系统设计与运行最优化的重要保证。系统分析、系统综合与系统评价，三者组成了系统工程的基本处理方法。

确定评价方法是评价工作的基础，其结果是建立评价模型并制定对评价对象测评的具体方法，由下述 5 个逻辑程序组成。①明确评价问题：包括明确评价对象、目的、时机和要求。②确定评价内容：确定要评价的系统属性和指标。③确定指标量化方法：确定评价对象各种属性的量化计量或分级方法。④确定依赖关系：拟定各指标对评价对象属性的依赖关系。⑤建立评价模型：将所有指标纳入一个数学的或逻辑的体系，形成定量的综合的评价指标，即评价模型，评价模型应能够对若个评价对象给出一个唯一的排序。

评价工作实施的步骤有 4 个。①明确评价目的：建立评审组织，确定评价原则，制订评价工作计划。②制定评价具体方法：明确对评价对象属性测评的工作程序。③量化指标：对待评对象的各种属性实际测定。④得到评价结果：将实际测定结果代入评价模型，得到评价结果。

评价工作的目的性主要由评价指标体现。因此，评价指标的确定在整个评价工作中处于战略地位。评价指标对待评对象及有关人员具有指挥棒的作用。如高考对学生和学校就是指挥棒。评价标准反映了评价者提倡什么、鼓励什么、引导的方向。评价标准确定失误必然导致决策的失误、工作的失败，因此必须十分慎重。

指标选择的基本原则是全面性、突出主要指标、客观正确性、效益的长期性、时效性或动态性、明确具体化。全面性是指评价指标要尽量全面地反映各方面的影响。突出主要指标是指评价指标要全面，但还应该区别主次、轻重。客观正确性即防止评价指标选择的偏颇。效益的长期性是指防止短期行为。时效性或动态性是评价指标要"与时俱进"，不断调整。明确具体化是指指标含义应尽量明确，并可量测。

评价指标的具体确定一般用专家法，如专家会议。在明确评价的对象、目的和要求的情况下，可以由专家自由提议应该设立哪些评价指标，亦可以先拟定一个评价指标体系，征询专家意见，然后补充、修改。通过几次征询和对专家意见的统计分析处理，最后建立一个评价指标体系。

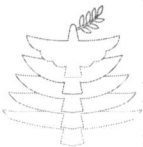

　　评价对象属性的计量和打分的选定方法是：①能够定量描述的系统属性直接按评分标准计量，例如考试所采用的评分标准；②对于不能用定量方法描述的系统属性，可采用专家打分的方法进行计量。

　　实际评价问题，不论是对人、物、事，还是决策方案，一般总有多个评价指标，而不同的指标常常没有统一的度量标准。例如选拔干部时品行、学识、健康状况三个指标，由于含义不同，难以比较。不同的评价对象在不同的指标上往往互有长短，不同的指标间又没有公认的换算关系，这是多指标评价工作中首先遇到的一个难点。其次，有些指标间还常常互相矛盾。例如桥梁的安全性和经济性指标就存在矛盾，为此，必须建立一个综合评价指标，实际评价工作中，常采用层次分析法（Analytical Hierarchy Process，AHP）和网络层次分析法（ANP）。

　　层次分析法是美国学者萨蒂（Thomas L. Saaty）于 1973 年提出的一种评价方法，该方法简便易行，已得到广泛应用。该方法的实施步骤如图 7 所示。

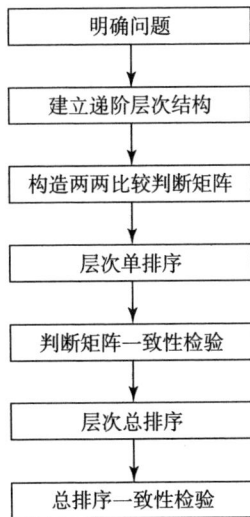

图 7　层次分析法实施步骤图

　　①明确问题。首先要对评价问题有明确的认识，弄清问题的范围，所包含的因素，因素之间的相互关系，需要得到的解答，对使用 AHP

方法来说掌握的信息是否充分。

②建立递阶层次结构。根据对评价问题的分析，建立由评价指标体系和评价对象组成的递阶层次结构。层次结构最下层为方案层或评价对象层。AHP 典型递阶层次结构如图 8 所示。

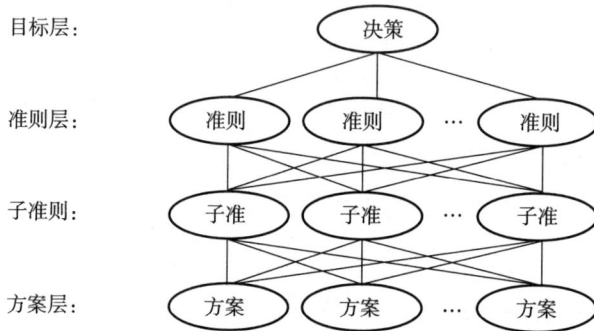

图 8　AHP 典型递阶层次结构

AHP 在建立递阶层次结构有三个假设：a. AHP 处理的层次结构，是元素内部独立的递阶层次结构，任一元素隶属于一个层次。b. 同一层次中任意两个元素之间不存在支配和从属的关系，且层次的内部独立。c. 不相邻的两个层次的任两个元素不存在支配关系。

③构造两两比较判断矩阵。将人们对每一层次中各个元素的相对重要性的判断用数值表示出来，并写成矩阵的形式，便形成两两比较判断矩阵。相对重要程度用 1～9 的标度来表示，最小为 1，最大为 9。如表 1 所示。

表 1　1～9 标度表

标度	定义
1	两个子准则同样重要
3	一个子准则比另一个子准则略重要
5	一个子准则比另一个子准则较重要
7	一个子准则比另一个子准则非常重要
9	一个子准则比另一个子准则绝对重要
2，4，6，8	为以上两判断之间状态对应的标度值
倒数	若两个判断因素的位置颠倒，则标度值互为倒数

最小为1 →　1

最大为9 →　9

④层次单排序。根据判断矩阵，计算对于上层元素而言本层次各元素相对重要性的权重。层次单排序可归结为计算判断矩阵的特征根与特征向量。

⑤层次总排序。计算一层中各元素对更上一层次的相对重要性权重。

在许多实际问题中，各层次内部元素往往是相互依存的，低层元素对高层元素亦有支配作用，即存在反馈。此时系统的结构更类似于网络结构。这就需要使用网络层次分析法了。

层次分析法面对的是内部独立的递阶层次结构，而对于内部依存的网络结构，T. L. Saaty 教授于 1996 年提出了一种适应这种复杂结构的决策科学方法——网络层次分析法，即 ANP（The Analytic Network Process），它是在 AHP 方法和基础上发展形成的一种新的实用决策方法。详细内容下讲再说。

三、系统工程在装备发展中的应用

具体将从下面三个部分介绍：线性规划的应用；层次分析法（AHP）的应用；网络层次分析法（ANP）的应用。

1. 线性规划的应用：浮桥设计

线性规划是当代用途最广泛的运筹学方法之一。浮桥设计中的有关问题经简化后可以很容易地表示成线性规划模型来求解。①浮桥对岸高的适应性，是浮桥岸边箱的一项很重要的战术技术指标，可以表示成线性规划命题。②机动性要求决定了浮桥的自重指标：越轻越好，即在满足基本性能（如浮性、稳性、安全性、可靠性等）的前提下，浮箱自重越轻越好。为使设计的浮箱自重最轻，可采用线性规划方法对浮箱进行结构优化设计，以得到最优解。

浮箱带式桥岸边部分特点是：①岸边箱是变截面的，外形像楔体；②岸边箱陆侧搭在岸上，箱底有部分脱水；③岸边箱具有铰接点和提升机构，可以调整成不同的仰角；④为了调整吃水和弯矩，在铰接处设置了可予留间隙角的顶紧器。

（1）应用线性规划可以确定浮箱带式桥岸高适应性。对岸高和水位涨落的适应性，是岸边箱的一项很重要的战术技术指标。对于一级调整的岸边箱可以先根据强度条件选定最小的角间隙 φ，并由此求出铰接处的荷载吃水 T，则最大适应岸高 h 为：

$$h_{max} = H - T_0 - T + [i] \cdot L - \Delta$$

式中：

T_0 为空载时铰接处的吃水，包括岸边箱的悬臂影响；

T 为荷载通过时铰接点的最大吃水，包括间隙闭合影响；

L 为岸边箱的水平长度；

H 为浮箱高度；

$[i]$ 为允许坡度；

Δ 为岸边箱陆侧高度。

对于一级调整，可以很方便地求出能适应的最大岸高，如图 9 所示。

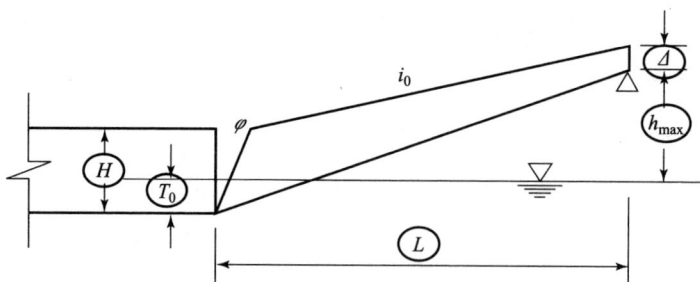

图 9　一级调整的最大岸高的计算

对于多用途浮箱的岸边箱采用二级调整，适应最大岸高的计算要复杂得多。需要选定的变量有四个，即两个初始坡度 i_1 和 i_2、两个预留角间隙 φ_1 和 φ_2。如图 10 所示。

多用途浮箱在荷载上下桥时，需要满足下列 5 个条件，即：

①1 处吃水不超过允许值；

②1 处弯矩不超过允许值；

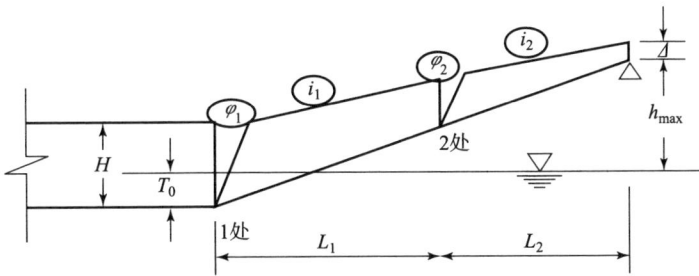

图 10　二级调整的最大岸高的计算

③2 处弯矩不超过允许值；

④楔体坡度 i_1 不超过允许值；

⑤跳板坡度 i_2 不超过允许值。

这样，就形成一个数学规划课题：多用途浮箱两级调整中，仰角 i_1 是有级的，而 i_2 是无级的。若上述计算出的 i_1 不是相应的某一级 $[i_1]$ 值，则还需就近取相应的某一级的 $[i_1]$ 值，加一个等式约束 $i_1=[i_1]$，再计算一次。

下面看一个实例：

实例：多用途浮箱双行道浮桥通过重车 30t 时，求 4 个参数 i_1，i_2，φ_1，φ_2 的值，使目标函数 $h=4.27\,i_1+5.038\,i_2+0.829\to\max$。

满足约束条件：

1 处吃水：$3.384\,\varphi_1+1.512\,\varphi_2+0.708\leqslant1.3$；

1 处弯矩：$-25490\,\varphi_1-12700\,\varphi_2+661\leqslant2933$；

2 处弯矩：$-12700\,\varphi_1-6694\,\varphi_2+515\leqslant1698$；

楔体坡度：$i_1+0.8365\,\varphi_1-0.07494\varphi_2-0.0037\leqslant12\%$；

跳板坡度：$i_2+0.3001\,\varphi_1+0.36364\varphi_2+0.0304\leqslant12\%$；

$$i_1\geqslant0,\ i_2\geqslant0,\ \varphi_1\geqslant0,\ \varphi_2\geqslant0；$$

应用单纯形法程序 LP，得：

$$i_1=12.37\%,\ i_2=8.96\%,\ \varphi_1=0,\ \varphi_2=0$$

显然，仍需增加一个等式约束 $i_1=12\%$，再计算得：

$$i_1=12\%,\ i_2=8.96\%,\ \varphi_1=0,\ \varphi_2=0,\ \max(h)=1.79\ \mathrm{m}$$

应用线性规划还可以优化浮箱结构截面：

浮箱不仅要满足基本性能（如强度、刚度、稳定性、可靠性、安全性等）要求，还要满足机动性要求。

机动性要求决定了浮箱的自重指标：结构自重越轻越好。为了寻求最优解，应用线性规划理论。

2. 层次分析法（AHP）的应用：装备发展方向重点分析

装备的发展方向分析是装备发展战略论证的体现，它有针对性、时效性、超前性、指导性。针对性是指有一个背景；超前性则是指发展方向面向未来，带有预测性；指导性是指发展方向研究本身带有高层次性，对具体的计划则带有指导性。

（1）在确定某类装备的发展方向时，通常应遵循如下的基本分析步骤。

第一步，确定有关装备发展的策略。

确定装备发展策略是确定发展方向的顶层设计，包含装备发展的指导思想、总的发展原则和方针。

第二步，分析发展方向中战略目标的特性。

分析发展战略目标的特性，是为了确定装备发展方向的目标，是体现发展战略质和量的统一，主观与客观统一的具体化，也是发展方向研究的重要环节。

第三步，建立发展方向的目标体系。

发展方向目标体系是由一束包含总目标、子目标及子目标隶属的下层分目标组成，它们之间相互独立，然而有时也相互牵连，相互冲突。

第四步，对发展方向进行前向规划。

根据装备的现实状况，预测未来时期，装备可能达到的状态，即由现在到未来。

第五步，对发展方向进行反向规划。

根据装备未来发展应当达到的理想状态来检验当前的描述，当前

的思想是否切实可行。

第六步，对发展方向进行前向与反向联合规划。

对装备进行前向与反向联合规划是由现在→将来→现在，目的是相互检验两种方法，提交规划的可靠性。

（2）装备发展策略分析包括以下几个方面。

①发展指导思想确定。确定有关装备发展的指导思想是论证该装备发展方向中的首要工作。因为，指导思想是装备发展战略研究的总原则、总方针。整个战略研究要紧紧围绕指导思想而进行，不可偏离、不过超越。就其内容来说，一般比较宏观，内涵也比较丰富。确定指导思想应考虑的因素包括：战略方针；作战原则；国家的综合实力；国际及周边环境。

②发展原则的确定。所谓装备的发展原则，是指导发展战略应该遵循的准绳、准则，是对装备发展战略进行必要的边界约定。指导思想是发展战略研究的总原则，发展原则是属于第二层次范畴的具体原则，也相对比较具体和直观。装备发展的指导思想与原则都是装备发展方向的主要研究内容。装备发展原则主要包括以下六个：装备需求牵引原则；装备效能先进性原则；装备发展系统性原则；装备结构优化原则；装备"三化"原则；装备发展动态性原则。

③发展方向中战略目标的特性分析。装备发展战略所研究的对象系统是一个复杂的巨系统，而处于该系统中的目标显然不是简单的社会活动归宿，而是一个复杂的目标体系，是一个由多目标、多准则构成的目标体系，由总目标、分目标和子目标构成，总目标是整个体系的高度概括，目标体系具有层次性、递阶性。发展战略目标体系是由总目标、分目标、子目标、方案组成的递阶层次体系。总目标支配分目标，分目标支配子目标，从上至下形成支配和隶属关系，视情可以是完全的支配关系，也可以是部分的支配关系。

④装备发展的目标体系。一般用递阶层次目标体系基本能描述体系的相互关系，有时根据问题的复杂样度，需要更复杂的层次结构形式，如循环结构目标体系、反馈结构目标体系。

239

发展战略目标的形成过程。这实质上是一个群组决策的选择过程，即分析界定、明确结构、形成目标、拟订方案。

装备系统总体上又可分为装备技术系统和装备发展系统。装备技术系统偏重技术性能，装备发展系统偏于重于战略方向、发展重点、结构优化、体系配置。装备发展系统较之技术系统来讲，具有抽象性、宏观性，虽然它的客体也是讨论某一类武器装备，然而毕竟不是单个武器型号，很难用一个精确的数字来描述装备发展系统的发展战略。用一个目标来界定这个发展系统，显然是非常重要的。目标要具有整体性、表征性。

装备发展系统可分为总系统、分系统、子系统。不同的层次、不同的系统，其发展目标也不相同。总系统是高层系统，其目标是总目标，它具有支配性、指导性、覆盖性，而下层系统、下层目标又具有隶属性、服从性。考虑分系统、分目标时，不能违背总目标，内容虽有不同的描述，但方向是相同的，原则是一致的。在实际问题中，整个系统不光有总系统、分系统、子系统，还可再细分下去，直到满足要求为止。

确定目标是进行装备发展方向分析的出发点，是对装备发展方向的具体化。通过制定目标，把装备发展所应达到的各种要求落到实处。对装备发展目标分析的目的，一是论证目标的合理性、可行性和经济性；二是获得分析的结果——目标集。通常，为了解决某一类装备系统的发展问题，首先要建立该类武器装备系统发展的总目标。

评价发展方向目标体系的过程有：

a. 确定未来可能实现的目标。目标要用最简短的语言描述，然而又要覆盖所要讨论的问题。

b. 进行影响因素分析，构造递阶层次结构。确定目标后，紧接着的工作就是影响因素分析。制约装备发展方向的因素很多，运用层次分析技术将相互关联的制约因素形成有序的递阶层次结构。

c. 构造数学模型。装备发展方向规划是一个多目标的决策问题，根据多目标原理，采用多目标加权和的方法构造数学模型，即：

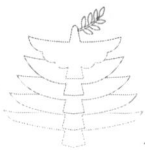

$$\max Z = \sum_{i=1}^{n} W_i X_t$$

式中：

Z 为总的最大目标值；

W_i 为分目标、子准则的权重；

X_i 为各隶属目标的量值。

d. 量值计算。隶属目标的量可采用无量纲的分值，有的采用效用指数方法确定量值，有的用比例方法确定量值，有的采用专家打分方法。不管用何种方法，都必须用统一的量纲、同一个比例测度。

e. 专家选择。权重系数的确定可采用 AHP 方法，选择专家进行两两比较判断。选择的专家必须是多方面的专家组成，有军事战术专家、装备论证专家、装备研制专家、装备管理专家、生产制造专家、科研管理专家。选择的专家对该类装备必须熟悉，具有丰富的实践经验和较高的技术水平，对国内外装备情况熟悉。每个专家面对构造的递阶层次结构，根据 AHP 的判断准则进行两两独立判断，然后构造判断矩阵，上机计算，即可得到各个专家的判断结果。

f. 群组决策过程。多个专家的判断结果如何综合，实际上是个 AHP 群组决策的过程，可采用 AHP 群组决策的方法，即用判断元素的几何平均、排序权值的几何平均、排序权值的算术平均等方法进行综合。

规划是一种动态的有目的的活动，它所处理的问题是如何驾驭一个系统，由任意可能的结局成为理想的或期望的结局。可能的或自发趋势结局是由现在状态，各自追述自己目标、政策及结局的当事人所决定的系统可能达到的逻辑想定或状态。这种估计未来可能的过程称作前向规划过程。这是一个对未来可能发生变化的描述过程，而理想的结局是通过施行恰当的政策，用这些政策影响当事人，使前进道路上的障碍得以清除而实现的。这就是反向规划过程，是一种标准的惯常过程。目标变化及政策的效力可在前向过程中进行检验，看所导致的结局是否与理想的结局相靠近，否则目标和政策以致理想结局就必须改变，以使理想结局获得更大的成功。前向规划需要反复代换，反向的政策也要反复修改。就是以这种形式，确立在未来可能值和期望值上的两点边值之间而进行下去。

装备前向规划方法：以装备某年至某年的发展方向的前向规划，来说明对发展方向进行前向规划的过程。

装备反向规划方法：反向规划过程的方法、步骤同前向规划过程，则是用未来的想定来检验当前的描述。递阶层次结构方式正好与前向规划相反。

装备发展方向前向与反向联合规划方法：可以把前向—反向规划过程联合用于分析各种影响某类装备发展前景的发展目标及其相互作用，包括它们的目标体系、可能的未来想定、在一定时期内实现想定时存在的问题，以及关于某类装备发展的决策变量和政策。

前向规划是由现在描述来设想未来，而反向规划是由设想未来检验现在的描述。在实际规划过程中，这两种方法可以单独使用，也可联合使用。联合使用的过程，实际上是一个相互检验的过程。前向规划获得的政策和想定方案，反过来以此为目标，检验当前的描述是否相一致，是否有道理，即因素全不全，子目标、子准则对不对，装备的发展方向应该追求什么样的政策，以及达到什么样的想定结局。通过前向和反向的联合规划结果，不断地修改层次结构、修改目标、修改准则、修改方案，最后得到一个相对趋近目标的理想方案。

前向过程是提供了对发展某类装备系统的环境的描述，给出了所考虑因素的层次结构及其基本排序权重（即未经合成的权重）的示例。应当注意到，发展某类装备的目标是最大限度地提高该类装备的整体作战能力。

前向过程层次结构的第四层含有对未来某类装备发展状况的各种想定。第一个想定是低方案，这意味着该类装备的发展并不乐观，仅实行一些对长远的发展方向没有影响的短期政策；第二个想定是维持方案，表明该类装备的发展只能维持现行的发展势头；第三个想定是理想方案，将使该类装备的发展满足未来作战需求；第四个想定是最

高方案，将采取大大推动该类装备发展的多种政策。想定三和想定四的差别是前者能够满足该类装备发展的需求，后者则提出该类装备的雄心勃勃的发展计划。

通过前向过程得到对未来的描述和洞察之后，反向过程就作为一种定式去决定某类装备应追求什么政策以达到期望的想定结局。

装备发展方向前向与反向联合规划方法：基于对所期望想定的追求，装备管理的直接目标在反向过程中明确出来，研制部门的目标也显示了装备发展在达到期望想定时的变化。由于同样的理由，投资者的目标也有变化。第二个前向过程中又把决策者及决策者目标的权重进行了重新计算。

在反向过程中提出的战略所导致的结果与在第二个前向过程中得到的装备管理部门的目标是一致的，只是在两个较好的想定之间的认识有些改动，在发展装备的某些考虑上有一些变化。

对装备发展方向进行前向与反向联合规划的分析过程，有助于装备发展的决策者在为实现自己所期望的发展进行决策时明确自己的立场。当然，要想使需要采取的战略明确、突出出来就必须反复进行上述前向与反向联合规划的分析过程。

3. 网络层次分析法（ANP）的应用

（1）ANP 的基本概念。在实际的决策问题中，系统的元素更多的不是呈递阶层次结构形式，而是网络结构形式，网络中的每个节点表示一个元素或一个元素集，系统中的某个元素集都可能相互影响，即系统中的每个元素也都可能影响其他元素。系统中的每个元素又都可能受其他元素的影响和支配，对于呈这种特征的决策层次结构，恰恰是网络层次分析法 ANP 的合理描述。

ANP 的网络层次结构相对于 AHP 递阶层次结构来讲，显然比较复杂，既存在递阶层次结构，又存在内部循环相互支配的层次结构，而且层次结构内部还存在依赖性和反馈性。

（2）ANP 的网络层次结构由两部分组成。①控制因素层：包括决策目标及决策准则。所有的决策准则均被认为是彼此独立的，且只受目标元素支配。控制因素中可以没有决策准则，但至少有一个目标。控制层中每个准则的权重均可用传统 AHP 方法获得。②网络层：由所有受控制层支配的元素组成，其内部是互相影响的网络结构。

（3）ANP 的网络层次结构主要有以下 5 种：①内部独立的递阶层次结构；②内部依存的递阶层次结构；③内部独立的循环系统；④内部依存的循环系统；⑤一般网络结构（以上 4 种的组合）。

我们认为，ANP 在应用方面特别是构造网络结构上，比 AHP 更具有灵活性和合理性，同时在极限相对排序和绝对排序的解释上更有说服力和易于被接受。因此，有理由认为 ANP 是一种值得推广和使用的决策方法。分析问题是将决策问题进行系统的分析、组合，形成元素和元素集，这是非常重要的一步，归类要正确，即"物以类聚"。主要分析判断元素层次是否内部独立，是否存在依存和反馈。分析问题的方法基本类同于 AHP 方法，可用会议讨论、专家填表等形式和方法进行。

（4）构造 ANP 的典型结构。构造 ANP 的典型结构包括构造控制层次（Control Hierarchy）和构造网络层次（Network Hierarchy）。构造控制层次是将决策目标界定，将决策准则界定，这是问题的基本，各个准则相对决策目标的权重用 AHP 方法得到。构造网络层次，要归类确定每一个元素集，分析其网络结构和相互影响关系。网络层次结构有 4 种：①元素集内部独立的递阶层次结构，即层次之间相对独立；②内部依存，即元素集内部存在循环的网络层次结构；③元素集内部元素独立，元素集之间存在着循环的网络层次结构；④元素集内部依存的循环 ANP 网络层次结构，即元素集内部和元素集之间都存在着循环的网络层次结构。在实际决策问题中面临的基本是元素集间不存在内部独立，既有内部依存，又有循环的网络层次结构，即第④种网络层次结构。

各位老师、同学，以上就是我交流的主要内容。因为我长期从事装备的系统论证工作，对装备这一块比较熟悉，同时在系统工作学会

二十多年了，也比较熟悉这方面工作，所以把这两类工作结合起来讲一讲，希望能给各位同学一些启示。

谢谢大家！

（本文系 2018 年 3 月 23 日北京理工大学"百家大讲堂"文字转录节选）

主讲人简介

孙宏才，江苏扬中人，1951 年 10 月出生，1970 年 12 月入伍。原总装备部某研究所所长，少将，教授，博士生导师，中国系统工程学会监事长。1978 年毕业于南京航空航天大学飞机设计系，1990 年 6 月毕业于中国科学院研究生院，获硕士学位。1993 年获得政府特殊津贴，1996 年被总参评为优秀中青年专家，2002 年获总装备部优秀人才奖。历任中国系统工程学会副理事长、监事长，中国系统工程学会决策科学专业委员会主任委员，原总装备部军备控制科学技术专业组成员，国务院、中央军委军工产品定型委员会专家咨询委员会委员，全军武器装备科技奖第二届、第三届评审委员，2010 年入选中国科协决策咨询专家库。

原解放军理工大学和北京理工大学兼职教授。《系统工程理论与实践》副主编，《解放军理工大学学报》编委。长期致力于武器装备的系统论证、决策科学理论与应用、AHP 与 ANP 理论和应用等方面的研究工作。先后主持或作为主要完成人参加了几十项国家和部级科研项目，取得了 16 项军队科技进步奖，其中军队科技进步一等奖一项、军队科技进步二等奖 8 项、三等奖 7 项。在国际和国内发表学术论文 51 篇，编写教材、学术著作 4 部，其中《网络层次分析法与决策科学》名列高被引图书榜单（自然科学学科）。培养了多名硕士、博士、博士后。

文化言说

走近季羡林

崔岱远

各位同学们，大家好！

首先，非常高兴有这个机会来到北京理工大学，跟在座的各位同学交流。今天我要跟大家分享的是内容是"走近季羡林"。

我看了看，在座的都是年轻的同学，我不知道咱们在座的各位，提起季羡林先生有一个什么样的感觉？提起季羡林先生，不同的人会有不同的印象。一般人认为季羡林先生是一位国学大师，是一位学者、一位智者，是一位慈祥的老先生。但是要问季羡林先生到底研究过什么学问呢？他对我们到底有些什么贡献呢？有些什么启迪？好像一般人又都说不太清楚。也就是说，不知道季羡林先生到底研究什么学问是一个很常见的现象。不像钱学森研究控制论，研究火箭，大伙都知道。季羡林研究什么？不清楚。那么，咱们首先来听一听季羡林先生写的文章，你可能就有所认知了。顺便说一下，咱们今天的读书会跟以往不同，以往的读书会只是一个人在这讲。其实我也可以一个人在这讲，但我觉得除了讲，还可以听一听。那么就先来听听中央电视台著名播音员崔志刚朗读的季羡林先生的作品——《听雨》。（播放《听雨》）

我是丛书《季羡林沉思录》的策划人，这套丛书有什么与众不同呢？首先，它是季羡林先生在98年人生历程里很多作品的结集，而且我请了很多著名的播音员进行朗读，比如刚才我们同学们听到的这篇《听雨》。这套书里有 40 多段著名播音员的朗读，也有我——一个非著名、极业余的主持人、播音员的 20 多段朗读。为什么给大家听这一段呢？季羡林是一位大学者，是一位智者，但是我们听他的文章就像是我们邻居家的老先生，坐在阳台上听到雨声，就觉得很亲切、很自然。那么问题来了，季羡林先生到底是一个什么样的人？

首先，我简单跟大家分享一下先生的生平。季羡林先生这个人跟一般的人不太一样，首先他活得岁数比较长，活了 98 岁。他生于 1911年 8 月 6 日，也可能不是 6 日，也可能是 2 日，为什么？因为你上网就会发现他有两个生日，道理很简单，因为那个时候人们记阴历生日，不记阳历生日，有的时候记着记着就记串了。比如说我的母亲，我的母亲一说她阴历生日，就告诉我是腊月十四，但户口本永远写 12 月 1日，可你查那年 12 月 1 日，肯定不是腊月十四，就这么个原因。所以季羡林先生说我可能是生在 8 月 6 日，就是这么个来历。但是他故去的时间大伙都知道，2009 年 7 月 11 日，享年 98 岁。他是我国著名的文学家、教育家、社会活动家，这也就是官方对他的正式评价。

那他究竟研究些什么学问？他并不是传统意义上学国学的，他是在清华大学读西语系学德文的。他不光学了德文，后来还学了英文、俄文、梵文、巴利文、吐火罗文、印地文等，学了 13 国外语，所以是一个地地道道的语言学家。不光在语言学，他还在文化学、历史学、比较文学、印度学等方面有极深的造诣，可以说是笔戎一生，学贯中西，是这个时代或者说是刚刚过去的那个时代的世界级大师。以后再培养出这样的大师不太可能了。为什么？咱们看看他的生平。如果你想了解一个作家，你最好是了解一下他的生平，这样对理解他的作品很有好处。季羡林先生也是一位作家，而且他写作跟别人不一样。拿他的话来说叫"假话全不说、真话不全说"。他说他写的东西都是真话，包括没有虚构过一个人名，没有写过小说，都是一些散文、随笔、论文等作品，内容就更真实了。而且他的生命比较长，几乎是一整个世纪。所以，我们要了解这么一个学者，我们就得了解他从哪来的。

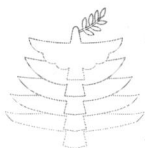

他从山东来的，山东省临清市大官庄，就是他出生的地方。他小时候不叫季羡林，叫季宝山，而且山东人有一个习惯，以后你们看老电影就会发现，山东人特别爱叫双喜，所以他也叫双喜。小时候他们家特别穷，山东是烟台、青岛这些沿海地区富，到了临清这里就特别穷。他们家又是他们村最穷的一家，这样一个穷人家的孩子在清华大学怎么念书？而且中华人民共和国成立前上清华大学得有钱，要知道当年的清华大学是外国人办的。这里面就有很多的机遇和巧合了。在季羡林先生很小很小的时候，曾经就有这么一个机遇和巧合发生在他父亲身上了。

大伙都知道山东人有"闯关东"这么一说，为什么闯关东呢？不是去旅游，而是因为家里穷，要去谋生存。季羡林先生的父亲是长子，于是就带着自己的弟弟闯关东去了。到了沈阳火车站，发生了一件你们几乎不可能相信的事。你们听说过有民工在火车站买彩票中彩吗？你们信吗？反正我不信。我买过彩票，最多中过 5 块钱，我还没去领。季羡林的叔叔跟他的父亲在沈阳火车站买了一张当年的赈灾彩票。你们猜一下中了多少钱？这么说，我不知道有多少钱，一车现大洋，银圆，你算算这是多少钱？一下就改变命运了。哥俩就得分分，他的父亲因为年长，根据山东的习惯，应该留在老家发展，而他的叔叔比较年轻，则去了当时山东的大城市济南发展，哥俩就这么分开了。注意，这件事很重要——哥俩分开了。他的父亲拿着这半车现大洋，咱们假设折合成现在的 500 万元，比如说你们在座的各位，忽然间你有 500 万元，你想干什么？很多人第一件事想的是买房。买房，你看中国人都这么想，忽然间有了钱，第一个愿望是买房。季羡林的父亲跟大多数人的想法一样——买房。不过不是买，农村是盖房，然后就拉着乡亲们盖起来了五间大瓦房。但农村盖房得找乡亲帮忙，上梁、买砖、和泥、砌墙……房子盖起来了。你说你有了这么多钱，也盖起了房，不应该请乡亲们吃一顿饭吗？所以你应该请客吃饭，他的父亲就请全村的人吃饭，吃一天不太好，不够意思，就再吃一天，然后就又吃一天……结果就吃了三年，把房子吃没了。所以拿季羡林先生的话讲就是"我小的时候也不知道为什么我们家忽然就富了，后来也不知道为什么我们家又忽然就穷了"，就这么回事。他家穷了以后，因为季羡林是他们家这支唯一的男孩，是整个家族的希望，他的父亲就把他过继给他在济南的叔叔，让他在济南上小学、上初中、上高中。所以，他是自打6岁过继给他叔叔之后，一直在济南长大的。

过继给他叔叔以后，他只回过老家四次。第一次是他的一个远房老祖母过世的时候，那个时候他还小，没有什么印象。第二次是他的父亲病重，当时他已经在济南上了高中。他的叔叔陪着他去给他的父亲看病，就雇了马车，拿着现大洋，还提溜着点心，请他们隔壁村的一个地主，因为这个地主懂得中医，能给他父亲看病。中间要穿过青纱帐。你们不要以为那大洋是给地主的，大洋不是给地主的，点心是给地主的，因为他已经是一个有身份的人了，不在乎那大洋，在乎礼貌。现大洋给谁了？给青纱帐里的土匪了。各位看过莫言的小说吗？莫言的小说里讲青纱帐里有土匪吧？真有。就这么着，经过了一个暑假，青纱帐黄了，他的父亲没了，土匪也不用再收现大洋了。后来他在北京上清华大学的时候，有一次忽然间接到了家里的一封信，说他的母亲病重，让他赶紧回去，他就从北京辗转回到了家乡。结果，看到的是母亲的棺材。

季羡林先生可以说是从小就没有父爱、没有母爱的一个人。这件事影响了他的一生，他在晚年写了很多怀念母亲的文章，就是因为这件事儿。在这里给大家分享一段中央人民广播电台著名播音员朱晓婷朗读的《我的童年》，听听季羡林的童年到底是什么样子。（播放《我的童年》）

刚才就是季羡林先生小时候对他们家的印象，其中那个举人的太太就是他第一次回家乡过世的那位老祖母。

我们接着讲，季羡林先生6岁到了济南读小学、初中、高中的故事。他在济南就像林黛玉进了贾府。他的叔叔很疼爱他，但他的叔叔毕竟是一个男人，对他要求很严格，在他后来的作品里面都有所反映。他的叔叔只关心他读书的事。他读书也是经过了很多机遇巧合，就比

如说一开始他叔叔就想这孩子既然是念书，就要把他送进一个洋学堂，追求时尚嘛。念了一段时间之后叔叔就问他，你上学学了点什么呢？他说这老师好，老师讲"骆驼说"什么什么。叔叔说，这老师胡说八道，骆驼什么时候能说人话？学校肯定不是什么正经学校，换学校。其实老师讲的是《天方夜谭》。换学校了就得插班，季羡林跟他的一个远房表哥，哥俩一块儿去插班。插班得考试，考什么呢？就因为比表哥多认识一个骡子的"骡"字，他就跳了一级，从此就改变命运了。再跳进去之后，碰到了第一个对他的人生产生深刻影响的老师——他的语文老师，胡也频，也就是丁玲的爱人，共产党早期革命家，后来胡也频被国民党反动派杀害了。所以说，很多时候，名人得经过无数的机遇、无数的巧合，最后才能成为名人。

学了季羡林先生的作品，我就发现人生要成功，要勤奋，更重要的是机遇。但是你如果不勤奋，机遇来了，你也抓不住。比如说季羡林当时如果不认识"骡"字，怎么能跳一级呢？而且更有意思的是，季羡林这一生，直到后来90多岁，周围全是名人。当然咱们见到他的时候，他已经功成名就了，这个时候"往来无白丁"可以理解，但是他上初中的时候就碰见这么有名的人，只能说是机遇和巧合。在这期间，他对外语很感兴趣，后来他高中毕业该考大学了。那时候考大学跟现在高考可不一样。那时候是各学校各招各的，但是你得花钱报名考试。季羡林就想：我报什么呢？别人都报十几个学校，结果也没考上。他就想因为自己花叔叔的钱，就只报两个吧。报一个北京大学，再报一个清华大学。这么着，他就只报了两个，一个是北京大学，一个是清华大学。结果你们猜怎么着？全录取了。你们要是被北京大学、清华大学同时录取会怎么选择呢？季羡林选择上清华大学。为什么呀？因为清华大学那会儿是外国人办的，出国的机会多。他想出国，改变命运。他上清华大学西语系，学德文。他的本科是学德文的。在清华读书的这段经历他曾写在《清华园日记》里头，很有意思。

在清华大学，他又碰到了更多的大师，比如说陈寅恪先生，比如说吴宓先生，比如说冰心先生，等等。大伙如果感兴趣，可以看《季羡林沉思录》，里面都有记载。这儿就讲一个简单的例子，就是冰心先生。冰心，大家都很熟悉，很多人以为她是写儿童文学的。其实早在季羡林在清华大学上学的时候，冰心就已经是教授了，在清华大学教国文。顺便说下，冰心这人可了不得。冰心的父亲你们知道是什么人吗？是当时北洋水师的将军，所以她晚年最大的遗憾就是没有把北洋水师写出来，因为她提起笔来一写就哭，放不下。有一次，季羡林想去蹭听冰心的课，就像现在咱们所说的旁听。课堂上冰心对着花名册一点名，发现没有他，就问他说："你是哪的？"季羡林就说："我是隔壁班来蹭课听的，对您无限敬仰！"结果冰心说："你出去敬仰去。"就把他轰出去了。这事儿季羡林记了一辈子，等到很多年以后再见到80岁的冰心的时候，季羡林问冰心："当时您为什么把我轰出去了？"冰心惊讶地说："有这个事儿吗？我怎么不记得呢？"你们看季羡林身上有多少奇闻逸事。包括他对考试也是深恶痛绝。他觉得上学就是考，考什么考？这些事后来都写在他的《清华园日记》里。他在清华大学毕业以后，回到济南教了一年国文之后，又考上了当时清华大学跟德国哥廷根大学的交换生。交换生意味着可以不花钱去留学，学什么呢？他选择主修古印度的一种文字——梵文，因为他在清华的时候就对此很感兴趣。他曾经要求陈寅恪先生开课，但陈先生说开不了，他没有那个本事。好，那他就到德国去，专门师从当时著名的梵文学家——瓦尔德·斯密特教授，学习梵文。这是他的主科，之后还有两个副科，一个是学俄文，一个是学阿拉伯文。

据说当你学会俄文以后，你发现英文太简单了。当你学会阿拉伯文以后，你会发现俄文简直什么都不算。阿拉伯文比中文还难。而他学一个主科梵文，还有一个叫巴利文的古印度文字，然后又学俄文，又学阿拉伯文，正常人的脑子估计就装不下了。好不容易学了两年就快毕业了，就在这时候，第二次世界大战爆发了。这回麻烦了，他回不了国了，然后他的老师瓦尔德·斯密特入伍当兵了，不单他当兵，他儿子也当兵了，因为是男的。为什么季羡林是男的不当兵呢？因为他是外国人，哪有招一个外国人当兵的？没办法，他的老师就把他自

己的老师希克先生请出来了继续带季羡林。希克先生当时已经 80 多岁了。这个人是干吗的呢？他是破译吐火罗文的两个人之一。

希克先生开始教季羡林，没多少日子就发现他是语言天才——脑子太聪明了，会四国外语还不混淆，就跟他商量，说："我要教你吐火罗文了，因为你再不学，这门学问就绝迹了！"你说哪能让那学问绝迹？其实，这会儿季羡林先生已经不想学了，因为他脑子里装了四门外语，都快装不下了，但是出于对先生的尊重，他硬着头皮学吐火罗文。从此，中国有了吐火罗文学者。直到现在，北京大学都有吐火罗文专业，这就是季羡林先生的功绩之一。刚才咱讲了那时候是"二战"期间，季羡林作为一个外国人，又不能上战场，怎么办呢？学校也没让他闲着，就让他看着两个图书馆。结果他在德国待了多长时间呢？一下待了 10 年。待了 10 年，他就用这 10 年读了两个图书馆的书。所以他就有学问。所以说呀，学问有的时候是被逼出来的。那他在哪做学问呢？在高斯韦伯楼——一个特有名的楼。德国大数学家高斯，还有大物理学家韦伯，也是在这个楼做的学问。据说哥廷根大学曾出过 36 个诺贝尔奖，后来中国人去访问这所学校，校方说他们是 37 个，因为第 37 个应该是季羡林的，可惜诺贝尔没有设立语言学这个奖。

之后季羡林博士就要毕业了。毕业之前要做一件什么事？大伙都知道，就是要写博士论文，要答辩。当时德国的博士论文就已经要求用打字机打印了。要用打字机打印对季羡林来说有两个困难。第一，他不会打字，中国人那时候到哪学打字去？第二，他买不起打字机。那怎么办呢？那就托他的一个同学的房东的女儿帮他打字。这个同学叫田德旺，后来也是很有名的学者。这个帮他打字的姑娘叫伊姆加德。伊姆加德用了好几个月的时间帮他打字，打着打着，两个人就打出了爱情的火花。可就在这个时候，战争结束了。季羡林开始为这事儿闹心，在回北京与留在德国之间彷徨。结果经过艰苦的思想斗争，他决定取道瑞士经香港过上海，最终回到了北京。

接下来给大家听一段北京广播电台著名播音员孙宇朗读的这段经历，叫《迈耶一家》。这段文章是季羡林先生在 80 岁时写下的。（播

255

放《迈耶一家》)

这是季羡林先生80多岁的时候写的文字，我们可以感受到他是一位感情多么细腻、多么真挚的老先生。当这篇文章发表以后，有好事者到德国找伊姆加德，看她到底还在不在。结果还真给找着了。不但找到了伊姆加德，还找到当年那台打字机。不但找到了那台打字机，还得到了这样一个消息——伊姆加德终生未嫁。

季羡林先生取道瑞士经香港，回到了北京。当时陈寅恪先生帮他写了一封推荐信给北大校长胡适，但胡适那会儿不在北京，而在美国。接待他的是文学院院长汤用彤先生，汤先生听了他几次课之后，就决定留他在北大教书了，先当副教授，汤先生解释道：北京大学有个规矩，不管多么有学问的人，只能先当副教授，不可能先当教授。不过，可以只当一个星期副教授。就这么着，季羡林先生就只当了7天的副教授，之后成为北京大学正教授，一直到他过世。他创建北京大学东方语言文学系，简称"东语系"，他的身份则是东语系主任，这个才是他真正的身份。其他的，你们听的那一大堆都是附加的，包括国学大师、泰斗、国宝。他专门写过三篇文章叫《辞国学大师》《辞泰斗》《辞国宝》，叫作"三辞"。最有意思的我觉得就是《辞国宝》那篇文章："我去开一个会，边上一位领导忽然说我是'国宝'，我心中蓦地一惊——我怎么就成大熊猫了呢？"

"文化大革命"的时候，季羡林先生跟那个时代很多的学者一样，受到了不应有的批斗。比如说老舍先生，被批斗完了以后想不开，跳湖了。季羡林先生其实一开始跟他差不多，被批斗完了也想不开，他倒没跳湖，他准备了一小瓶安眠药，打开盖儿，准备一口把它吃了，结果就在打开盖要吃没吃的那一瞬间，一个造反派一脚把门踢开了，说："走，老家伙，批斗去！"压着他戴上高帽子就批斗，坐飞机、往他身上吐痰，批斗完了以后扔回来，一脚踹在地上。这时候季羡林就想："我没死，你看，即使这么斗我，我还没有死，那我为什么要死呢？所以我不死了。"这就是季羡林先生在很多文章里说过的，我曾经死过一回的原因。

所以，人有的时候经历各种困难、各种想不到的逆境的时候，你记住，能过去，只要过去就什么事没有。季羡林先生就过来了，老舍先生却没过来。所以季羡林先生专门写了一篇《我回忆中的老舍先生》，也收录到了《季羡林沉思录》这套书里，大家可以看一看。

那不死干吗呢？季羡林就想："不死总得干点啥吧，不能听他们批斗，他们说他们的，我干我的。"那他干吗了呢？他翻译印度史诗《罗摩衍那》。印度有一部创世纪的史诗叫《罗摩衍那》，这本书太有意思了，号称四万八千颂，就是四万八千行。它是一种古代印度口口相传的诗歌，创作过程达 800 年之久。一共八卷，第一卷跟最后一卷有同一个作者，这个作者的名字太有意思了，叫蚁垤。为什么叫蚁垤呢？就是整天坐在那里思考，身上都长了蚂蚁窝。他是印度的一个大思想家。《罗摩衍那》写的是天上一位神，把自己一分为四，化身到地上一位君王的四个儿子身上。这四个儿子又经过各种悲欢离合，争夺王位，各种凶险，互相搏斗，最后合四为一到天上。我说得简单，其实没那么简单，那里面大故事套着小故事，还套着你们非常熟悉的孙悟空的故事。《西游记》里的孙悟空就是从《罗摩衍那》里演化来的，那里的哈努曼就是孙悟空的前身。我们知道，中国跟印度的历史交往太久了，好几千年，但是也奇怪了，不知道为什么，《罗摩衍那》玄奘没翻译过，鸠摩罗什也没翻译过，季羡林是第一个翻译这部作品的。用了多长时间呢？用了 10 年，整个"文化大革命"期间他就干这个事。他怎么翻译呢？写成小纸条带在身上，看一眼，琢磨一下怎么翻译，诗歌是韵文，翻译得押韵呢。等到了 1978 年改革开放初期，印度总理访问中国，咱们人民文学出版社拿出了全套的《罗摩衍那》，印度总理震惊了，因为这是第一部汉译本。谁说中国 10 年没搞文化？怎么把《罗摩衍那》翻译出来了？他特别震惊，当然他并不知道这是季羡林先生一个人翻译的。季老先生不但翻译了《罗摩衍那》，还把那段经历创作成了很多散文。后来这段经历还写在了特别有名的《牛棚杂忆》这本书里，研究季羡林先生的人可能都知道这本书。

1977 年到 2009 年，是季羡林先生创作最高峰的 30 年。季羡林先生活了 98 岁，其实他一生最红火的是这最后 30 年。所以，退休以后他还有第三个青春。66 岁开始红起来了。刚才咱们有位老师不是说嘛，他见季羡林先生的时候，季羡林先生还没那么有名气。66 岁才开始笔耕不辍地创作，天天写。他这一生没有什么别的爱好，就是写了几千万字。季羡林先生写作很用功夫，写了几千万字，怎么写呢？在他们家有五个筐，他今天写散文，扔到这个筐里，明天写翻译稿，扔到那个筐里，再过两天写的扔到学术论文筐里。就这么着过一段时间再分拣，分拣以后就变成一本书了。他有一本书叫什么名字呢？抬眼一看他们家门口有个小土坡，那就叫《小山集》吧。再写一本，又叫什么呢？他住那地儿叫朗润园，就这么又叫了《朗润集》。所以大伙可以学一学，没事写点儿小纸条扔到筐里头，过上几年就能攒一本书。大师就这么炼成了。

季羡林先生也不光写作，他最后 10 年干了几件大事。咱们先说这第一件事。还记得一开始朗读《听雨》中说到的"死文字"吗？什么叫"死文字"？就是吐火罗文，因为它没有人用了，死了。季羡林回国以后其实没有条件再研究吐火罗文了，由于当时中国没有人懂，而且跟国外也没有交流，那么怎么办？他就改研究别的，研究印度文学，研究中西方比较文化。再开始研究吐火罗文已经是在 20 世纪 80 年代初了。忽然间有一次新疆考古研究所发现了一张纸片，这纸片上面有字，谁也不认识，就给季羡林看，说季羡林认字多，请他看是什么文字。季羡林看了看，告诉他们这是"吐火罗文"，但文字到底说的是什么，他一时也不知道，得研究研究。结果研究了一年多，翻译出吐火罗文《弥勒会见记剧本》。

季羡林先生晚年还写了一本书，叫《糖史》。这个"糖"不是唐朝的"唐"，跟李世民没有关系，这个"糖"是吃的"糖"——白糖，就是吃的那个蔗糖的历史。也是在一张残片的背面，写着"印度出三种甘蔗，第一种八尺长，它做砂糖不太好使……"就这一句话。季羡林通过这张纸就发现了一件事儿，就是在中国的古文里"甘蔗"这个词有十几种写法，为什么？因为它是一个译音，翻译过来的。

　　各位有没有注意到一件很有意思的事，你们大伙都读唐诗宋词，唐诗宋词里有吃糖的这个"糖"字吗？没有。这么美妙的东西，为什么唐诗宋词不写呢？中国古人形容甜这件事，他不说糖，他说如甘如饴，"饴"不是蔗糖，是麦芽糖，就是咱们吃的关东糖，叫作饴糖。而甘蔗是从印度传到中国的，而且蔗糖的制糖术也是从印度传到中国的，最早传到西域，但是用那个方法做出来的叫什么？叫黑糖，或者叫黄糖，就是颜色很不好的糙糖。大概到了明朝的中晚期，是中国人在扬州一带发明了白糖，就是咱们现在吃的白砂糖，是用黄泥水脱色法把它的颜色脱成白色了。也就是说，白糖是中国人发明的。后来那个白糖又沿着丝绸之路传到西方。所以直到今天，你喝咖啡用的方糖，是中国人发明的。咱们老讲四大发明，为什么不讲这个呢？四大发明这个事最早是一个外国人总结的，什么火药、造纸、印刷术，这是外国人总结的。中国人自己总结的中国的四大发明：第一，豆腐；第二，豆芽；第三，面筋；第四，大酱。外国都没有（此处为演讲者幽默）。中国，英语叫"China"，也翻译成"瓷"，中国的瓷怎么销到欧洲去的？不是坐飞机去的，是走海路去的——大船，早在宋朝、唐朝，人们就拿大船把中国的瓷器运到欧洲，到了清朝专门做外销瓷运到欧洲。可你说这古人没有泡沫，那些瓷盘、瓷碗、瓷壶运过去，还不够碎的，你们想过吗？怎么运送？他们把那瓷盘和瓷碗搁在拿藤条编的筐里头，在那个筐里撒上黄豆，就发成豆芽了，豆芽把瓷器撑起来。大伙都知道豆芽在发芽过程中非常密实，能把瓷器撑得严丝合缝，还不怕震荡，所以瓷器运到欧洲一个都不碎。日本人不懂这个，所以在欧洲发现的日本瓷很少。你看中国的一大发明，整个影响了中国的经济发展，豆芽儿，至于说大酱、豆腐、面筋比它更伟大，今天时间关系先不讲了。

　　季羡林先生晚年用 10 年时间写了《糖史》。实际上《糖史》不是讲自然科学的，不是讲人吃糖多得了糖尿病，跟这没关系。《糖史》讲的是人类文明的交流史，是讲文明只有在传播当中才有价值，是从蔗糖怎么从印度传到中国，又从中国传遍全世界的角度来讲的。拿季羡林先生自己的话说，他认为他最高的学术成就，就是这部《糖史》。

在他生命最后的这段时间，他还写了大量的散文、随笔，其中很大一部分是怀念母亲的文章。一开始跟大家分享了，因为他从小缺乏母爱。在他上大学的时候，有一次忽然接到家里一封信，说他母亲病重，他就从北京到济南，然后又坐上大马车回到了他的老家，结果一进门看到的是他母亲的棺材。家徒四壁，家里剩的唯一的活物是母亲养的一条狗，一条老狗，再没有人了。他就抱着这条老狗在他母亲的床前哭了一宿。第二天，他不能带着这条狗回北京，就只能把这条狗给遗弃了。这件事成为他心里永远的痛。所以他写了很多文章都是在写同一条狗。而且，他留下一句名言，叫"我爱天下一切狗"。在这里想给大家分享的这篇文章，是我的朋友——中央人民广播电台著名播音员啸岚朗读的《加德满都的狗》。（播放《加德满都的狗》）

季羡林先生是一位感情非常丰富、非常细腻的大师，不但研究那些我们平常人不太了解的吐火罗文这样的学问，也写了很多感人至深的文章。再给大家分享一个有意思的事儿。季羡林喜欢荷花，可能很多人都知道，包括在北京大学里专门有一片荷塘叫"季荷"，就是拿他的名字命名的。为什么呢？因为当时有一个朋友从湖北给他带了几颗莲子，他就顺手扔到门前的荷塘里了。第二年一看什么都没有，第三年又去看，还是什么都没有，他很伤心。等到第四年，他都不想看了，忽然间一抬头，但见一池荷花盛开，于是就专门写了一篇文章。包括他留下的一句特别有名的话，叫"人生不如意者常八九"。你看人生不如意的事比较多，真正如意的事，说实在的连一二都没有，不如意的事是八九。所以你看我那本书，有的同学手里都已经有了，封面上就是缺了一片荷花瓣的荷花，那是我专门挑的，就意味着人生不如意者常八九。但季羡林先生为什么喜欢荷花呢？这件事很多人都不知道，直到他90多岁的时候，忽然间写下了一篇文章，从来没有发表过，叫《忆念荷姐》。就是在想他19岁的时候，一个小姐姐荷姐。这篇文章中的那个荷姐是荷花的荷，荷姐比他大一岁。当时他住在他叔叔家，有点寄人篱下的感觉，就跟林黛玉进了大观园似的。但荷姐对他非常好，非常照顾他，慢慢地就产生了爱慕之情。可是后来因为荷姐母亲的缘

故，这个感情没有发展下去，直到最后他就一直埋在心里，一直埋到90 多岁才把她写出来了。所以你看季羡林先生的感情实际上是很丰富的。等到他老得不能再老的时候就住进 301 医院了，写下了很多关于健康、老人、人生的思索。

季羡林先生是一名共产党员，而且是一名优秀的共产党员。据我研究，他是唯一的在追悼会上有江泽民、胡锦涛、习近平三位领导人送花圈，两位总理同时出席的人——温家宝总理、李克强总理出席追悼会。说到温家宝总理，我想跟大家分享温家宝总理对季羡林先生的评价。他说："季羡林先生最大的特点就是一生笔耕不辍，桃李无言，下自成蹊。他的作品如行云流水，叙事真实，传承精神。"确实季羡林先生的作品很有意味，没有那些花里胡哨的东西。你一开始读，觉得很平淡、很朴实。你心想，大师怎么就写这个呀？你看着看着，就发现，真的是大师，完全出乎你的想象，他的文章基本上全是这种风格。而且你看，温家宝总理说："季羡林先生他在最困难的时候，包括在牛棚挨整的时候，也没有丢掉自己的信仰。不仅是个人毅力决定的，也反映出中国知识分子对真理的追求，对国家的信心。"现在不是讲信仰吗？我建议大家了解一下季羡林先生，了解先生是一个怎么样讲信仰的学者。说到李克强总理，他是北大的学生，有一次在京西宾馆开会，碰见了季羡林先生，当时他正好在翻译一本书，碰巧有一个词不太明白，就心想着问问季老师应该怎么翻译。咱们现在不也有这种想法吗？碰见大师赶紧请教请教。他就问季羡林先生说："您觉得这个词应该怎么翻译啊？"季先生问，你觉得呢？他就说是怎么怎么想的。最后季羡林先生说："你就先暂时这么用吧。"李克强当时挺纳闷，心想这个答复叫什么呢？就暂时这么用。不曾想，第二天早晨，季羡林先生来找他，告诉他说，这个词是怎么来的，有几种用法，在这里应该怎么用。李克强当时特别震惊，他记下了这么一段话："我不敢想象季先生是否因为这件事而返校，但我敢肯定季先生当晚认真查阅了这个词。也许季先生并不一定要向我们传达某种知识，他的所作所为实际上是在诠释着我爱我师，我更爱真理的含义。"季羡林先生就是这样一位严肃的学者。

在大家手头的书中有季羡林先生手稿的复制品，你可以看到季先生在八九十岁的时候写的文章，文不加点，一气呵成，真是让人佩服。那张纸你可以裱起来，当成工艺品挂在屋里，挺棒的。有的同学已经打开了，你看不光有季羡林先生的文字，还有朱光潜先生的批注。这个手稿跟书里的文章是一一对应的。这套书包括《季羡林修身沉思录》《季羡林命运沉思录》《季羡林大学沉思录》《季羡林暮年沉思录》《季羡林文艺沉思录》《季羡林印度文学沉思录》等。

接下来咱们就先说说《季羡林命运沉思录》这本书。这本书说的是关于命运和缘分的事。命运是一个人的事，缘分是两个人的事。也可能不是两个人，而是人和动物的事，所以季羡林写了很多猫和狗。而且也可能是人和植物的事，所以季羡林写了很多花，比如说马缨花、石榴花，写了很多，大家可以看看《季羡林命运沉思录》。《季羡林命运沉思录》里有这么一段话："你们可能一个生在天南，一个生在海北，中间经历了不知多少偶然的机遇，有的机遇简直是间不容发、稍纵即逝，可终究没有错过，你们到底走到一起来了，即使是青梅竹马的关系，也同样有个机遇问题。这种机遇是报纸上的词，哲学上的术语叫偶然性，老百姓的嘴里就叫缘分或命运。这种情况谁能否认？有谁能解释？没有办法，只好称之为缘分或命运。我从来不相信世界上会有什么奇迹，但我却感觉到世界上毕竟是有奇迹的，虽然我对这一个名词的理解同许多人都一样，生而为人，孰能无情，一个情字不就是人之所以异于禽兽者的那一点气息吗？"你们看季羡林先生对缘分和命运的认识多么深刻。各位同学可以把它背下来，万一用的时候可以背给你的男朋友或女朋友听。

《季羡林修身沉思录》讲的是人这一生主要应该处理好三种关系。第一种，人和大自然的关系，也就是天人关系，咱们老说天人合一，就是这个。第二种，人与人的关系，也就是人与社会的关系。第三种关系是个人身、口、意中正确与错误的关系，也就是修身问题。这三个问题紧密相关，互为因果，缺一不可。对待一些善良的人，不管是

家属还是朋友，都应该坚持两个字，一曰真，二曰忍。真者以真情实意相待，不允许弄虚作假，对待坏人则另当别论。至于治学，从人类文化发展史来看，如果没有极少数不肯受钳制，不肯走老路，不肯故步自封的初生牛犊子敢于发石破天惊的议论的话，则人类进步必将缓慢得多。这就是季羡林先生对于怎么做人、怎么做学问的认识。

季羡林先生还是研究胡适问题的专家。大家知道胡适曾是北大的校长，季羡林先生跟他共事多年，对胡适先生有着很深的了解。比如说胡适先生研究过汉语的主宾关系。胡适先生写过《说儒》。现在很多人都在学国学，学国学我不知道大家学了点什么？我建议大家看看胡适先生的《说儒》，你才知道什么叫国学。胡适先生还研究《水经注》，也研究《红楼梦》这种古典小说。

来到北京理工大学，我想重点分享一下季羡林先生对于大学的认识，专门有一本书叫《季羡林大学沉思录》。季羡林先生在德国留学过很长时间，他对德国的认识很深刻，他说德国人特别笨，但是做事很踏实。德国人写一本书，整个实验室每个人都要校正一遍，所以在德国人写的书里面几乎找不到一个错误的标点。这就是为什么德国的机械制造技术那么先进的原因。还有季羡林先生说到爱国，我觉得讲得特别好，他说爱国必自小处爱起，必自近处爱起，必自身边爱起，对于我们每一个大学生和大学工作者而言，必自爱校爱起。我特别认可这句话。咱们今天老讲爱国，为什么从来不讲爱家乡？我是一个北京人，你说让我爱北京、爱海淀区我特别理解，因为我就生活在这，每天我离不开这里。你说要让我爱某省的某个县的某个村，理论上说我应该爱，可它在哪儿？我不知道。我都不知道在哪儿我怎么爱？所以季羡林先生这样说：爱国必自爱校始。我觉得北京理工大学可以提倡这个爱国必自爱校始。对于这里的师生而言，爱北京理工大学就是爱国的具体表现，就这么简单。当然，你们的隔壁邻居爱北京外国语大学就是爱国的具体表现。

季羡林先生讲到成功，说一个人在世如果想有所成就，就必须具备三个条件：才能、勤奋、机遇。成为大师一定要有这三个条件。首先不能是一个傻子，要有点儿才能，还要勤奋，当然最重要的是机遇。季羡林先生一生经历了无数机遇，问题是如果你不勤奋，即便机遇来了，你也抓不住。就好比我前几天认识了一个朋友，一位很有名的大提琴演奏家，你说我认识他，那不是白认识了吗？我五音不全，对我来说机遇就这么过去了。在座的各位一定要把基础打好，你们只有在这个时期打好基础，机遇在你身边稍纵即逝的时候，抓住它，你就成功了。

　　季羡林先生讲人类的进步。人类社会的进步犹如运动场上的接力，一棒接一棒，这就是年轻人的责任。一切人生价值观，离开了这个责任都是空谈。你接你的长辈、你的老师，接他们的棒，那是你该干的事，很朴实。还有关于学习，一是学习，二是珍惜寸阴、珍惜时光。自己要好自为之，世界是你们的。再有关于大学，什么叫大学？"大学非大楼之谓，有大师之谓"，只有有了大师的地方，才能叫大学。当然楼大一点更舒服，但它不是一个本质问题。季羡林先生说，只有中国人有一个概念叫"恩师"，外国是没有这个概念的。"恩师"在外国就是老师。季先生晚年所写的《季羡林暮年沉思录》里讲到关于老年，比如说养生，老年人应该干点什么，怎么长寿等这些问题。我看在座的都是年轻人，这点咱们就先跳过这部分内容去。关于季羡林先生著名的"养生三绝"，你们可能目前还兴趣不大。

　　那就跟大家分享一下季先生的另一篇作品。季羡林很有意思，他22岁发表的第一篇文章叫《枸杞树》，那时候他上大学二年级，他写了一篇散文，就寄给当时天津《大公报》的文学副刊，然后就盼着发表，结果过了半个月报纸上也没动静。他就托他的一个同学，好像跟这家报刊有点关系，去问文章怎么还没登出来？这个同学帮忙问了，报刊主编给他回了一封信，写得不咸不淡的。季羡林收到这封信当然特别不是滋味。本来这事都快忘了，忽然有同学告诉他说，那篇文章登报纸了，他特别高兴。没过多久那篇文章又连载了。这位主编就是大名鼎鼎的沈从文。这个时候季羡林还是一个跟在座各位一样年纪的大学生。那个帮季羡林打听稿件进展的同学就叫林更，后来成为大翻

译家。

当他再见到沈从文的时候，已经是 1946 年从德国回到北京了，两个人都在北大工作，又是邻居，就住在现在中国美术馆对面的东厂胡同。当时沈从文刚从昆明回北京，就请季羡林先生吃饭。那时候沈从文已经功成名就了，是大文化人，季羡林带着这种敬仰去赴约。沈从文请他吃什么呢？请他吃云南汽锅鸡，就拿出了一个紫砂的汽锅，季羡林第一次见到这种精美的餐具，不由得由衷赞叹它的高雅。这个时候就见沈从文做出了一个超出季羡林先生想象的动作——但见他直接用牙齿就把缠绕佐料的纸绳给咬断了。这是一个生活细节，也写进了季羡林先生的文章，证明沈从文这个人是很朴实，很有意思的，算是一桩文人趣事。

《季羡林文艺沉思录》是写季羡林先生对很多文学作品的理解。咱们就谈一点，我看了今年（2018 年）的语文高考题有关于《红楼梦》的，就聊聊《红楼梦》吧。你们觉得《红楼梦》里最聪明的人是谁？《红楼梦》里最聪明的人，季羡林先生说是刘姥姥，确实是。你看刘姥姥，一开始王熙凤给她拿一副镶金象牙筷吃鹌鹑蛋，夹掉了好几个鹌鹑蛋，出尽洋相。结果她不但吃了一顿好饭，还拉了满满一车东西回家了。后来她们家就由此改变了命运。这是她的聪明和仁义所带来的幸运。最后贾府他们一家都败落了，谁救了他们家？刘姥姥。刘姥姥把贾府最后一个根苗从妓院里赎了出来。大伙看过《红楼梦》就知道，最聪明的人是刘姥姥。包括季羡林先生对朱自清先生的认识，对旧体诗文的认识，都在《季羡林文艺沉思录》里有所描述。

至于《季羡林印度文学沉思录》，当初我策划这套书的时候，说实在的，我本来不太想编进去，因为我觉得离咱们特别远，但是编完这本书彻底改变了我对印度文学的认识。在这里我还是要跟大家分享分享，在别的地方不讲，因为很多人未必能理解。实际上中国受印度影响极其深远，印度的文明要在中国之前，早在中国没有文字的时候，印度就已经有文明了。你比如说咱们中国有这么几件事都和印度有关。第一件事，你们经常说月亮上有只兔子——嫦娥玉兔的故事——那么月亮里为什么有只兔子？闻一多先生这么解释的：屈原有一首词叫《天问》。《天问》里有一句话叫"顾菟在腹"，那个"菟"字是草字头和一只兔子的"兔"组成的，这个"顾菟"原本指的不是兔子，而是癞蛤蟆，也就是蟾蜍。因为古时候人们讲母性崇拜，而且讲阴阳，癞蛤蟆的肚子大，子儿多，它象征着母性的生殖能力，月亮属阴，所以月亮里有一只癞蛤蟆。你听着不好听，我要说月亮里有个蟾宫是不是就显得好听多了？其实蟾宫就是癞蛤蟆。那么后来后世人觉得这事儿不好听，因为那个"菟"字写出来有一草字头，就把那个草字头去了，后人就以为是一只小白兔，这是闻一多先生的解释。第二件事，这个你们都知道是什么吧？曹冲称象，记入中国的正史《三国志注》。还有《黔之驴》，就是大学问家柳宗元写的"黔无驴，有好事者船载以入"。再有《柳毅传书》，民间故事。其实这些事儿全来自印度。早在公元前 1500 年到公元前 1200 年间，印度有一本经书叫《梨俱吠陀》，它里面就讲到月亮里有兔子。不管是古代的梵文、巴利文，还是今天的印地语，所有关于月亮的词，全是来源于这本经书，就是兔子的意思。所以屈原诗歌里的那个兔子是从印度传过来的。至于怎么传过来的？不知道。根据季羡林先生研究，《曹冲称象》的原型明确记载在印度的佛经《杂宝藏经》里面。用曹冲讲这件事挺不靠谱的，你想曹操他连赤壁之战都打不赢，他哪熟悉水性？他们是北方人，曹操的时代北方哪条河能称大象？《黔之驴》来源于印度《五卷书》里的一个民间传说，说有一个印度农民，他们家养了一头驴特别瘦，然后他就把一张老虎皮披到驴身上，怕别的动物吃他的驴。结果这么一来，别的动物都不敢吃这头驴了，这头驴就吃粮食，吃来吃去越吃越胖，后来吃高兴了猛然一叫，别的动物一听，还是一头驴，就把驴吃了。传到中国来以后，老虎就不再是虎皮了，真变成一只老虎，把驴吃了。

所以中印文化的交流自古就有。在我编这本书的时候，当时中印关系紧张，我说什么事儿都没有，打不起来，为什么呀？因为你看中印的关系很有意思，中印的关系你别看 3 年，也别看 30 年，300 年都别看，要看 3000 年。大伙都看过故宫紫禁城吧？你注意午门城墙底下

的座了吗？包括一些单位门口的石狮子，狮子底下也有那样的座，都是上下弯的，中间一掐腰，那种样式叫须弥座。须弥座都是从印度传来的。中国所有的宫殿都建立在须弥座上，这是两国文化交流的痕迹。文化只有交流才有价值，它才是活的文化。你看季羡林先生到日本访问，写下了一篇文章叫《诗仙堂》。日本有一座寺庙叫诗仙堂，供着的诗仙是中国的李白。顺便看一下，季羡林先生写文章，他是这么写，拿着什么写什么，拿一信封就开始写了，拿一个烟盒的背面，写完了扔在筐里，慢慢整理，就变成了一本书。

《季羡林远游沉思录》里有一篇是关于敦煌的。我们知道敦煌的佛窟里有很多壁画，敦煌莫高窟的壁画里居然画着大船，人站在船上，海浪滔天。你说那时候那里的人哪见过大海呀？不知道。其实就是古代的海上丝绸之路，咱们现在不是讲"一带一路"吗，在敦煌佛窟的壁画里都有。佛教本来是讲清心寡欲的，可为什么佛窟都在丝绸之路上呢？丝绸之路本来是商路，做生意的。而且还有的壁画上是一个佛陀拿着灯给一个商人照着路做引导，这都是有深刻寓意的。如果想了解，可以看一看季先生的作品，有讲到这些内容的。

说说臧克家和季羡林的故事。臧克家跟季羡林一样，也是山东人，臧克家跟他年轻的时候就认识，两人年轻的时候因为对茅盾文学作品的认识不同还打过架。后来季羡林取道香港回北京，住在香港一段日子，他在香港一个人也不认识，就认识臧克家，结果就住在人家家里。1956年，臧克家介绍他加入中国共产党，是季羡林的入党介绍人。后来每年的春节他们两家都一起过，这就是一辈子的缘分。

季羡林，咱们常听说他是国学大师，关于国学他主要研究了些什么呢？他主要研究的就是关于"天人合一"的理念，包括晚年很多人跟他在这方面有所争论。总之，季羡林先生应该说是涉猎极广，在语言学、文学，包括如何做人、东西方文化的交流等方面都有所建树。我们有幸把他的文章结集成《季羡林沉思录》丛书。他一生写了几千万字的文章，说实在的，一般人看不过来。而且他写文章很有意思，同一个问题，20岁的时候写，30岁的时候写，40岁的时候还写，你就能够看出他对一个问题的认识在不断变化。把它们都编到一本书里，你就能够看出来他的思想脉络。有些前后本身是没有关系的两件事，你可以看他是怎么来认知的。这就是我为什么要编辑《季羡林沉思录》的初衷。

了解了季羡林先生，会使你对很多具体问题的看法产生一些变化。毕竟，他跟一般的作家还不太一样。他有几个特点。一是一般的作家没有他的寿命长，没有他的人生经历长。二是一般的作家，在创作一个文学作品的时候难免有虚构，季羡林先生不是，季羡林先生是"假话全不说，真话不全说"，所以他写出的东西没有虚构的，都是他对人生的体会、感悟。三是他追求平实朴素的文风，不追求华丽的辞藻，所以你能够比较容易抓住他的核心思想，抓住他文章的本质，这样的话对于你们做学问，对于你们为人处世，应该说是很有帮助的。

（本文系2018年6月8日北京理工大学"百家大讲堂"文字转录节选）

主讲人简介

崔岱远，作家、文化学者，中国财政经济出版社副编审、《新华每日电讯》《人民日报》等报刊专栏作者。应邀担任中央电视台、中央人民广播电台多档栏目学者嘉宾，连续担任第十二届、十三届、十四届、十五届北京国际图书节"名家大讲堂"主讲专家，被授予"北京大学生阅读联盟导师""北京读书形象大使""北京金牌阅读推广人"等荣誉称号。2020年被聘为北京理工大学管理与经济学院工商管理硕士（MBA）企业指导教师。

北京古城中轴线：历史地理解读与申遗

朱祖希

各位同学，大家好！

大家不要见外，张祖群①副教授是我"弟弟"，我们俩的名字都有一个"祖"字。所以，他是我"弟弟"。大家千万不要被我的白头发吓着，我也没有多大，就是 80 多岁。今天不叫什么"讲课"，我们当聊聊天还是可以的。北京这么大，历史悠久，有 3000 多年的建城史，860 多年的建都史。那么，咱们从哪里说起呢？既然咱们今天讲的是中轴线，咱们就这个主题讲点什么，好不好？在讲述过程中，同学们有什么问题，可以一起交流。我最怕有人做报告，往往上面一坐，按着电脑给你念一遍稿子，念完就走人，那没意思。他自己讲完了，同学们还有好多问题，想跟他交流，他没有时间了。咱们今天放开，随时都可以交流，好不好？

刚才我"弟弟"跟你们说了，我是在 1955 年考上北京大学的，那时我 17 岁。当时，我们同学之间都有过交流，断定我是被录取了。如果信封上署的是"全国统一招生委员会"和学校名，那你就可以得到统一分配了。我一看录取通知书，是北京大学，自然很高兴。可是，我母亲不高兴。为什么？用母亲的话来说，北京在遥远的北方，离浙

江很远。我们兄弟四个中我是最小的，我的几位哥哥 18 岁就被抽壮丁了。我母亲是一位斗大字都不认识的小脚老太太。南方的冬天很冷，缠过的小脚，血脉不通，晚上睡觉的时候，她就把两只小脚戳到我的胳肢窝里取暖，让我给她焐脚。她说："不行，你要是走了，谁给我焐脚？"后来这件事情被我住在浦江县城的姑妈知道了。我姑妈对我母亲说："弟妹，你可不能不让他去。你知道北京大学是什么吗？北京大学就是京师大学堂，那可不是谁都能考得上的……"我母亲想起了我父亲去世之前留的一句话：就是家里要饭，也要让孩子去念书。父母吃了"不识字"的苦头。据说我爷爷是一个秀才，我曾祖父是举人，我们家也算是书香门第吧。我母亲一边流着眼泪，一边给我准备行礼。我用一根两头带钩的竹扁担，挑着母亲给我准备的行李，怀揣着一块家乡的泥土，拜别母亲，踏上了远行的路程。这是我第一次坐汽车，第一次坐火车。先到杭州"全国统一招生委员会"去申请路费，然后再到上海坐去北京的火车。临上火车前，我花一毛钱买了一碗阳春面，连续三天三夜，困了就钻到火车座位底下睡觉。就这样，我来到了北京。

到了前门火车站，出来一看：啊！北京的城门好高大，不像我们老家的城门，两头牛都走不开，很矮的。浙江浦江县城也就一平方千米，城门就这么大。

开学后的第一天，北京大学副教务长兼地质地理系主任侯仁之先生为新生做了欢迎词。在这里，我简单地讲一下侯仁之先生。他是我国有名的历史地理学家，是现代历史地理学奠基人之一。陕西师范大学有史念海先生，北京大学有侯仁之先生，复旦大学有谭其骧先生。侯仁之先生主要研究城市历史地理和沙漠历史地理，特别是在北京历史地理方面取得了卓越成绩。他于 1911 年 12 月出生，2013 年 10 月 22 日去世，享年 102 岁。现在三位很有名的历史地理学家都不在世了，可历史地理这门学科必定还得传下去。侯先生说了：历史地理学的学科很少有人知道，有人写历史、地理，就是这样的，加一个顿号，还是分开的（编者按：朱祖希教授在黑板上板书"历史、地理学家"）。

历史地理学就是一门学问，是地理学科里面的历史地理学，其余还有地

质地理学、古地理学、现代地理学。历史地理学是历史时期的地理学。

一、北京中轴线的形成

城市，作为人类文明的象征，既是某一地域各文化圈文化能量的集结地，同时也是该地域文化能量的辐射中心。而作为城市最高形式的都城，更是一个国家文化网络的中心和政治文化中心。北京，作为社会主义中国的首都、作为中国封建社会最后几个朝代的首都所在地（分别为辽南京、金中都、元大都、明清北京城），无论就其文化的博大，抑或精深，都展现着中华文化的魂魄，散发着时代特有的神韵。而北京的中轴线就是其集大成者。

当我们在阳光明媚、碧空如洗的日子里，登上景山之巅，站在万春亭中极目四顾的时候，我们都会看见一幅波澜壮阔，至为壮丽的图景：金光闪烁的紫禁城，在难以胜数又略呈灰暗、低矮的四合院和苍翠树荫的衬托下，构成了一幅华美雄浑的有机图案。外形平面呈"凸"字形的北京城，是由北半部的内城和南半部的外城组合而成的。故宫是内城的中心。整个北京城就是围绕着这个中心来部署的——紫禁城、皇城、内城、外城，形成层层拱卫的"回"字形格局。而由南向北，贯通全程的便是一根长达 7.8 千米的轴线。北京独有的壮美秩序，前后起伏、左右对称的体形环境和建筑物的空间分配，都是以这条中轴线为依据展开的。

"轴"原是指车轴，或指其他转动着的机件围绕某一根立轴转动。也有人把平面或主面，分成互相对称的两部分的直线，称为"中轴"。后来，又有人把此引申为"中轴线"。所以，"中轴线"是城市规划师、建筑师在城市规划、建筑设计中常用的一个术语，意为建筑物、建筑群，乃至整个城市以之为基准的中心线。这根中心线就是我们平常说的"中轴线"。

北京城从南端的永定门到北面的钟鼓楼，这条贯穿全城的中轴线，就像是一个"合页"中间的"轴"。"中轴突出，两翼对称"是北京城城市格局的最大特色。我们今天所见的北京中轴线，肇始于元，而形成于明。元至元元年（1264 年），成吉思汗的孙子忽必烈称"汗"，即元世祖。元初，都城在开平（今内蒙古自治区多伦附近）。但是，随着政治重心的南移，原燕京的地位也日趋上升。特别是他胸怀灭亡南宋、统一中国的雄才大略，将其都城南移的愿望也日益强烈。元至元三年（1266 年）忽必烈派刘秉忠来燕京相地，后决定放弃燕京旧城，而在其东北郊以原金代的离宫——大宁宫（琼华岛）为中心兴建新都，即元大都。

当时，为了把琼华岛周围的天然湖泊全都揽入城内，便确定了湖泊东延的最远点，以今万宁桥（后门桥）为基准点，形成南北延伸的规划建设中轴线，即后来从南端的丽正门到北面的中心阁的南半城的中轴线，并把大内（宫城）建于其上，与湖泊西岸的另两组建筑——南面的隆福宫、北面的兴圣宫形成"三宫鼎峙"的态势。在这条规划建设中轴线的北端，即从中心阁往西 129 米处，又有一条控制北半城的中分线。其南端建有钟楼、鼓楼二楼（这也就是后来的旧鼓楼大街）。明成祖朱棣夺取王位之后，决定迁都北平，其间虽有拆除元故宫的行动，却仍继承了元大都城的规划建设中轴线，并把钟楼、鼓楼二楼迁建到中轴线的北端，在拆毁元朝延春阁的遗址上堆砌万岁山（清朝改称景山）。明朝嘉靖年间增建外城，不仅使北京城的平面格局形成了历史上独一无二的"凸"字形，从而也形成了南起永安门，北至钟楼、鼓楼，这样一条长达 7.8 千米的北京城中轴线，并为清代所继承。中华人民共和国成立之后，定都北京，原先业已存在的中轴线，不仅被全盘继承下来，而且还有了创造性的发展，其中对天安门广场的改造便是最好的见证。

天安门广场在历史上曾是封建统治者的宫廷广场。据史书记载，宫廷广场很早就已经出现在封建帝都的规划建设之中。但是中华人民共和国成立之后，天安门广场已经成了人民群众集会的政治性广场，即成了"人民当家做主"，表达人民意愿的标志性广场。旧日封闭性的宫廷广场自然难以满足。因此，中华人民共和国成立后不久，在天安门城楼两侧增建观礼台的同时，原先呈封闭的宫墙，还有分列于东西

两侧的长安左门、长安右门就被相继拆除。1958 年 5 月，在广场的中央矗立起高耸的人民英雄纪念碑；同年 8 月，党中央、中央人民政府又决定扩建天安门广场，形成以拓宽后的东西长安街为两翼，面积达 40 多公顷的"T"形广场。广场的东西两侧建起了庄严雄伟具有民族风格的现代建筑——人民大会堂、中国革命历史博物馆，从而使广场呈现出了空前未有的磅礴气势。相比之下，紫禁城这座旧日突出于全城中轴线上的古建筑群，虽然仍是那样金碧辉煌，但已退居到了类似于广场"后院"的次要地位。1990 年，北京迎来了第 11 届亚运会。当时的亚运村和国际奥林匹克体育中心就修在北京中轴线的直北延长线上。中国科学院院士、历史地理学家、北京大学教授侯仁之先生认为，这是一个具有划时代意义的举动。因为它一反中国历史上宫殿建筑都要"面南而王"，中轴线也总是向南发展的传统，标志着中国不仅要改革开放，而且要面向世界。2007 年奥林匹克公园的修筑，又与亚运村融为一体，它既是北京中轴线历史文脉的延续与发展，也是中华民族传统文化的延续与发展。奥林匹克公园的选址与古都文脉的有机结合，充分体现了"人文奥运"的理念。

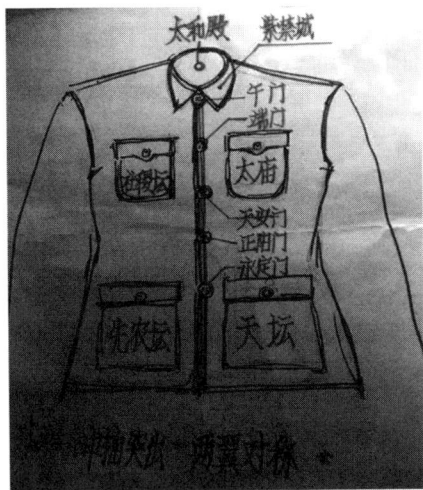

朱祖希先生讲座中用到的图片

二、都城中轴线演进的轨迹

考古发掘材料证明，在我国古代，"城"与"国"往往是合为一体的，一城即一国。公元前 21 世纪（即距今 4000 多年前）中国历史上第一个朝代——夏朝建立，标志着奴隶制国家的诞生。商初都亳城，建于今河南偃师（另一说在河南郑州）。其城周长 5330 米，内有宫城；宫城正门与郭城南门遥相呼应，成为统领全城的南北中轴线。这便是迄今所见中国古代都城规划建设，采用中轴线对称布局的最早实例。商朝的都城曾经历数次迁徙，而最后的 273 年间建都于殷，即今河南省安阳小屯村一带。其宫室是陆续兴建的，并且是以单体建筑沿着与子午线大体一致的纵轴线，有主有从地组合成较大的建筑群。或者说，在我国封建社会时期，宫室建筑常用前殿、后寝，并沿着轴线纵深对称布局的方法，在奴隶制的商朝后期的宫室建设中就已经略具雏形了。

成书于春秋时期的《周礼·考工记》记载了周王城制度："匠人营国，方九里，旁三门。国中九经九纬，经涂九轨。左祖右社，面朝后市。"现存的春秋战国时期的古城遗址，如晋侯马、燕下都、赵邯郸王城等，都是在中轴线上筑以宫室为主体的建筑群，两侧再布设整齐规则的街道，与《周礼·考工记》所载的王城制度大体相符。汉初的《周礼》中，记载了周宫室的外部还有为防御和揭示政令的阙，且设有五门（皋门、应门、路门、库门、雉门）和处理政务的三朝（大朝、外朝、燕朝），即所谓的"五门三朝制"。阙，在汉唐时依然使用，后来逐渐演变成明、清两朝的午门。所以有人认为"五门三朝制"也被后代附会沿用。

长安城是西汉的首都，是当时中国政治、文化和商业的中心，也是商周以来规模最大的城市。城的东、南、西、北各有三座城门，每门有三个门洞，各宽 9 米，与《周礼·考工记》所载的以车轨为标准修筑的道路宽度基本相符。其中贯通全城南北的安门内大街宽约 50 米，长达 5500 米，其中央有宽 20 米的驰道，是专供皇帝出巡的。两侧有排水沟，沟外又有各宽 13 米的街道。

东汉洛阳城和曹魏的邺城（在今河南安阳东北，漳水南岸）都继承了战国时的传统。

建康（今南京）筑于长江的东南岸，北接玄武湖，东北依偎在钟山之南。公元 317 年东晋建都于此，实际上就是三国时吴国建邺的旧址。自此历经宋、齐、梁、陈。589 年，陈亡，建康一直是中国南部各朝的都城。建康城周长约 8900 米，南北长，东西略狭窄。南面设三座门，东、西、北各二门。宫城的北部略偏东，正中的太极殿即是朝会正殿，并有大道向南延伸至朱雀门，再跨过秦淮河直抵南部，从而形成了以宫城为中心的南北轴线。

隋唐长安城的规划建设总结了汉末建邺城、北魏洛阳城的经验，将太极宫（皇帝听政、居住的所在）和皇城置于全城的北端，以承天门、朱雀门与全城的正南门——明德门所形成的宽 150 米的中央大道（朱雀门大街），即是统领全城的中轴线。然后再以纵横交错的棋盘式道路，将全城划为 108 个里坊（另一说有 109 坊）。而其中心部分的布局，则依据左右对称的原则，并附会《周礼》的三朝制度——以宫城的正南门承天门为大朝，太极殿、两仪殿为日朝和常朝，沿轴线建门、殿数十座。整座城恢宏、壮丽，气势磅礴。巍峨的宫殿建于龙首原高地，地形上居高临下，使皇宫更加显出"皇权至上"的威严气势，也使整座长安城的建筑高低错落，增加了整个唐长安城的立体感，充分地表现出了政治主题。

公元 979 年，北宋结束了"五代十国"的分裂局面，建立了统一的中央集权的国家。其都城开封，即东京，为我国重要的古都之一。其平面布局、城市面貌等既有对前代的继承，也有其独特的地方，且对后世影响也颇大。开封城的平面呈不规划的矩形，南北较长，东西略短，由内到外有三套城墙拱卫：中心为皇城，第二重为里城，最外一重为外城，且均有宽阔的壕城互相环绕。尽管这三套城墙、三套护城河，是逐渐扩建相继修筑的，但其宫城居中，层层拱卫的格局，亦为后世所效仿，如金中都城、元大都城都采用了这种布局形式。整个东京城的平面布局，东西两翼虽不是对称的形式，但其自大内正南门——宣德门，过州桥，直奔内城正南门——朱雀门、外城正南门——南熏门，这条宽达 300 米的御道，显然成了统领全城的中轴线。

12 世纪初，金在占领了辽的陪都——南京城之后，又在天德五年（1153 年）正式迁都至南京，并护其东、南、西三面，改称中都城。南京城为一代王朝的首都由是开始。整个中都城的规划建设完全是按照北宋汴梁（开封）的形制，将辽南京城改建、扩建而成的。城中有一条南起外郭城的正南门——丰宜门，北上过龙津桥，进皇城南门宣阳门、千步廊，进宫城南门应天门、大安门、大安殿、仁政殿，出拱宸门，直达北端的建玄门。从全中都城的复原图可以看出，其整体布局在中轴线的东西两侧并不对称，但仍遵循"中轴突出，两翼对称"的原则，并为后世所继承。

元大都城和明、清北京城规划建设中轴线的形成，已见于前文所述，此处不赘。

由上可以清楚地看到，北京中轴线承接了中国都城规划建设近 4000 年的历史演进传统，或者说我们今天所见到的政治主题鲜明，建筑序列跌宕起伏、错落有致的北京中轴线，是中国数千年都城规划建设中轴线的最后总结，是其集大成者。

三、北京中轴线的文化渊源

中国，作为世界闻名的文明古国，地域辽阔，自然地理条件复杂而多样。各种地域文化在中华大地上争妍竞秀，而且常常是互相影响、相互渗透，积聚成一幅瑰丽的文化图景，为后来独特灿烂的中华文明打下了坚实的基础。中国新石器时代的文化是多元的。但考古研究又证明，中原华夏文化区在中华文明即将诞生之前，便已居于中华大地史前各文化区的核心地位，且奠定了它在未来作为中华文明发祥地的坚实基础。

地处北半球的黄河流域强烈地受亚热带季风气候的影响。寒冷而强劲的偏北风，袭击着黄河流域，气候寒冷的冬季长达数月之久；在夏季又受来自东南部温暖而潮湿气候的影响，气候温和，甚至暑热蒸

人。因之，房屋建筑面向正南自然是最适宜于人类居住的：北侧封闭，以抵御冬日凛冽的寒风；南侧开设门窗，既便于在冬季接受和煦的阳光，也有利于夏日的空气流通。

如前所述，黄河流域最早的宫殿建筑便是背北面南的。《周礼·考工记》："惟王建国，辨方正位，面南为尊。"

在中国的远古时代，"天"似乎一直是一个摸不着、说不清、道不明，而又充满着神秘色彩的东西。由于天的变幻莫测，人世间的祸福、命运完全慑服于自然界的威力，进而敬畏自然，并把大自然降于人间的祸福归结为某种神的力量。而在宇宙的"众神"之中又有一个至高无上的主宰者——天帝。这个驾驭宇宙、领袖群伦的超自然的"天帝"，也自然成了中国文化寄寓的精神象征。正因于此，无论是从人的主观角度，抑或是从大自然的客观角度而论，作为以农耕文明为显著特点的华夏大地，从它的原始形态文明开始，便与天结下了不解之缘。而对巍巍苍穹神秘力量的体悟、敬畏，乃至崇拜，又产生了华夏民族文化上某些亘古不变的原型。古人总是把天象的变化与人间的祸福联系起来，认为天象的变化预示着人事的变化、吉凶，乃至国家的兴亡。不仅如此，我们的祖先还从对天穹的观测中形成了这样的一种观念：天界是一个帝星——北极星为中心，以四象、五宫、二十八宿为主干构成的庞大体系。天帝所居的紫微垣，位居五宫的中央，即"中宫"。满天的星斗都环绕着帝星，犹如臣下奉君，形成拱卫之势。《中庸》载："天道恒象，人事或遵。北极足以比圣，众星足以喻臣。紫宸（即紫微宫）岂惟大邦是控？临朝御众而已。"所以，自古以来，中国历代帝王都自诩为天帝的"元子"，其所做的一切都是"奉天承运"，而中国的政体又是以北天区为原型的文化物——中央集权于皇帝一身，郡县形成拱极之势。"象天设都，法天而治"，即寻求"象征物"（建筑物，乃至建筑群）与"存在物"（想象中的天体世界）的物物相对。诚如《三辅黄图》所说："苍龙、白虎、朱雀、玄武，天之四灵，以正四方，王者制宫阙殿阁取法焉。"皇帝所居的宫城必定要效法于天帝，居于"天中"的紫微宫，即中宫，在"地中"（即"土中"）修筑紫禁城，而在其正南一面则要辟出一条通向皇帝宝座的御道，即"通天之路"（亦称"天街"）。

这是自周秦以来，尤其是自隋唐以来长期延续的基本定式，即以皇宫为中心，将主要建筑物部署在中轴线上，左右取得均衡对称，再加上高低起伏变化，构建出一个在空间布局上最大限度地突出"普天之下，唯我独尊"的大一统思想。明清北京城的建设，不仅传承了元大都城的规划建设中轴线，而且效法明南京城，在表现手法上显得更为灵活。譬如，在紫禁城的北面，用拆毁元代故宫的房渣弃土和挖掘筒子河的渣土河泥，在元代后宫的延春阁上堆起了一座高40余米的土山。这座在中国风水理论上所谓的"镇山"，与奉天门（即今太和门）前的内金水河形成了"背山面水"的格局，且命名为"万岁山"。这座人工堆砌的小山，异峰突起于北京小平原上，成为北京城中"君临天下，皇权至上"极为鲜明的标志。与此同时，又将原位于旧鼓楼大街上的钟楼、鼓楼二楼，移到"万岁山"的北面，作为整个中轴线的终结。钟楼、鼓楼二楼原是京城的报时中心，自然也是全国的"标准时间"，从而更加突出了"大明江山，一统天下"的政治内涵。

明北京城为清朝所承袭。清朝康熙四十八年（1709年），清政府曾将贯通北京城的南北中轴线确定为天文、地理意义上的"本初子午线"，即零度线。这实际上是在天文和地理意义上重申古代中国以本土作为世界中心的理念。它比公元1884年国际会议确定通过的，以通过英国格林尼治天文台的经线作为本初子午线要早175年。至于有关北京城中轴线存在有偏离子午线的现象，实际是指南针本身就存在的磁偏角。对此，我国古代的天文学家也早已有所察觉。宋初，供职于司天监的天文学家杨惟德就曾在进献皇帝的《茔原总录》一书中说道："取丙午、壬子之间是天地中，得南北之正也。"

总之，我们中华先祖的天文崇拜、象天设都，即在宇宙，"天"为至尊；在人世，"君"为至尊，乃是形成"天子居中、层层拱卫"理念的本源。作为中国文化观念的原型，它制约并影响着政治和哲学的观念，塑造着"天人合一，君权神授"的文化特色，并仿照北极独尊

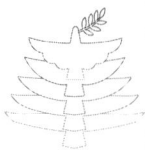

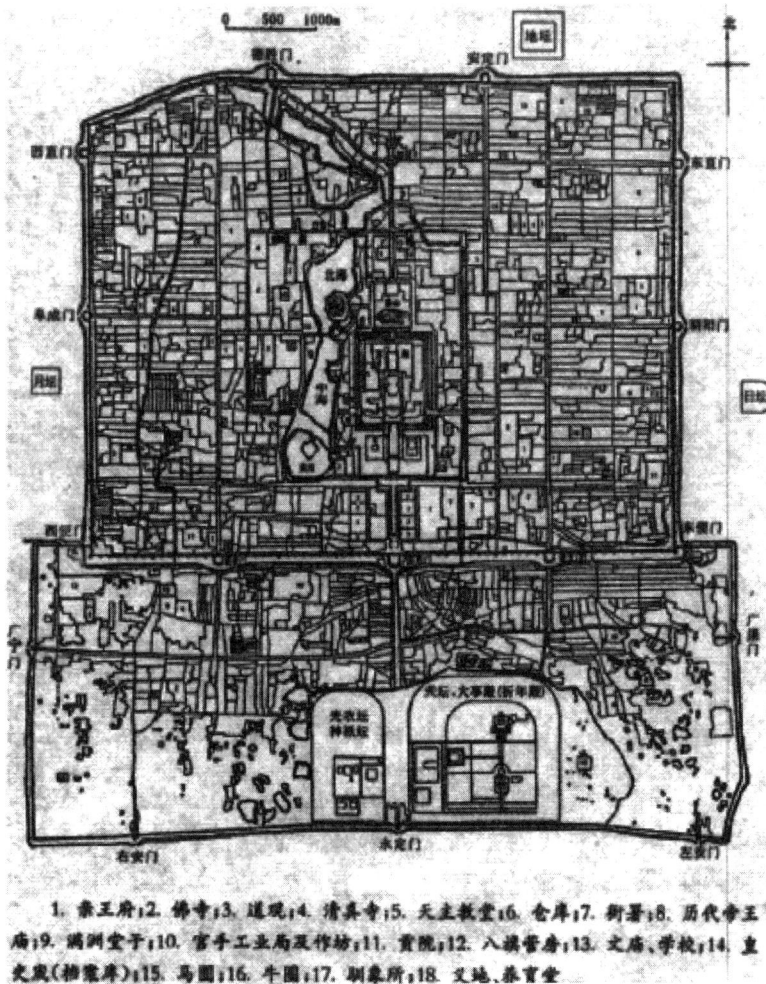

1. 亲王府；2. 佛寺；3. 道观；4. 清真寺；5. 天主教堂；6. 仓库；7. 衙署；8. 历代帝王庙；9. 满洲堂子；10. 官手工业局及作坊；11. 贡院；12. 八旗营房；13. 文庙、学校；14. 皇史宬（档案库）；15. 马圈；16. 牛圈；17. 驯象所；18. 灰地、晒宝堂

清代乾隆年间北京城平面图（引自刘敦桢《中国古代建筑史》）

的格局，模拟以北极为中心的天国秩序。"王者如居天下之中"——"地中"，建成一个大一统的国家体制。而"君临天下，面南为尊"，则是我们位居北半球这一地理位置的先祖崇拜北极的产物，原本是宫殿前面神圣的御道，经过数千年的演绎，最终成为贯通都城南北、统领全城的中轴线。

四、北京历史地理视频解说

编者按：讲座的最后一部分，朱祖希先生给大家分享一段北京历史地理视频，下面是他的解说实录内容。

北京是一座历史文化名城，其历史至少可以上溯到至今70万年前的北京人时代。在漫漫数十万年间，一代又一代的北京人不断创造了人类的物质文明和精神文明。北京是我国著名的文化古都，已有3000多年城市发展史和864年的建都史。历经元、明、清三代的发展建设，集中了中国古都建筑精华之大成，是中华民族灿烂文化和人民智慧创造的结晶。北京中轴线是京城的灵魂线，是构成城市布局的脊梁。

它始建于元朝，经明永乐始建，嘉靖扩建而形成。它以景山作为制高点，南起永定门，北至钟鼓楼，长达7.8千米，纵贯城市南北，犹如全城的一条脊梁。紫禁城位于正中，由皇城外城形成层层拱卫的态势。它体现了"皇权至上"和"大一统"的思想，给人类留下了内容丰富的文化遗产。

随着改革开放的不断深入和综合国力的增强，人们对保护历史城市的认识有了很大提高。城市总体规划将旧城、中轴线延长，使旧城的传统格局得到进一步发展。北京老城以宫城为核心，有皇城、内城和外城三道城墙拱卫，城中的中轴线纵贯南北，依次有序地坐落着永定门、天桥、正阳门、大清门、天安门、端门、午门、太和门、太和殿、中和殿、保和殿、乾清门、乾清宫、交泰殿、坤宁宫、御花园、钦安殿、神武门、景山、寿皇殿、万宁桥、鼓楼、钟楼等大小数十座古典建筑，犹如一粒粒明珠，光彩夺目。

永定门是城市南北中轴线的南始点，与正阳门遥遥相对，一条宽敞的大街，由此向北直达正阳门。天桥距今已有600余年历史。雍正七年在天坛、先农坛之间修筑的供皇帝祭天使用的一条石砌御路，位于这条御路北端的桥梁即名天桥，意为天子专用，平民禁止通行，只能绕行两侧桥梁。此桥原为一单孔石拱桥，光绪三十二年整修马路改为石梁平桥。民国十六年修筑有轨电车，再次降平，但仍保留石栏杆。

民国初年，《盛天时报》记载：天桥是光绪三十二年改建后的三跨平桥形象，民国二十三年拓展道路后全部拆除。民国二年，北洋政府拆除前门外等地的集市，商贩们在天桥两边的空地上集资辟出几条街巷开设店铺。后来又有些闯荡江湖的外地人云集于此，卖艺糊口，诸如唱大鼓、变戏法、耍猴子、卖饮料、卖估衣、摔跤、练把式，等等，还有歌舞台、乐舞台、燕舞台、万盛轩、新民、天乐戏院、小桃园、丹桂等十几家戏园子，使天桥成为平民的娱乐场，十分繁华。

建于明正统四年的前门五牌楼，为各城门牌楼中最大的一个。美轮美奂的牌楼，是北京老街建筑风貌的一个亮点。北京老街的牌楼大都为三门、四柱、七重楼。前门牌楼当属五门、六柱、十一重楼的五牌楼，其为京城牌楼之冠，一起位于纵贯南北的中轴线上。另外，从政治角度而言，明清帝王每次赴天坛祭祀，御驾自皇宫出正阳门，则更决定了五牌楼的建筑必须雕梁画栋、金碧辉煌。庚子年，义和团火烧大栅栏，大火熊熊，殃及正阳门城楼与五牌楼，使之顷刻间化为灰烬。庚子后，虽修复如初，半个世纪后又被拆除。

正阳门建于明永乐十七年，初进城时仍以丽正门为名，后更名为正阳门，原为北京内城的正门，故此正阳门的建制规模大于其他城门，其名取圣主当阳，日至中天，万国瞻仰之意。城楼高42米，飞檐翘脚、古朴巍峨、蔚为壮丽，是旧京城中的最高建筑物。正阳门为双重城门楼，北侧的为主门，南端的叫建楼，建楼为二层檐屋顶，正面箭窗四层，每层13孔，由于该两门正处内城的最前方，地位显赫，故又有大前门箭楼的俗称，原来南北二门之间有瓮城墙相连，起防御作用。正阳门自建成后曾四次焚毁，四次重建，最后一次是清末光绪二十六年，城楼为八国联军所焚毁，光绪三十二年重新建成。1915年修建环城铁路时，在正阳门两侧新建东西两站，因瓮城影响交通，将其拆除，并在原瓮城基址上修筑马路，在正阳门两侧城园上各开两洞，以疏导交通。

大清门是明清两代皇城，正门天安门的外门，又称皇城第一门，始建于明永乐时期，初称大明门，清顺治元年改名大清门，民国元年改名中华门，民国三年，袁世凯时期，仍名中华门。1959 年扩建天安门广场时拆除了中华门，1976 年在其遗址处修建了毛主席纪念堂。天安门，原为明清两代皇城的正门，建于明永乐十五年，初称承天门，表示皇帝承天启运，受命于天。明朝天顺元年被焚，成化年间重建，门前有外金水河，上建五座木桥，称外金水桥，另在承天门左右的太庙，社稷坛前，各建一座桥。明景泰年间变木桥为石桥。清顺治八年改建，并易名为天安门，含授命于天和安邦治民的意思。清康熙二十七年再次重修，至今已有 580 多年历史。天安门城楼建筑在巨大条石砌成的须弥座式承台上，造型庄严浑厚、宏伟壮丽，是中国传统建筑艺术的典型代表作之一。城楼通高 34.7 米，面宽 9 间，进深 5 间，以九五为帝王尊严，凡国家有大庆典时都再次举行颁照仪式。

故宫，旧称紫禁城，原为明清两代的皇宫，它是我国现存规模最大、保存最完整的建筑，1987 年，已被联合国教科文组织列入世界文化遗产清单。故宫为北京的城中之城，距今已有 580 多年历史，其占地面积 72 万平方米，南北长 961 米，东西宽 753 米，周围环有 10 米多高的城墙和 52 米宽的护城河，建筑面积为 15 万平方米，全部殿堂屋宇达 9900 间。由于时间限制，我们今天的讲座就到这里。

（本文系 2019 年 5 月 27 日北京理工大学"百家大讲堂"文字转录节选）

主讲人简介

朱祖希，1938 年出生于浙江浦江，1955 年考入北京大学地质地理系，师从历史地理学家侯仁之院士。

朱祖希长期从事历史地理、城市规划和城市环境问题研究，曾任北京地理学会副理事长兼旅游专业委员会主任；西北大学、山西大学等兼职教授；北京学研究所特邀研究员；中国中央电视台所摄纪录片

《北京中轴线》学术顾问、大型中国地理科普丛书《美丽中国》副主编等。著有《北京的母亲河》《古都北京》《园林北京》《营国匠意——古都北京的规划建设及其文化渊源》（获国家图书馆第四届文津图书奖）、《北京城——中国历代都城的最后结晶》（入围中央电视台2018年度中国好书）等。

陶瓷艺术创作的 Continue Journey

何善影

各位同学，你们好！

非常荣幸地来到这里为大家做讲座，今天我要提到的都是我的创作过程，还有我的创作心得。希望可以通过讲述我的创作思维方式，给大家带来启发。

我讲座的主题用英文来说是"Continue Journey"，意思是一个延续的旅途，这个旅途就是我的陶瓷艺术创作。首先，我要讲一下我的创作背景。东方和西方，以前和现在，符号和语言，画画跟印刷，器皿和雕塑，小与大，二维与三维的关系，这些是构成我作品的主要元素。

我于 1963 年出生在香港，5 岁就开始学英文。香港历史上是英国的殖民地，1997 年回到了中国这个大家庭，这些历史因素对我的作品影响非常大。香港像纽约、北京这些大城市一样，到处是高楼大厦。我住的地方叫长州，是一个很安静的小岛，到中环去上班要坐一个小时的船，而且是在那里住了 4 年。后来我就搬到城里，住在拥挤的高楼大厦里。1989 年，我在一个私人开的陶艺工作坊——乐天陶社里开始学习陶艺。刚开始我并不准备做一个职业陶艺的教授或者艺术家，我只是想通过做陶艺来调节生活。那时候，我是一个舞台剧的演员，每天都要演戏。当时我是在英国文化中心在香港开的一个运用话剧去

学英文的话剧团——中英剧团。我们表演莎士比亚的话剧，把它翻译成中文。我们表演的时候说广东话，话剧的背景是 20 世纪 30 年代的广州，话剧的名字是 "Two Gentleman Are Verona"，我在话剧中饰演 Sofia。一个澳大利亚的话剧家写了一个关于日本原子弹的故事，我在话剧里演一个小女孩，这个剧本也被翻译成了中文，表演的时候讲的是粤语。所以说，我是出生在一个文化多元和国际化的大城市，并在那里度过了我的青年时期。

1992 年我跟着家人一起移民到了加拿大。和很热的香港不同，我在加拿大第一次看到下雪，看到白色的雪，我非常兴奋。并且在那个时候，我看到一些加拿大人的艺术展览，这些展览宣传艺术家，并且把他们的陶艺、绘画、摄影作品通过展览售卖，我觉得这是一个非常奇妙的事情。虽然我一直不想放弃演戏，但是在加拿大，人们觉得我说的英文有口音，我在台上表演的时候，观众听得不是很清楚，而且我的外表是一个亚洲人，在舞台表演方面很难有竞争力，所以我只能在另类的剧团里表演。这时我的表演是戴着面具的，观众看不到我的外表，这是只能通过动作来表达我的内心的特殊表演方法。我觉得这种方法对于我的演技和我的艺术生涯都是一种桎梏，这时我想重新回到学校学习表演。当我申请大学表演专业的时候，我需要通过英文考试，就是大家非常熟悉的托福，即英文作为第二语言的考试。不过因为时间不凑巧，我没能赶上托福考试，表演系通知我可以选择陶艺专业，那时我的年纪已经接近 30 岁，没有时间再等下去，我需要马上展开我的艺术生涯，所以我马上就决定去学习陶艺专业。之前在香港学习陶艺的时候，我并没有学习到烧窑的技术，当时在学校里正好有一个关于这方面的课，我就报名参加了这个课程的学习，这样就开始了我专业的陶艺学习。我在 Sheridan College 学了三年以后，转到另外一个加拿大非常有名的艺术学院 Nova Scotia College of Art and Design，毕业之后，我又考取了美国最南部的路易斯安那州立大学（Louisiana State University）的研究生。当时我在参加考试的时候，需要考英语的口语，如果考试通过，我可以免修本科一年级的英文口语课，考试最后的结果是我并没有通过，并被告知必须去学习这门课程。听到这个消息，我既愤怒又伤心，不光是因为我刚刚读完 5 年的本科学习，我那时的男朋友也是英国人，我还用英文来表演话剧，我的工作和生活都是在讲英语，我 5 岁的时候开始学习英语，然后小学、中学都没有间断英语的学习，而当我去读研究生时却被要求重新与一年级本科生一起学英语。当时教我的老师觉得我的英语没有任何问题，而且在这个英语课上，我很难学习到真正的英语，因为报名这个课的全都是韩国人、新加坡人、马来西亚人、南美洲人等，总之没有一个人的母语是英语。我觉得很奇怪，就问我的老师为什么会这样，老师解释说这是因为美国教育系统的规定，以前有学生的父母投诉学校，因为听不懂老师讲课导致学分太低。美国这个国家只要有人投诉，就会通过制定法律条款来改善这些问题，不过这也会导致有人受到不平等的待遇。那时，我就把我的这些悲伤和愤怒转化成创作的动力，开始尝试从自己的经历探索到底什么是语言。我从陶艺的专业角度，寻找历史中有代表性的文物。

下面的这张图是南美洲玛雅文字，大家做设计的时候也会用到文字，想象一下文字的意义，这个玛雅文化的文字看起来都是一张张人脸，实际上这些人脸都是一种符号，每一种人脸符号代表一个数字，从 0 到 19。这种图形和符号的语言出现在很多古老的文化中，例如埃及文字，是用一个个图案来表现的。当我查阅陶瓷的历史书籍时，在看到玛雅文化的陶罐时发现，古代的先人们都是通过符号或者图案的语言来记录历史上发生过的重要事情，这些符号和图案都是为讯息交流而存在的，它们并不是在表达美，它们只起到了沟通和交流的作用。我们看这个阿拉伯文化中用青花绘制的瓷盘，这些瓷盘的周围写的都是文字，如果观看的人不知道这些是文字的话，一定会觉得这些图案描绘得很美丽，线条有很多变化，其实这些也是一个个代表语言的符号。

玛雅文字

埃及文字图案

玛雅文化陶罐

阿拉伯青花瓷盘

在陶瓷的历史上，15—16世纪有一种意大利的陶瓷叫Majolica，这种陶瓷艺术风格深受中国瓷器文化的影响，它们的瓷器用白色的釉，纹饰也是模仿中国瓷器的钴蓝色，描绘的纹样将西亚和中国的图案结合在一起。右边这张图是

景德镇出口瓷器

18世纪从中国景德镇出口的瓷器，那个时候欧洲的荷兰、英国、法国大量订购中国的瓷器，这些出口的瓷器大都描绘的是中国的纹饰，这个瓷盘中间是一个家族的徽章。那个时代就是在艺术历史上的"东方时代"，中亚和西亚成为连接东亚和欧洲的纽带。

回顾过历史以后，我带大家看看现在符号语言的发展。可能你们都了解这个艺术家，他是在80年代刚刚改革开放的时候就跑到纽约的艺术家，这位艺术家就是谷文达，他用不同人的头发做出了中国的文字图像。另外一位艺术家是徐冰，他曾经是中央美术学院的副院长，80年代徐冰在美国的作品也是在探讨文字和语言，他的作品《天书》，将中文的文字和英文的字母组合在一起，做出了一些看不懂的文字，然后用这种不能被理解的文字排版印刷了一本书。

谷文达文字作品

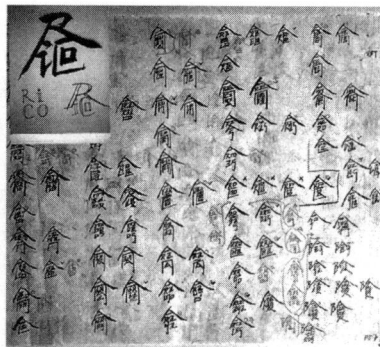

徐冰作品

看完现代艺术家的作品，我们来了解一下中英文字的结构。中文一直在不停地变化，20世纪60年代我开始学习中文的时候，学习的是繁体字，但是现在我要学简体字，中国古代不同的朝代都会对文字做一些改变。英文是根据发音，中文是根据图形。英文是由拉丁语和德语演变而来的。现在我做个总结，语言是一个工具，会随着时间改变。我们到别的地方生活，为了沟通上的需要，就要学习别的地方的语言。我觉得这个现象很有趣。

看完语言以后，我们去看一下文字。因为我是在做陶艺的时候看到的这本书，它非常重要。它是19世纪的时候一个名叫 Owen Jones 的

英国人写的，他把所有不同国家的纹饰符号编成一本书，这本书的名字是《The Grammar of Ornament》。下面左边的图是欧洲的纹饰，右边的图是中国的纹饰，即使观看的人不懂美术，不懂设计，也能区分出哪个是中国的纹饰，哪个是欧洲的纹饰。所以纹饰符号是传递给我们的一个文化符号。

欧洲的纹饰　　　　　　　　　　　　　　中国的纹饰

另外一个事情发生在 1996 年。我是第一个从 Nova Scotia College of Art and Design 到景德镇陶瓷学院学习了三个月的学生。那时候，我学习了怎样用青花，学习的方法跟我之前学习的方法完全不同。在景德镇，教青花的老师从工厂里运来注浆的瓷坯，我就照着瓶子没日没夜地临摹。学生需要去临摹老师的作品，老师把自己的作品给每个学生去临摹。而在加拿大美术学院的学习，是自己画自己烧。不一样的学习过程，这是我首先领悟的道理。

下面这个作品是我 2001 年时创作的，作品的名字是《Identity》。我在做这个作品的时候，为什么不选其他种类的泥土，而是选择瓷泥呢？因为英文 china 是指 porcelain（瓷器）的意思，而英文的"中国"也是 China，这是一个单词两个意义，一个是指国家，另一个是指瓷器，这是因为马可·波罗在中国发现瓷器，带回欧洲以后，"中国"的英文就被叫作 China。后来，当我学习陶艺的时候，我发现瓶子各部分的叫法和人体的叫法一样，比如，瓶子也都有嘴巴、颈、肩、肚子、足。这样理解的话，瓶子也具有了人的意义，所以我决定做陶艺作品不用人而用瓶子的造型。这个作品运用了我之前在景德镇学习的青花技法把纹饰画上去，并且把我的名字也放在里面，仔细看的时候可以看见，从作品的局部可以看得比较清晰。

Identity

Identity 作品细节

我的名字是何善影，我出生的时候，香港是英国的殖民地，香港有一套中文翻译成英文的方法。后来移民到加拿大，我的姓放在名字之后读，人们看到我的名字的翻译方法，就知道我不是在中国内地而是在香港出生的。我的名字的不同翻译方法，从另一个方面记录了香港在英国殖民统治下的情况。我还有一个英文名字是 Cassandra，我 13 岁在中学学习的时候，老师一定要我起一个英文名字，开始我起的是

Alice，《Alice Wonderland》是我 13 岁读到的最好的一本英文书，但是同学之中叫 Alice 这个名字的太多了（看来大家都喜欢读同一本书），我回家问我姐姐，能不能帮我另外起一个英文名字，最好都没人见过也不知道怎么读的，她就起了现在我的英文名字 Cassandra。Cassandra 是一个希腊女神的名字，传说她可以预言未来，但她只能预言未来的灾难，所以没有人相信她，最后被敌人杀死了，这个故事来自著名的 Trojan（特洛伊）传说。从此，我就一直正式地使用 Cassandra 这个英文名字。

再回到我的这件作品，我把我的名字围绕成中国传统的青花图案，再用青花的工艺来绘制，在远处看的时候是青花组成的图案，在近处看的时候会发现图案是用我的名字组成的，图案中间是香港永久居民的身份证，这个身份证是我用计算机 Photoshop 修图，再使用陶瓷釉上花纸的工艺方法完成的。这件作品是我在美国南方读书的时候创作的，花纸图案使用了我的香港永久居民身份证、美国的签证、英国海外居民护照、中国的回乡证，这四种证件代表了我的不同身份。

这件作品的名字是《Gibberish》，翻译成中文是胡言乱语的意思。作品表面我写了中国的一首诗词，并从中文翻译成英文。传统中文书写规则是从上到下，从右到左，英文则是从上到下，从左到右，每行文字从中间分开，中间就用一些乱码隔断，这样文字就被彻底打乱看不清楚了。这样做的目的是想说明，虽然我们现代生活科学和技术有了飞速发展，有很多方式和其他人沟通，但其实我们还不是非常了解对方。作品灵感来自 2002 年我的妹妹从香港发了一封邮件给我，那个时候电脑还没有软件把我妹

Gibberish

妹的中文信翻译成英文，就显示成乱码。我觉得这个乱码很有意思，就把乱码加入我的作品创意里面。

这一件作品的名字是《Plenty of Luck》《幸运满满》。我利用中国传统的造型、传统的吉祥纹样，因为"蝙蝠"和"福"同音，蝙蝠的纹样在中国传统意义是代表祝福和好运，但在外国蝙蝠是代表了相反的意思"Bad Luck"。所以我做了这样一件作品，作品表面的中文字是"大吉"，里面是用"plenty of luck"组成。作品表面我还使用了贴花纸工艺，这些贴花的内容都是国际通用的标准符号，这样即使不懂中英文，看图也能知道意思，比如"小心摔跤！""注意！""有电！"等的符号表现。

这件作品的名字是《Bella》，Bella 是 beautiful，即美丽的意思，也是对女性的一种描述。画面一部分是模仿意大利传统图案中欧洲绘画表现女性的方法，一部分是中国传统绘画中表现女性的方法，再加上芭比的图像。你们都知道芭比吧？这些图像都是代表女性的，芭比就代表了现代的女性。比如，大家小时候玩芭比玩具时，去想象现代女性应该是什么样的生活，女性可以游泳、骑马，也可以读书，可以有很多的朋友。我在作品上画上芭比是一个对比，就像动漫里的神奇女侠，她们和传统意义的女性是有很大不同的。

Plenty of Luck

Bella

这件作品的名称是《Confucian，Jesus Christ and John Lennon》（孔子、耶稣基督和约翰·列侬），这个名字的灵感来源于一个中国的话剧作家，他已经在今年去世了，他写了一部话剧《Confucian，Jesus Christ and John Lennon》，我当年当话剧演员的时候，很想演这个话剧，可惜一直都没有机会，我就用这件作

Confucian，Jesus Christ and John Lennon

品来弥补当时的遗憾。1979 年中国实行改革开放以后，很多人需要面对社会变化带来的价值观的改变，我从香港移民到加拿大以后，回顾我之前的生活，发现其实我的价值观受儒家思想影响非常深，这一点是我在香港生活的时候没有任何察觉的，我以为自己的思维方式很西化。后来我上中学的时候，想对生命多一些了解，也需要生活上的一种安慰，就做了一段时间的基督徒。当时我也很喜欢听约翰·列侬的歌曲《Imagine》，这些人的行为和他们创作的作品，为我们的价值观以及世界和平做出很大的贡献，所以我就做了这件作品。这件作品的外形，不是中国传统陶瓷的造型，而是来源于欧洲意大利的瓶子造型，瓶子上的颜色是我第一次用釉上彩的方法，再加上金水描金的效果，希望最后表面呈现一种中国传统陶瓷"逗彩"的装饰效果。这个瓶子的图案表现了孔夫子和耶稣基督在听摇滚乐，约翰·列侬在思考，这就使这件作品呈现出一种幽默感。有一次，这件作品在美国的一个大学里面展出的时候，一个思想比较保守的观众问我，把约翰·列侬和耶稣基督放在一件作品上是不是妥当？我想说的是，我创作这件作品并不是从宗教的角度去创作，而是一种 Iconology（象征主义），是想表现一个人移民到了另外一个国家，生活是和之前有很大不同的，他们

说话、交流和做事情的方式都和之前很不一样。

这件作品名字叫《Music》，Music 也是这件作品的主题。之前说了我做过演员，对音乐和乐器也了解一些，作品画面上有当时比较出名的广东传统戏曲的演员，演员后面是美国流行歌手"小甜甜"Britney Spears，她是 20 世纪 90 年代的流行歌曲歌手，画面表现出美国流行歌手在学粤戏。

Music

这件作品是我于 2007 年创作的，也是开始提到的那本书的封面作品。以前我的作品都是用一些文字、标志、符号、人物等元素，这件作品我开始研究塑造作品的造型，我把一个简单的作品造型切开、重塑，做成一个看不出是什么的造型。

这件作品代表了我自身的状态，我的外表表明了我是一个中国人的身份，但内心已经是多种文化重组再结合在一起的。

这件作品的名字是《Matrix》。这件作品用了古代文化的文字，有中文、阿拉伯文、罗马文，还有乱码，我把它们重组在一起。这个也是同时期的一个作品，也是用中国古典的陶瓷造型再进行解构、重构，艺术手法结合运用的作品。这个作品上面有 Coca Cola（可口可乐）和 McDonald（麦当劳）的符号，跟其他的造型语言产生碰撞。我们现在所处的社会，会看到很多代表不同企业文化的标志符号。我还有一个作品的名称是《Monkey King，Charlie Brown and Hello Kitty》。我和大家一样，也是从小读《西游记》的书，看《西游记》的漫画和电影长大的，后来在 60 年代和 70 年代的时候，受到动画片《Snoopy》的影响。我也看查理·布朗的作品，再后来，我的结婚蛋糕上都是 Hello Kitty 的图案。这里我想解释的是：我们的生活其实是受多种艺术影响的，刚才说到的可以称为通俗文化。从作品的局部可以看到作品上面印着八九十年代著名动画电影形象 ET、Hello Kitty 等。

Matrix

**Monkey King, Charlie
Brown and Hello Kitty**

这个作品的名称是《卧虎藏龙》，是李安导演的一部电影名字，也是我最喜欢的一部电影。我用"Bruce Lee"（李小龙）代表"龙"，用"Muhammad Ali"（穆罕默德·阿里）代表"虎"。在 20 世纪 70 年代，我家还没有电视机，

卧虎藏龙

我经常跑去邻居家看电视，爬上邻居家的门，往里面看，那时电视里经常出现的是两个人，一个是李小龙，另一个是穆罕利德·阿里。那时候我年纪小，也不了解他们是做什么的，觉得他们只是一个运动员和一个演员。长大后，我才了解到 Bruce Lee 在美国的西海岸为华人争取权利，阿里帮非洲裔美国人争取平等的权利，两个人都是为不同种族的人权斗争的英雄，所以我在这件作品上面都加了反战、和平的符号。从作品的局部也可以看出，这个作品的外形是不同瓶子造型的组合。

美国波普艺术最重要的代表艺术家 Andy Warhol（安迪·沃霍尔），

295

利用很多大众熟知的艺术形象重组成他个人的艺术创作，比如，他用玛丽莲·梦露、蒙娜丽莎等形象创作。我想说的是，在后现代时代，我们可以像安迪·沃霍尔这样，将已有的文化和符号，运用到自己的创作中。这让我想到在中国陶瓷艺术的历史发展中，也出现过清代仿明代的作品这样的现象，这种创作思路虽然不是完全地照搬照抄，但在创作观念上是一脉相承的。

2008年到2010年，我创作了一个系列作品，名字是《Garden of Eden》（《伊甸园》）。伊甸园是圣经故事中描绘的亚当和夏娃见面的地方，它的另一个意思是Paradise，是一个只存在于想象中的理想世界，是一个充满爱的地方。我是将电脑的图用投影机投射到瓶子外形上，然后再勾线绘制的。

这件作品的名字是《In a Dream of Hope》。2008年做这件作品时，正好赶上美国的经济衰退，股票、地产都不景气。根据这个时期的特点，这个系列的作品主要是想揭示贪婪是人最基本的人性。每个人都希望能够在股票市场里面赌一把，尽可能地多挣一些钱。从放大的细节图大家可以看到，作品的局部使用了贴花纸工艺，花纸印的都是代表股票指数的数字。

In a Dream of Hope

这件作品的名字是《Transformation》，意思是改变、转变。人类社会一直是在不停地转变的，人类从石器时代转变到青铜时代，一直转变到今天的数字时代。画面中的蝴蝶是象征人的符号，意思是人类一直在改变、蜕变，画面中两个人的身体是用代表电脑电路板的符号组成的。

这件作品的名字是《Temptation——Life of Goods》，意思是引导人们生活方向的是不断追求物质的需求，金钱至上的物质观念。我设计

了代表中国古代铜钱的圆和方结合的图案，图案中间设计了一些国际大企业的 Logo。做这件作品的出发点，是看到现在的年轻人都喜欢追求名牌，我觉得这也反映了人的一种基本人性。

Transformation

Temptation——Life of Goods

这件作品的名字是《One World, Many Peoples》，即一个世界里有很多不同的人。这件作品我想表现的是人们之间的关系，作品画面上的人物有我、我的丈夫和其他朋友的人体轮廓，画面上的文字是"one world, many peoples"这句话用谷歌翻译出的 46 种语言，而且这只是谷歌目前能够翻译出的语言，其实还有更多的语言是谷歌也翻译不出来的。我使用陶瓷贴花工艺把这些文字转印

One World，Many Peoples

297

到作品表面。画面中还有一个百花齐放的花园背景，这个花园代表了我的伊甸园。这个系列作品是比较大型的陶瓷艺术品，有 1.5～2 米高，这个系列作品曾经在 Boston Museum of Fine Art 里面展出。

我很幸运，我的陶艺作品已经进入商业的艺术市场，画廊把我的作品带到美国和香港的巴塞尔国际艺术博览会展出，我的作品紧挨着日本著名画家 Yayoi Kusama（草间弥生）的画。展出的作品是 2014 年做的，作品尺寸比之前做的略小一点，大概有 1.2 米高。不久前 Hood Museum 邀请我参加了一个研讨会，研讨会嘉宾是包括我在内的四个不同专业的艺术家，其他艺术家分别是摄影、绘画，还有装置雕塑艺术专业，很荣幸能够在这个平台和其他艺术家一起研讨 Global Contemporary（全球的现代艺术）话题，我们研讨的其中一个话题是：当沟通全球化的时候，即人们是在一个共同的空间里面创作新的不同的艺术语言。考虑到我的身份和创作背景，我觉得这一话题探讨得非常有意义。展览结束的时候，博物馆收藏了我的一件作品。从很小的作品到现在的大型装置，我的陶瓷艺术创作的旅途还没有结束，我依然在旅途上，大家有兴趣的话欢迎到我的个人网站观看其他个人作品，谢谢大家。

（本文系 2019 年 5 月 31 日北京理工大学"百家大讲堂"转录文字节选）

主讲人简介

何善影，美国纽约城市大学皇后学院教授，出生于香港，后移民到加拿大，在加拿大和美国进行学习和工作。作品多运用传统青花元素创作。